流动人口社会融合研究系列丛书

中国流动人口空间分布数据集（2015年）

国家卫生计生委流动人口服务中心　编

中国人口出版社
China Population Publishing House
全国百佳出版单位

图书在版编目（CIP）数据

中国流动人口空间分布数据集.2015年/国家卫生计生委流动人口服务中心编.—北京：中国人口出版社，2017.7

ISBN 978–7–5101–5196–5

Ⅰ.①中… Ⅱ.①国… Ⅲ.①流动人口–地域研究–数据集–中国–2015 Ⅳ.①C924.25

中国版本图书馆CIP数据核字（2017）第168857号

中国流动人口空间分布数据集（2015年）
国家卫生计生委流动人口服务中心　编

出 版 发 行	中国人口出版社	
印　　　刷	北京朝阳印刷厂有限责任公司	
开　　　本	710毫米×1000毫米　1/16	
印　　　张	19	
字　　　数	350千字	
版　　　次	2017年7月第1版	
印　　　次	2017年7月第1次印刷	
书　　　号	ISBN 978–7–5101–5196–5	
定　　　价	70.00元	

社　　　长	邱　立	
网　　　址	www.rkcbs.net	
电 子 信 箱	rkcbs@126.com	
总编室电话	（010）83519392	
传　　　真	（010）83538190	
地　　　址	北京市西城区广安门南街80号中加大厦	
邮　　　编	100054	

版权所有　侵权必究　质量问题　随时退换

目 录

一、基本特征 ……………………………………………………………… 1

表 1　　中国流动人口基本特征数据
　　　　（2015 年）- 数据文档 ……………………………………… 3

表 1 - 1a　中国分省流动人口基本特征数据
　　　　（2015 年）- 性别比 ………………………………………… 9

表 1 - 1b　中国分省流动人口基本特征数据
　　　　（2015 年）- 年龄结构 ……………………………………… 10

表 1 - 1c　中国分省流动人口基本特征数据
　　　　（2015 年）- 户籍地 ………………………………………… 12

表 1 - 1d　中国分省流动人口基本特征数据
　　　　（2015 年）- 民族 …………………………………………… 17

表 1 - 1e　中国分省流动人口基本特征数据
　　　　（2015 年）- 受教育程度 …………………………………… 19

表 1 - 1f　中国分省流动人口基本特征数据
　　　　（2015 年）- 户口性质 ……………………………………… 20

表 1 - 1g　中国分省流动人口基本特征数据
　　　　（2015 年）- 婚姻状况 ……………………………………… 21

表 1 - 2a　中国分地区流动人口基本特征数据
　　　　（2015 年）- 性别比 ………………………………………… 22

表 1 - 2b　中国分地区流动人口基本特征数据
　　　　（2015 年）- 年龄结构 ……………………………………… 22

表 1 - 2c　中国分地区流动人口基本特征数据
　　　　（2015 年）- 户籍地 ………………………………………… 23

表 1 - 2d　中国分地区流动人口基本特征数据

	（2015 年）- 民族 …………………………………………	25
表 1-2e	中国分地区流动人口基本特征数据 （2015 年）- 受教育程度 ……………………………………	26
表 1-2f	中国分地区流动人口基本特征数据 （2015 年）- 户口性质 ………………………………………	26
表 1-2g	中国分地区流动人口基本特征数据 （2015 年）- 婚姻状况 ………………………………………	26
表 1-3a	中国分经济区流动人口基本特征数据 （2015 年）- 性别比 …………………………………………	27
表 1-3b	中国分经济区流动人口基本特征数据 （2015 年）- 年龄结构 ………………………………………	27
表 1-3c	中国分经济区流动人口基本特征数据 （2015 年）- 户籍地 …………………………………………	28
表 1-3d	中国分经济区流动人口基本特征数据 （2015 年）- 民族 ……………………………………………	30
表 1-3e	中国分经济区流动人口基本特征数据 （2015 年）- 受教育程度 ……………………………………	31
表 1-3f	中国分经济区流动人口基本特征数据 （2015 年）- 户口性质 ………………………………………	31
表 1-3g	中国分经济区流动人口基本特征数据 （2015 年）- 婚姻状况 ………………………………………	31
表 1-4a	中国分城市群流动人口基本特征数据 （2015 年）- 性别比 …………………………………………	32
表 1-4b	中国分城市群流动人口基本特征数据 （2015 年）- 年龄结构 ………………………………………	33
表 1-4c	中国分城市群流动人口基本特征数据 （2015 年）- 户籍地 …………………………………………	35
表 1-4d	中国分城市群流动人口基本特征数据 （2015 年）- 民族 ……………………………………………	40
表 1-4e	中国分城市群流动人口基本特征数据 （2015 年）- 受教育程度 ……………………………………	42

表1-4f 中国分城市群流动人口基本特征数据
（2015年）-户口性质 ·················· 43

表1-4g 中国分城市群流动人口基本特征数据
（2015年）-婚姻状况 ·················· 44

表1-5a 中国分特殊地区流动人口基本特征数据
（2015年）-性别比 ···················· 45

表1-5b 中国分特殊地区流动人口基本特征数据
（2015年）-年龄结构 ·················· 45

表1-5c 中国分特殊地区流动人口基本特征数据
（2015年）-户籍地 ···················· 46

表1-5d 中国分特殊地区流动人口基本特征数据
（2015年）-民族 ······················ 47

表1-5e 中国分特殊地区流动人口基本特征数据
（2015年）-受教育程度 ················ 47

表1-5f 中国分特殊地区流动人口基本特征数据
（2015年）-户口性质 ·················· 48

表1-5g 中国分特殊地区流动人口基本特征数据
（2015年）-婚姻状况 ·················· 48

二、流动特征 ·················· 49

表2 中国流动人口流动特征数据
（2015年）-数据文档 ·················· 51

表2-1a 中国分省流动人口流动特征数据
（2015年）-本次流动范围 ·············· 57

表2-1b 中国分省流动人口流动特征数据
（2015年）-本次流入时间 ·············· 58

表2-1c 中国分省流动人口流动特征数据
（2015年）-本次流动原因 ·············· 60

表2-1d 中国分省流动人口流动特征数据
（2015年）-首次离开户籍地时间 ········ 62

表2-1e 中国分省流动人口流动特征数据

	（2015 年）- 首次离开户籍地原因 ………………………	63
表 2-1f	中国分省流动人口流动特征数据 （2015 年）- 家庭成员本次流动原因 ………………………	65
表 2-2a	中国分地区流动人口流动特征数据 （2015 年）- 本次流动范围 ………………………	67
表 2-2b	中国分地区流动人口流动特征数据 （2015 年）- 本次流入时间 ………………………	67
表 2-2c	中国分地区流动人口流动特征数据 （2015 年）- 本次流动原因 ………………………	68
表 2-2d	中国分地区流动人口流动特征数据 （2015 年）- 首次离开户籍地时间 ………………………	68
表 2-2e	中国分地区流动人口流动特征数据 （2015 年）- 首次离开户籍地原因 ………………………	69
表 2-2f	中国分地区流动人口流动特征数据 （2015 年）- 家庭成员本次流动原因 ………………………	70
表 2-3a	中国分经济区流动人口流动特征数据 （2015 年）- 本次流动范围 ………………………	71
表 2-3b	中国分经济区流动人口流动特征数据 （2015 年）- 本次流入时间 ………………………	71
表 2-3c	中国分经济区流动人口流动特征数据 （2015 年）- 本次流动原因 ………………………	72
表 2-3d	中国分经济区流动人口流动特征数据 （2015 年）- 首次离开户籍地时间 ………………………	72
表 2-3e	中国分经济区流动人口流动特征数据 （2015 年）- 首次离开户籍地原因 ………………………	73
表 2-3f	中国分经济区流动人口流动特征数据 （2015 年）- 家庭成员本次流动原因 ………………………	74
表 2-4a	中国分城市群流动人口流动特征数据 （2015 年）- 本次流动范围 ………………………	75
表 2-4b	中国分城市群流动人口流动特征数据 （2015 年）- 本次流入时间 ………………………	76

表 2-4c 中国分城市群流动人口流动特征数据
（2015 年）-本次流动原因 ·· 78
表 2-4d 中国分城市群流动人口流动特征数据
（2015 年）-首次离开户籍地时间 ·· 80
表 2-4e 中国分城市群流动人口流动特征数据
（2015 年）-首次离开户籍地原因 ·· 81
表 2-4f 中国分城市群流动人口流动特征数据
（2015 年）-家庭成员本次流动原因 ····································· 83
表 2-5a 中国分特殊地区流动人口流动特征数据
（2015 年）-本次流动范围 ·· 85
表 2-5b 中国分特殊地区流动人口流动特征数据
（2015 年）-本次流入时间 ·· 85
表 2-5c 中国分特殊地区流动人口流动特征数据
（2015 年）-本次流动原因 ·· 86
表 2-5d 中国分特殊地区流动人口流动特征数据
（2015 年）-首次离开户籍地时间 ·· 86
表 2-5e 中国分特殊地区流动人口流动特征数据
（2015 年）-首次离开户籍地原因 ·· 87
表 2-5f 中国分特殊地区流动人口流动特征数据
（2015 年）-家庭成员本次流动原因 ····································· 87

三、就业和居住特征 ·· 89
表 3 中国流动人口就业和居住特征数据
（2015 年）-数据文档 ·· 91
表 3-1a 中国分省流动人口就业和居住特征数据
（2015 年）-工作状况 ·· 98
表 3-1b 中国分省流动人口就业和居住特征数据
（2015 年）-未工作原因 ··· 99
表 3-1c 中国分省流动人口就业和居住特征数据
（2015 年）-就业行业 ·· 101
表 3-1d 中国分省流动人口就业和居住特征数据

	（2015年）- 职业类型 …………………………	104
表3-1e	中国分省流动人口就业和居住特征数据 （2015年）- 单位性质 …………………………	107
表3-1f	中国分省流动人口就业和居住特征数据 （2015年）- 职业身份 …………………………	109
表3-1g	中国分省流动人口就业和居住特征数据 （2015年）- 长期居住意愿 …………………………	110
表3-2a	中国分地区流动人口就业和居住特征数据 （2015年）- 工作状况 …………………………	111
表3-2b	中国分地区流动人口就业和居住特征数据 （2015年）- 未工作原因 …………………………	111
表3-2c	中国分地区流动人口就业和居住特征数据 （2015年）- 就业行业 …………………………	112
表3-2d	中国分地区流动人口就业和居住特征数据 （2015年）- 职业类型 …………………………	113
表3-2e	中国分地区流动人口就业和居住特征数据 （2015年）- 单位性质 …………………………	114
表3-2f	中国分地区流动人口就业和居住特征数据 （2015年）- 职业身份 …………………………	115
表3-2g	中国分地区流动人口就业和居住特征数据 （2015年）- 长期居住意愿 …………………………	115
表3-3a	中国分经济区流动人口就业和居住特征数据 （2015年）- 工作状况 …………………………	116
表3-3b	中国分经济区流动人口就业和居住特征数据 （2015年）- 未工作原因 …………………………	116
表3-3c	中国分经济区流动人口就业和居住特征数据 （2015年）- 就业行业 …………………………	117
表3-3d	中国分经济区流动人口就业和居住特征数据 （2015年）- 职业类型 …………………………	118
表3-3e	中国分经济区流动人口就业和居住特征数据 （2015年）- 单位性质 …………………………	119

表 3 – 3f	中国分经济区流动人口就业和居住特征数据（2015 年） – 职业身份 …… 120
表 3 – 3g	中国分经济区流动人口就业和居住特征数据（2015 年） – 长期居住意愿 …… 120
表 3 – 4a	中国分城市群流动人口就业和居住特征数据（2015 年） – 工作状况 …… 121
表 3 – 4b	中国分城市群流动人口就业和居住特征数据（2015 年） – 未工作原因 …… 122
表 3 – 4c	中国分城市群流动人口就业和居住特征数据（2015 年） – 就业行业 …… 124
表 3 – 4d	中国分城市群流动人口就业和居住特征数据（2015 年） – 职业类型 …… 127
表 3 – 4e	中国分城市群流动人口就业和居住特征数据（2015 年） – 单位性质 …… 130
表 3 – 4f	中国分城市群流动人口就业和居住特征数据（2015 年） – 职业身份 …… 132
表 3 – 4g	中国分城市群流动人口就业和居住特征数据（2015 年） – 长期居住意愿 …… 133
表 3 – 5a	中国分特殊地区流动人口就业和居住特征数据（2015 年） – 工作状况 …… 134
表 3 – 5b	中国分特殊地区流动人口就业和居住特征数据（2015 年） – 未工作原因 …… 134
表 3 – 5c	中国分特殊地区流动人口就业和居住特征数据（2015 年） – 就业行业 …… 135
表 3 – 5d	中国分特殊地区流动人口就业和居住特征数据（2015 年） – 职业类型 …… 136
表 3 – 5e	中国分特殊地区流动人口就业和居住特征数据（2015 年） – 单位性质 …… 137
表 3 – 5f	中国分特殊地区流动人口就业和居住特征数据（2015 年） – 职业身份 …… 138
表 3 – 5g	中国分特殊地区流动人口就业和居住特征数据

　　　　　（2015 年）- 长期居住意愿 …………………………………… 138

四、家庭成员与收支特征 …………………………………………… 139

　　表 4　　中国流动人口家庭成员与收支特征数据
　　　　　（2015 年）- 数据文档 ……………………………………… 141
　　表 4 - 1a　中国分省流动人口家庭成员与收支特征数据
　　　　　（2015 年）- 家庭成员数量 ………………………………… 147
　　表 4 - 1b　中国分省流动人口家庭成员与收支特征数据
　　　　　（2015 年）- 家庭成员现居住地 …………………………… 148
　　表 4 - 1c　中国分省流动人口家庭成员与收支特征数据
　　　　　（2015 年）- 家庭本地月均食物支出 ……………………… 149
　　表 4 - 1d　中国分省流动人口家庭成员与收支特征数据
　　　　　（2015 年）- 家庭本地月均房租支出 ……………………… 150
　　表 4 - 1e　中国分省流动人口家庭成员与收支特征数据
　　　　　（2015 年）- 家庭本地月均支出 …………………………… 152
　　表 4 - 1f　中国分省流动人口家庭成员与收支特征数据
　　　　　（2015 年）- 家庭本地月均收入 …………………………… 154
　　表 4 - 2a　中国分地区流动人口家庭成员与收支特征数据
　　　　　（2015 年）- 家庭成员数量 ………………………………… 156
　　表 4 - 2b　中国分地区流动人口家庭成员与收支特征数据
　　　　　（2015 年）- 家庭成员现居住地 …………………………… 156
　　表 4 - 2c　中国分地区流动人口家庭成员与收支特征数据
　　　　　（2015 年）- 家庭本地月均食物支出 ……………………… 157
　　表 4 - 2d　中国分地区流动人口家庭成员与收支特征数据
　　　　　（2015 年）- 家庭本地月均房租支出 ……………………… 157
　　表 4 - 2e　中国分地区流动人口家庭成员与收支特征数据
　　　　　（2015 年）- 家庭本地月均支出 …………………………… 158
　　表 4 - 2f　中国分地区流动人口家庭成员与收支特征数据
　　　　　（2015 年）- 家庭本地月均收入 …………………………… 159
　　表 4 - 3a　中国分经济区流动人口家庭成员与收支特征数据
　　　　　（2015 年）- 家庭成员数量 ………………………………… 160

表 4 – 3b　中国分经济区流动人口家庭成员与收支特征数据
　　　　　（2015 年）- 家庭成员现居住地 ……………………………… 160
表 4 – 3c　中国分经济区流动人口家庭成员与收支特征数据
　　　　　（2015 年）- 家庭本地月均食物支出 …………………………… 161
表 4 – 3d　中国分经济区流动人口家庭成员与收支特征数据
　　　　　（2015 年）- 家庭本地月均房租支出 …………………………… 161
表 4 – 3e　中国分经济区流动人口家庭成员与收支特征数据
　　　　　（2015 年）- 家庭本地月均支出 ……………………………… 162
表 4 – 3f　中国分经济区流动人口家庭成员与收支特征数据
　　　　　（2015 年）- 家庭本地月均收入 ……………………………… 163
表 4 – 4a　中国分城市群流动人口家庭成员与收支特征数据
　　　　　（2015 年）- 家庭成员数量 ………………………………… 164
表 4 – 4b　中国分城市群流动人口家庭成员与收支特征数据
　　　　　（2015 年）- 家庭成员现居住地 ……………………………… 165
表 4 – 4c　中国分城市群流动人口家庭成员与收支特征数据
　　　　　（2015 年）- 家庭本地月均食物支出 …………………………… 166
表 4 – 4d　中国分城市群流动人口家庭成员与收支特征数据
　　　　　（2015 年）- 家庭本地月均房租支出 …………………………… 167
表 4 – 4e　中国分城市群流动人口家庭成员与收支特征数据
　　　　　（2015 年）- 家庭本地月均支出 ……………………………… 169
表 4 – 4f　中国分城市群流动人口家庭成员与收支特征数据
　　　　　（2015 年）- 家庭本地月均收入 ……………………………… 171
表 4 – 5a　中国分特殊地区流动人口家庭成员与收支特征数据
　　　　　（2015 年）- 家庭成员数量 ………………………………… 173
表 4 – 5b　中国分特殊地区流动人口家庭成员与收支特征数据
　　　　　（2015 年）- 家庭成员现居住地 ……………………………… 173
表 4 – 5c　中国分特殊地区流动人口家庭成员与收支特征数据
　　　　　（2015 年）- 家庭本地月均食物支出 …………………………… 174
表 4 – 5d　中国分特殊地区流动人口家庭成员与收支特征数据
　　　　　（2015 年）- 家庭本地月均房租支出 …………………………… 174
表 4 – 5e　中国分特殊地区流动人口家庭成员与收支特征数据

　　　　（2015年）- 家庭本地月均支出 ………………………………… 175

　　表4-5f 中国分特殊地区流动人口家庭成员与收支特征数据

　　　　（2015年）- 家庭本地月均收入 ………………………………… 176

五、基本公共卫生和计划生育服务特征 ……………………………………… 177

　　表5　　中国流动人口基本公共卫生和计划生育服务特征数据

　　　　（2015年）- 数据文档 …………………………………………… 179

　　表5-1a 中国分省流动人口基本公共卫生和计划生育服务特征数据

　　　　（2015年）- 健康教育方式 ……………………………………… 188

　　表5-1b 中国分省流动人口基本公共卫生和计划生育服务特征数据

　　　　（2015年）- 健康教育内容 ……………………………………… 189

　　表5-1c 中国分省流动人口基本公共卫生和计划生育服务特征数据

　　　　（2015年）- 新型农村合作医疗保险 …………………………… 190

　　表5-1c 中国分省流动人口基本公共卫生和计划生育服务特征数据

　　　　（2015年）- 城乡居民合作医疗保险 …………………………… 191

　　表5-1c 中国分省流动人口基本公共卫生和计划生育服务特征数据

　　　　（2015年）- 城镇居民医疗保险 ………………………………… 192

　　表5-1c 中国分省流动人口基本公共卫生和计划生育服务特征数据

　　　　（2015年）- 城镇职工医疗保险 ………………………………… 193

　　表5-1d 中国分省流动人口基本公共卫生和计划生育服务特征数据

　　　　（2015年）- 初婚年龄 …………………………………………… 194

　　表5-1e 中国分省流动人口基本公共卫生和计划生育服务特征数据

　　　　（2015年）- 分娩场所 …………………………………………… 196

　　表5-1f 中国分省流动人口基本公共卫生和计划生育服务特征数据

　　　　（2015年）- 子女数量 …………………………………………… 197

　　表5-1g 中国分省流动人口基本公共卫生和计划生育服务特征数据

　　　　（2015年）- 子女性别 …………………………………………… 198

　　表5-1h 中国分省流动人口基本公共卫生和计划生育服务特征数据

　　　　（2015年）- 子女年龄 …………………………………………… 199

　　表5-1i 中国分省流动人口基本公共卫生和计划生育服务特征数据

　　　　（2015年）- 子女现居住地 ……………………………………… 201

表 5 – 2a	中国分地区流动人口基本公共卫生和计划生育服务特征数据（2015 年）- 健康教育方式 …………………………………… 202
表 5 – 2b	中国分地区流动人口基本公共卫生和计划生育服务特征数据（2015 年）- 健康教育内容 …………………………………… 202
表 5 – 2c	中国分地区流动人口基本公共卫生和计划生育服务特征数据（2015 年）- 新型农村合作医疗保险 ………………………… 203
表 5 – 2c	中国分地区流动人口基本公共卫生和计划生育服务特征数据（2015 年）- 城乡居民合作医疗保险 ………………………… 203
表 5 – 2c	中国分地区流动人口基本公共卫生和计划生育服务特征数据（2015 年）- 城镇居民医疗保险 …………………………… 204
表 5 – 2c	中国分地区流动人口基本公共卫生和计划生育服务特征数据（2015 年）- 城镇职工医疗保险 …………………………… 204
表 5 – 2d	中国分地区流动人口基本公共卫生和计划生育服务特征数据（2015 年）- 初婚时间 ……………………………………… 205
表 5 – 2e	中国分地区流动人口基本公共卫生和计划生育服务特征数据（2015 年）- 分娩场所 ……………………………………… 205
表 5 – 2f	中国分地区流动人口基本公共卫生和计划生育服务特征数据（2015 年）- 子女数量 ……………………………………… 206
表 5 – 2g	中国分地区流动人口基本公共卫生和计划生育服务特征数据（2015 年）- 子女性别 ……………………………………… 206
表 5 – 2h	中国分地区流动人口基本公共卫生和计划生育服务特征数据（2015 年）- 子女年龄 ……………………………………… 207
表 5 – 2i	中国分地区流动人口基本公共卫生和计划生育服务特征数据（2015 年）- 子女现居住地 ………………………………… 207
表 5 – 3a	中国分经济区流动人口基本公共卫生和计划生育服务特征数据（2015 年）- 健康教育方式 …………………………………… 208
表 5 – 3b	中国分经济区流动人口基本公共卫生和计划生育服务特征数据（2015 年）- 健康教育内容 …………………………………… 209
表 5 – 3c	中国分经济区流动人口基本公共卫生和计划生育服务特征数据（2015 年）- 新型农村合作医疗保险 ………………………… 210
表 5 – 3c	中国分经济区流动人口基本公共卫生和计划生育服务特征数据

表 5 – 3c 中国分经济区流动人口基本公共卫生和计划生育服务特征数据
（2015 年）– 城乡居民合作医疗保险 ·················· 210

表 5 – 3c 中国分经济区流动人口基本公共卫生和计划生育服务特征数据
（2015 年）– 城镇居民医疗保险 ···················· 211

表 5 – 3c 中国分经济区流动人口基本公共卫生和计划生育服务特征数据
（2015 年）– 城镇职工医疗保险 ···················· 211

表 5 – 3d 中国分经济区流动人口基本公共卫生和计划生育服务特征数据
（2015 年）– 初婚年龄 ······················· 212

表 5 – 3e 中国分经济区流动人口基本公共卫生和计划生育服务特征数据
（2015 年）– 分娩场所 ······················· 212

表 5 – 3f 中国分经济区流动人口基本公共卫生和计划生育服务特征数据
（2015 年）– 子女数量 ······················· 213

表 5 – 3g 中国分经济区流动人口基本公共卫生和计划生育服务特征数据
（2015 年）– 子女性别 ······················· 213

表 5 – 3h 中国分经济区流动人口基本公共卫生和计划生育服务特征数据
（2015 年）– 子女年龄 ······················· 214

表 5 – 3i 中国分经济区流动人口基本公共卫生和计划生育服务特征数据
（2015 年）– 子女现居住地 ····················· 214

表 5 – 4a 中国分城市群流动人口基本公共卫生和计划生育服务特征数据
（2015 年）– 健康教育方式 ····················· 215

表 5 – 4b 中国分城市群流动人口基本公共卫生和计划生育服务特征数据
（2015 年）– 健康教育内容 ····················· 216

表 5 – 4c 中国分城市群流动人口基本公共卫生和计划生育服务特征数据
（2015 年）– 新型农村合作医疗保险 ·················· 217

表 5 – 4c 中国分城市群流动人口基本公共卫生和计划生育服务特征数据
（2015 年）– 城乡居民合作医疗保险 ·················· 218

表 5 – 4c 中国分城市群流动人口基本公共卫生和计划生育服务特征数据
（2015 年）– 城镇居民医疗保险 ···················· 219

表 5 – 4c 中国分城市群流动人口基本公共卫生和计划生育服务特征数据
（2015 年）– 城镇职工医疗保险 ···················· 220

表 5 – 4d 中国分城市群流动人口基本公共卫生和计划生育服务特征数据
（2015 年）– 初婚年龄 ······················· 221

表 5－4e	中国分城市群流动人口基本公共卫生和计划生育服务特征数据（2015 年）- 分娩场所 …………………………………………… 223
表 5－4f	中国分城市群流动人口基本公共卫生和计划生育服务特征数据（2015 年）- 子女数量 ……………………………………………… 224
表 5－4g	中国分城市群流动人口基本公共卫生和计划生育服务特征数据（2015 年）- 子女性别 ……………………………………………… 225
表 5－4h	中国分城市群流动人口基本公共卫生和计划生育服务特征数据（2015 年）- 子女年龄 ……………………………………………… 226
表 5－4i	中国分城市群流动人口基本公共卫生和计划生育服务特征数据（2015 年）- 子女现居住地 …………………………………………… 228
表 5－5a	中国分特殊地区流动人口基本公共卫生和计划生育服务特征数据（2015 年）- 健康教育方式 …………………………………………… 229
表 5－5b	中国分特殊地区流动人口基本公共卫生和计划生育服务特征数据（2015 年）- 健康教育内容 …………………………………………… 230
表 5－5c	中国分特殊地区流动人口基本公共卫生和计划生育服务特征数据（2015 年）- 新型农村合作医疗保险 ……………………………… 231
表 5－5c	中国分特殊地区流动人口基本公共卫生和计划生育服务特征数据（2015 年）- 城乡居民合作医疗保险 ……………………………… 231
表 5－5c	中国分特殊地区流动人口基本公共卫生和计划生育服务特征数据（2015 年）- 城镇居民医疗保险 …………………………………… 232
表 5－5c	中国分特殊地区流动人口基本公共卫生和计划生育服务特征数据（2015 年）- 城镇职工医疗保险 …………………………………… 232
表 5－5d	中国分特殊地区流动人口基本公共卫生和计划生育服务特征数据（2015 年）- 初婚年龄 …………………………………………… 233
表 5－5e	中国分特殊地区流动人口基本公共卫生和计划生育服务特征数据（2015 年）- 分娩场所 …………………………………………… 233
表 5－5f	中国分特殊地区流动人口基本公共卫生和计划生育服务特征数据（2015 年）- 子女数量 …………………………………………… 234
表 5－5g	中国分特殊地区流动人口基本公共卫生和计划生育服务特征数据（2015 年）- 子女性别 …………………………………………… 234
表 5－5h	中国分特殊地区流动人口基本公共卫生和计划生育服务特征数据

　　　　　（2015 年）- 子女年龄 ·················· 235

　　表 5-5i 中国分特殊地区流动人口基本公共卫生和计划生育服务特征数据
　　　　　（2015 年）- 子女现居住地 ·················· 235

六、老人医疗卫生服务特征 ·················· 237

　　表 6　　中国流动人口老人医疗卫生服务特征数据
　　　　　（2015 年）- 数据文档 ·················· 239

　　表 6-1a 中国分省流动人口老人医疗卫生服务特征数据
　　　　　（2015 年）- 流动原因 ·················· 246

　　表 6-1b 中国分省流动人口老人医疗卫生服务特征数据
　　　　　（2015 年）- 主要经济来源 ·················· 247

　　表 6-1c 中国分省流动人口老人医疗卫生服务特征数据
　　　　　（2015 年）- 身体状况 ·················· 248

　　表 6-1d 中国分省流动人口老人医疗卫生服务特征数据
　　　　　（2015 年）- 医疗保险 ·················· 249

　　表 6-1e 中国分省流动人口老人医疗卫生服务特征数据
　　　　　（2015 年）- 参保地点 ·················· 250

　　表 6-1f 中国分省流动人口老人医疗卫生服务特征数据
　　　　　（2015 年）- 住院地点 ·················· 251

　　表 6-1g 中国分省流动人口老人医疗卫生服务特征数据
　　　　　（2015 年）- 未住院原因 ·················· 252

　　表 6-1h 中国分省流动人口老人医疗卫生服务特征数据
　　　　　（2015 年）- 过去一年是否参加过社区组织的
　　　　　免费健康体检 ·················· 253

　　表 6-2a 中国分地区流动人口老人医疗卫生服务特征数据
　　　　　（2015 年）- 流动原因 ·················· 254

　　表 6-2b 中国分地区流动人口老人医疗卫生服务特征数据
　　　　　（2015 年）- 主要经济来源 ·················· 254

　　表 6-2c 中国分地区流动人口老人医疗卫生服务特征数据
　　　　　（2015 年）- 身体状况 ·················· 255

　　表 6-2d 中国分地区流动人口老人医疗卫生服务特征数据

	（2015 年）- 医疗保险 …………………………………	255
表 6-2e	中国分地区流动人口老人医疗卫生服务特征数据 （2015 年）- 参保地点 …………………………………	256
表 6-2f	中国分地区流动人口老人医疗卫生服务特征数据 （2015 年）- 住院地点 …………………………………	256
表 6-2g	中国分地区流动人口老人医疗卫生服务特征数据 （2015 年）- 未住院原因 ………………………………	257
表 6-2h	中国分地区流动人口老人医疗卫生服务特征数据 （2015 年）- 过去一年是否参加过社区组织的免费 健康体检 …………………………………………………	257
表 6-3a	中国分经济区流动人口老人医疗卫生服务特征数据 （2015 年）- 流动原因 …………………………………	258
表 6-3b	中国分经济区流动人口老人医疗卫生服务特征数据 （2015 年）- 主要经济来源 ……………………………	258
表 6-3c	中国分经济区流动人口老人医疗卫生服务特征数据 （2015 年）- 身体状况 …………………………………	259
表 6-3d	中国分经济区流动人口老人医疗卫生服务特征数据 （2015 年）- 医疗保险 …………………………………	259
表 6-3e	中国分经济区流动人口老人医疗卫生服务特征数据 （2015 年）- 参保地点 …………………………………	260
表 6-3f	中国分经济区流动人口老人医疗卫生服务特征数据 （2015 年）- 住院地点 …………………………………	260
表 6-3g	中国分经济区流动人口老人医疗卫生服务特征数据 （2015 年）- 未住院原因 ………………………………	261
表 6-3h	中国分经济区流动人口老人医疗卫生服务特征数据 （2015 年）- 过去一年是否参加过社区组织的免费 健康体检 …………………………………………………	261
表 6-4a	中国分城市群流动人口老人医疗卫生服务特征数据 （2015 年）- 流动原因 …………………………………	262
表 6-4b	中国分城市群流动人口老人医疗卫生服务特征数据 （2015 年）- 主要经济来源 ……………………………	263

表6-4c 中国分城市群流动人口老人医疗卫生服务特征数据
（2015年）-身体状况 …………………………………… 264

表6-4d 中国分城市群流动人口老人医疗卫生服务特征数据
（2015年）-医疗保险 …………………………………… 265

表6-4e 中国分城市群流动人口老人医疗卫生服务特征数据
（2015年）-参保地点 …………………………………… 266

表6-4f 中国分城市群流动人口老人医疗卫生服务特征数据
（2015年）-住院地点 …………………………………… 267

表6-4g 中国分城市群流动人口老人医疗卫生服务特征数据
（2015年）-未住院原因 ………………………………… 268

表6-4h 中国分城市群流动人口老人医疗卫生服务特征数据
（2015年）-过去一年是否参加过社区组织的免费
健康体检 ………………………………………………… 269

表6-5a 中国分特殊地区流动人口老人医疗卫生服务特征数据
（2015年）-流动原因 …………………………………… 270

表6-5b 中国分特殊地区流动人口老人医疗卫生服务特征数据
（2015年）-主要经济来源 ……………………………… 270

表6-5c 中国分特殊地区流动人口老人医疗卫生服务特征数据
（2015年）-身体状况 …………………………………… 271

表6-5d 中国分特殊地区流动人口老人医疗卫生服务特征数据
（2015年）-医疗保险 …………………………………… 271

表6-5e 中国分特殊地区流动人口老人医疗卫生服务特征数据
（2015年）-参保地点 …………………………………… 272

表6-5f 中国分特殊地区流动人口老人医疗卫生服务特征数据
（2015年）-住院地点 …………………………………… 272

表6-5g 中国分特殊地区流动人口老人医疗卫生服务特征数据
（2015年）-过去一年是否参加过社区组织的免费健康
体检 ……………………………………………………… 272

附录 …………………………………………………………………… 273

后记 …………………………………………………………………… 282

一、基本特征

表1 中国流动人口基本特征数据(2015年)－数据文档

项目	内容
1 数据集名称	中国流动人口基本特征数据(2015年)
2 数据集内容说明	
2.1 数据集内容一般描述	a. 数据内容(数据文件/表名称,包含的观测指标内容): 数据来源于国家卫生计生委2015年流动人口动态监测调查数据,后期使用STATA统计软件进行加工处理,生成Excel属性数据表。数据反映了2015年中国分省、分地区、分经济区、分城市群、分特殊地区流动人口基本特征,包括:性别比、年龄结构、户籍地、民族、受教育程度、户口性质、婚姻状况等在各分类区间的人数和列百分比分布(分特殊地区计算行百分比)。 b. 建设目的: 为相关研究人员提供基础统计数据。 c. 服务对象: 面向科研,主要用于流动人口相关科学研究。 d. 数据的时间范围: 2015年。 e. 数据的空间范围: 分省包括中国31个省(区、市)及新疆生产建设兵团。 样本中所包含的各省如下: 北京市、天津市、河北省、山西省、内蒙古自治区、辽宁省、吉林省、黑龙江省、上海市、江苏省、浙江省、安徽省、福建省、江西省、山东省、河南省、湖北省、湖南省、广东省、广西壮族自治区、海南省、重庆市、四川省、贵州省、云南省、西藏自治区、陕西省、甘肃省、青海省、宁夏回族自治区、新疆维吾尔自治区、新疆生产建设兵团。 分地区包括东北地区、东部地区、中部地区和西部地区。 东北地区:黑龙江省、吉林省、辽宁省。 东部地区:北京市、天津市、上海市、河北省、山东省、江苏省、浙江省、福建省、广东省、海南省。 中部地区:山西省、河南省、湖北省、安徽省、湖南省、江西省。 西部地区:内蒙古自治区、新疆维吾尔自治区、宁夏回族自治区、陕西省、甘肃省、青海省、重庆市、四川省、西藏自治区、广西壮族自治区、贵州省、云南省。 分经济区包括:珠三角地区、长三角地区、环渤海地区、其他地区。 珠三角地区:广东省。 长三角地区:上海市、江苏省和浙江省。 环渤海地区:北京市、天津市、河北省、辽宁省、山东省。 分城市群包括中国19个城市群: 京津冀:北京、天津、石家庄、保定、廊坊、唐山、秦皇岛、沧州。 珠三角:广州、深圳、珠海、佛山、东莞、中山、江门、惠州、肇庆。

续表

项目	内容
	长三角：上海、南京、苏州、无锡、常州、镇江、扬州、泰州、南通、杭州、宁波、嘉兴、湖州、绍兴、台州、舟山。 长江中游城市群：武汉、长沙、南昌、黄石、黄冈、鄂州、孝感、咸宁、仙桃、潜江、天门、株洲、湘潭、衡阳、岳阳、益阳、常德娄底、九江、景德镇、鹰潭、新余、抚州、宜春、萍乡。 成渝：重庆、成都、德阳、绵阳、眉山、资阳、乐山、自贡、泸州、内江、宜宾。 海峡西岸：福州、厦门、泉州、漳州、福田、宁德、汕头、潮州、揭阳、汕尾、温州。 山东半岛：济南、青岛、淄博、东营、烟台、潍坊、威海、日照、聊城。 哈长城市群：哈尔滨、齐齐哈尔、大庆、牡丹江、绥化、长春、吉林、四平、辽源、松原。 辽中南：沈阳、大连、鞍山、抚顺、本溪、丹东、锦州、营口、辽阳、盘锦、铁岭、葫芦岛。 中原城市群：郑州、开封、洛阳、许昌、新乡、焦作、平顶山、漯河、济源。 江淮城市群：合肥、芜湖、蚌埠、淮南、马鞍山、铜陵、安庆、池州、滁州、宣城。 关中城市群：西安、铜川、宝鸡、咸阳、渭南、商洛。 广西北部湾城市群：南宁、北海、钦州、防城港。 太原城市群：太原、阳泉、晋中、忻州、长治、临汾、孝义、汾阳。 滇中城市群：昆明、曲靖、玉溪、楚雄。 黔中城市群：贵阳、遵义、安顺、毕节、都匀、凯里。 呼包鄂榆：呼和浩特、包头、鄂尔多斯、乌兰察布、巴彦淖尔、乌海、榆林。 乌昌石城市群：乌鲁木齐、石河子、昌吉、五家渠。 宁夏沿黄：银川、石嘴山、吴忠、中卫。 分特殊地区包括：生态脆弱区、陆地边境区、少数民族区。 生态脆弱区：阿克苏市、宣威市、格尔木市、大方县、鄂托克旗、孙吴县、隆林各族自治县、黔西县、临洮县。 陆地边境区：二连浩特市、延吉市、珲春市、龙井市、浑江区、孙吴县、东宁县、密山市、萝北县、饶河县、漠河县、呼玛县。 少数民族区：鄂托克旗、延吉市、珲春市、龙井市、隆林各族自治县、盐边县、共和县、格尔木市、阿克苏市。 f. 数据的学科范围： 　人口学、公共政策范畴。 g. 数据类型（文献、属性、矢量、栅格、文本等）： 　Excel 属性数据。 h. 数据更新的频度： 　每年更新一次。 i. 其他需要说明的内容： 　　1. 2015 年流动人口动态监测调查数据中流动人口是指：在本地居住一个月及以上，非本区（县、市）户口的 15 周岁及以上男性和女性流动人口。 　　2. 表中"空格"表示不详或无该项数据。 　　3. 分特殊地区中，因某些城市同时属于不同的特殊地区类别（比如延吉市同属于陆地边境区与少数民族区），导致纵向的加总没有意义，故在表中省略，计算行百分比。

续表

项目	内容
2.2 字段（要素）名称解释	名称解释与量纲： 表：中国流动人口基本特征数据(2015年) - 性别比 　　变量名：性别 　　数据类型：字符型 　　量纲：无 　　释义：分为男性和女性。 　　类别1：性别_人数 　　数据类型：数值型 　　量纲：人 　　释义：各地男性和女性的样本人数。 　　类别2：性别_比重 　　数据类型：数值型 　　量纲：% 　　释义：各地不同性别的样本人数占该地区总人数的百分比(特殊地区：不同性别的样本人数占该特殊地区样本总人数的百分比)。 　　变量名：性别比 　　数据类型：数值型 　　量纲：无 　　释义：男性数量与女性数量的比值(女=100)。 表：中国流动人口基本特征数据(2015年) - 年龄结构 　　变量名：年龄结构 　　数据类型：数值型 　　量纲：岁 　　释义：年龄结构按年龄段分组，具体如下：15~19,20~24,25~29,30~34,35~39,40~44,45~49,50~54,55~59,60及以上。 　　类别1：年龄结构_人数 　　数据类型：数值型 　　量纲：人 　　释义：各地不同年龄段分组包含的样本人数。 　　类别2：年龄结构_比重 数据类型：数值型 　　量纲：% 　　释义：各地不同年龄段分组所包含的样本人数占该类别下所有样本人数的百分比(特殊地区：不同年龄段分组的样本人数占该特殊地区样本总人数的百分比)。

续表

项目	内容
	表:中国流动人口基本特征数据(2015年)－户籍地 变量名:户籍地 数据类型:字符型 量纲:无 释义:户口登记中户籍地相应的省级代码。 类别1:户籍地_人数 数据类型:数值型 量纲:人 释义:各地不同户籍地类别包含的样本人数。 类别2:户籍地_比重 数据类型:数值型 量纲:% 释义:不同户籍地类别下,各地样本人数占该类别下所有样本人数的百分比(特殊地区:特殊地区不同户籍地的样本人数占该类别下特殊地区样本总人数的百分比)。 表:中国流动人口基本特征数据(2015年)－民族 变量名:民族 数据类型:字符型 量纲:无 释义:指户口登记中记录的民族属性。 类别1: 民族_人数 数据类型:数值型 量纲:人 释义:各地不同民族类型包含的样本人数。 类别2:民族_比重 数据类型:数值型 量纲:% 释义:不同民族类别下,各地样本人数占该类别下所有样本人数的百分比(特殊地区:不同民族类别的样本人数占特殊地区样本总人数的百分比)。 表:中国流动人口基本特征数据(2015年)－受教育程度 变量名:受教育程度 数据类型:字符型 量纲:无 释义:指本人(6周岁及以上)接受国内外教育所取得的最高学历或现有文化水平相当的学历(包括毕业、肄业、辍学及在校生),共7个答案,具体如下:未上过学、小学、初中、高中、大学专科、大学本科、研究生。

续表

项目	内容
	类别1: 受教育程度_人数 数据类型:数值型 量纲:人 释义:各地不同受教育程度类型包含的样本人数。 类别2:受教育程度_比重 数据类型:数值型 量纲:% 释义:不同受教育程度类别下,各地样本人数占该类别下所有样本人数的百分比(特殊地区:不同受教育程度的样本人数占该特殊地区样本总人数的百分比)。 表:中国流动人口基本特征数据(2015年)–户口性质 变量名:户口性质 数据类型:字符型 量纲:无 释义:指户口登记簿上登记的农业、非农业、农业转居民、非农业转居民性质。 类别1:户口性质_人数 数据类型:数值型 量纲:人 释义:各地不同户口性质类型包含的样本人数。 类别2:户口性质_比重 数据类型:数值型 量纲:% 释义:不同户口性质类别下,各地样本人数占该类别下所有样本人数的百分比(特殊地区:不同户口性质的样本人数占该特殊地区样本总人数的百分比)。 表:中国流动人口基本特征数据(2015年)–婚姻状况 变量名:婚姻状况 数据类型:字符型 量纲:无 释义:指被访者(15周岁及以上)在接受调查时的实际婚姻状况,具体如下:未婚、初婚、再婚、离婚、丧偶。 类别1:婚姻状况_人数 数据类型:数值型 量纲:人 释义:各地不同婚姻状况类型包含的样本人数。 类别2:婚姻状况_比重 数据类型:数值型

续表

项目	内容
	量纲:% 释义:不同婚姻状况类型下,各地样本人数占该类别下所有样本人数的百分比(特殊地区:不同婚姻状况的样本人数占该特殊地区样本总人数的百分比)。
3 数据源描述	考察调查数据,来源于国家卫生计生委2015年流动人口动态监测调查。
4 数据加工方法	根据国家卫生计生委2015年流动人口动态监测调查,使用stata进行重新编码,计算样本中性别比、年龄结构、户籍地、民族、受教育程度、户口性质、婚姻状况等字段的人口数与列百分比等。
5 数据质量描述	数据经过了三次质量检验:一次是中国人口发展研究中心的专家进行了数据质量检查和清理;二次是流动人口服务中心组织人员进行二次质量检查并进行清理;三是专题数据委托大学数据处理专业专家进行再次质量检查。
6 数据应用成果	主要应用领域 本数据集主要应用于流动人口和公共政策相关科学研究。
7 知识产权	a. 标注知识产权说明(数据使用引用方式规定等) b. 数据标注参考以下规范: 数据来源参考以下规范: 中文表达方式:国家卫生计生委流动人口数据平台－中国流动人口动态监测调查数据库(http://www.chinaldrk.org.cn); 英文表达方式:The Migrant Population Data Platform of National Health and Family Planning Commission of P. R. C, The Migrant Population Dynamic Monitoring Survey Data Archive of China (http://www.chinaldrk.org.cn). 致谢方式参考以下规范: 中文致谢方式:"感谢国家卫生计生委流动人口数据平台－中国流动人口动态监测调查数据库(http://www.chinaldrk.org.cn)提供数据支撑。" 英文致谢方式:Acknowledgement for the data support from " The Migrant Population Data Platform of National Health and Family Planning Commission of P. R. C, The Migrant Population Dynamic Monitoring Survey Data Archive of China (http://www.chinaldrk.org.cn)". c. 注明使用数据的联系人 由于本数据集测定时间不尽一致,指标繁杂,如需要详细原始数据者,请联系数据管理者。 联系信息: 联系人姓名:信息服务处 Email:ldrkzxsj@163.com Tel:010－68791297

表 1-1a 中国分省流动人口基本特征数据(2015 年)-性别比

省份	男		女		合计		性别比①
	人	%	人	%	人	%	
北京	4 140	3.79	3 860	3.99	8 000	3.88	107.25
天津	3 227	2.95	2 773	2.87	6 000	2.91	116.37
河北	5 756	5.27	4 242	4.39	9 998	4.85	135.69
山西	2 705	2.47	2 295	2.37	5 000	2.43	117.86
内蒙古	2 559	2.34	2 441	2.52	5 000	2.43	104.83
辽宁	2 649	2.42	2 351	2.43	5 000	2.43	112.68
吉林	2 060	1.88	1 940	2.01	4 000	1.94	106.19
黑龙江	2 594	2.37	2 406	2.49	5 000	2.43	107.81
上海	4 131	3.78	3 869	4.00	8 000	3.88	106.77
江苏	6 530	5.97	5 470	5.66	12 000	5.83	119.38
浙江	7 468	6.83	6 532	6.76	14 000	6.80	114.33
安徽	2 475	2.26	2 525	2.61	5 000	2.43	98.02
福建	3 720	3.40	3 280	3.39	7 000	3.40	113.41
江西	2 651	2.43	2 349	2.43	5 000	2.43	112.86
山东	2 970	2.72	3 030	3.13	6 000	2.91	98.02
河南	3 146	2.88	2 854	2.95	6 000	2.91	110.23
湖北	3 055	2.79	2 945	3.05	6 000	2.91	103.74
湖南	3 620	3.31	3 380	3.50	7 000	3.40	107.10
广东	7 663	7.01	7 337	7.59	15 000	7.28	104.44
广西	3 219	2.94	2 781	2.88	6 000	2.91	115.75
海南	2 704	2.47	2 296	2.37	5 000	2.43	117.77
重庆	3 135	2.87	2 865	2.96	6 000	2.91	109.42
四川	4 155	3.80	3 845	3.98	8 000	3.88	108.06
贵州	2 261	2.07	1 739	1.80	4 000	1.94	130.02
云南	2 687	2.46	2 313	2.39	5 000	2.43	116.17
西藏	2 415	2.21	1 585	1.64	4 000	1.94	152.37
陕西	3 218	2.94	2 782	2.88	6 000	2.91	115.67
甘肃	3 295	3.01	2 705	2.8	6 000	2.91	121.81
青海	2 794	2.56	2 206	2.28	5 000	2.43	126.65
宁夏	2 067	1.89	1 933	2.00	4 000	1.94	106.93
新疆	3 123	2.86	2 877	2.98	6 000	2.91	108.55
兵团	1 116	1.02	884	0.91	2 000	0.97	126.24
合计	109 308	100	96 690	100	205 998	100	113.05

① 女=100。

表1-1b 中国分省流动人口基本特征数据(2015年)-年龄结构

省份	15~19岁 人	%	20~24岁 人	%	25~29岁 人	%	30~34岁 人	%	35~39岁 人	%	40~44岁 人	%
北京	271	3.10	842	3.22	1702	4.03	1706	4.94	1217	4.25	948	3.37
天津	176	2.01	544	2.08	1289	3.05	1225	3.55	1002	3.50	901	3.20
河北	304	3.48	1325	5.07	2244	5.31	1726	5.00	1257	4.39	1303	4.63
山西	154	1.76	496	1.90	906	2.14	894	2.59	766	2.68	744	2.64
内蒙古	79	0.90	475	1.82	930	2.20	879	2.55	686	2.40	698	2.48
辽宁	163	1.87	539	2.06	916	2.17	768	2.22	686	2.40	670	2.38
吉林	108	1.24	385	1.47	780	1.85	599	1.73	549	1.92	534	1.90
黑龙江	163	1.87	467	1.79	768	1.82	682	1.98	631	2.20	734	2.61
上海	233	2.67	976	3.74	1687	3.99	1446	4.19	1053	3.68	1021	3.63
江苏	514	5.88	1799	6.89	2595	6.14	1855	5.37	1538	5.37	1555	5.52
浙江	1001	11.46	2064	7.90	2688	6.36	2084	6.04	1886	6.59	1910	6.78
安徽	88	1.01	573	2.19	1203	2.85	990	2.87	854	2.98	710	2.52
福建	407	4.66	1036	3.97	1428	3.38	1172	3.39	965	3.37	937	3.33
江西	242	2.77	670	2.57	981	2.32	775	2.24	819	2.86	715	2.54
山东	108	1.24	477	1.83	1797	4.25	1433	4.15	973	3.4	731	2.60
河南	360	4.12	907	3.47	1284	3.04	935	2.71	840	2.93	820	2.91
湖北	142	1.63	737	2.82	1332	3.15	1102	3.19	852	2.98	843	2.99
湖南	304	3.48	870	3.33	1416	3.35	983	2.85	883	3.08	987	3.51
广东	892	10.21	2516	9.63	3178	7.52	2814	8.15	2242	7.83	1846	6.56
广西	142	1.63	678	2.60	1351	3.20	1215	3.52	963	3.36	750	2.66
海南	141	1.61	583	2.23	1096	2.59	1031	2.99	731	2.55	647	2.30
重庆	204	2.33	870	3.33	1277	3.02	747	2.16	522	1.82	855	3.04
四川	381	4.36	996	3.81	1294	3.06	892	2.58	961	3.36	1298	4.61
贵州	267	3.06	516	1.98	679	1.61	574	1.66	506	1.77	586	2.08
云南	325	3.72	662	2.53	871	2.06	757	2.19	746	2.61	739	2.62
西藏	192	2.20	544	2.08	651	1.54	487	1.41	487	1.70	623	2.21
陕西	175	2.00	683	2.62	1466	3.47	1213	3.51	863	3.01	780	2.77
甘肃	262	3.00	766	2.93	1258	2.98	1032	2.99	809	2.83	896	3.18
青海	375	4.29	633	2.42	909	2.15	674	1.95	642	2.24	707	2.51
宁夏	202	2.31	475	1.82	796	1.88	670	1.94	581	2.03	495	1.76
新疆	280	3.20	739	2.83	1099	2.60	917	2.66	864	3.02	875	3.11
兵团	83	0.95	274	1.05	384	0.91	251	0.73	256	0.89	301	1.07
合计	8738	100	26117	100	42255	100	34528	100	28630	100	28159	100

续表

省份	45~49岁 人	%	50~54岁 人	%	55~59岁 人	%	60岁及以上 人	%	合计 人	%
北京	638	3.23	280	3.04	137	3.47	259	5.52	8 000	3.88
天津	517	2.62	193	2.10	66	1.67	87	1.86	6 000	2.91
河北	969	4.91	415	4.51	190	4.81	265	5.65	9 998	4.85
山西	517	2.62	279	3.03	111	2.81	133	2.84	5 000	2.43
内蒙古	491	2.49	295	3.21	209	5.29	258	5.50	5 000	2.43
辽宁	459	2.33	304	3.30	194	4.91	301	6.42	5 000	2.43
吉林	438	2.22	285	3.10	153	3.87	169	3.60	4 000	1.94
黑龙江	559	2.83	408	4.43	256	6.48	332	7.08	5 000	2.43
上海	746	3.78	383	4.16	183	4.63	272	5.80	8 000	3.88
江苏	1 192	6.04	543	5.90	207	5.24	202	4.31	12 000	5.83
浙江	1 393	7.06	605	6.57	230	5.82	139	2.96	14 000	6.80
安徽	381	1.93	129	1.40	30	0.76	42	0.90	5 000	2.43
福建	615	3.12	277	3.01	96	2.43	67	1.43	7 000	3.40
江西	494	2.50	200	2.17	71	1.80	33	0.70	5 000	2.43
山东	360	1.83	65	0.71	24	0.61	32	0.68	6 000	2.91
河南	561	2.84	202	2.19	65	1.64	26	0.55	6 000	2.91
湖北	607	3.08	244	2.65	79	2.00	62	1.32	6 000	2.91
湖南	866	4.39	423	4.60	151	3.82	117	2.49	7 000	3.40
广东	967	4.90	334	3.63	110	2.78	101	2.15	15 000	7.28
广西	473	2.40	240	2.61	98	2.48	90	1.92	6 000	2.91
海南	408	2.07	186	2.02	74	1.87	103	2.20	5 000	2.43
重庆	685	3.47	395	4.29	198	5.01	247	5.27	6 000	2.91
四川	1 022	5.18	507	5.51	249	6.30	400	8.53	8 000	3.88
贵州	412	2.09	210	2.28	101	2.56	149	3.18	4 000	1.94
云南	518	2.63	250	2.72	75	1.90	57	1.22	5 000	2.43
西藏	546	2.77	258	2.80	93	2.35	119	2.54	4 000	1.94
陕西	490	2.48	185	2.01	94	2.38	51	1.09	6 000	2.91
甘肃	583	2.96	214	2.33	71	1.80	109	2.32	6 000	2.91
青海	561	2.84	292	3.17	107	2.71	100	2.13	5 000	2.43
宁夏	343	1.74	186	2.02	89	2.25	163	3.48	4 000	1.94
新疆	677	3.43	300	3.26	101	2.56	148	3.16	6 000	2.91
兵团	238	1.21	116	1.26	40	1.01	57	1.22	2 000	0.97
合计	19 726	100	9 203	100	3 952	100	4 690	100	205 998	100

— 11 —

表1-1c 中国分省流动人口基本特征数据(2015年) - 户籍地

省份	北京 人	北京 %	天津 人	天津 %	河北 人	河北 %	山西 人	山西 %	内蒙古 人	内蒙古 %	辽宁 人	辽宁 %	吉林 人	吉林 %	黑龙江 人	黑龙江 %
北京	0	0	60	39.74	1 673	16.50	338	8.04	211	4.13	228	7.16	224	4.82	437	5.32
天津	10	10.64	0	0	1 056	10.42	130	3.09	128	2.51	131	4.12	208	4.47	485	5.90
河北	19	20.21	54	35.76	5 781	57.03	177	4.21	185	3.62	224	7.04	128	2.75	542	6.60
山西	2	2.13	2	1.32	309	3.05	2 784	66.21	192	3.76	19	0.60	28	0.60	41	0.50
内蒙古	2	2.13	0	0	174	1.72	173	4.11	3 792	74.22	52	1.63	66	1.42	145	1.76
辽宁	5	5.32	1	0.66	95	0.94	17	0.40	218	4.27	2 035	63.93	504	10.84	1 167	14.2
吉林	1	1.06	1	0.66	37	0.36	1	0.02	76	1.49	119	3.74	2 920	62.8	437	5.32
黑龙江	1	1.06	5	3.31	25	0.25	9	0.21	74	1.45	44	1.38	225	4.84	4 220	51.36
上海	11	11.7	7	4.64	55	0.54	30	0.71	13	0.25	58	1.82	54	1.16	82	1.00
江苏	7	7.45	3	1.99	86	0.85	49	1.17	10	0.20	44	1.38	33	0.71	77	0.94
浙江	3	3.19	2	1.32	34	0.34	53	1.26	12	0.23	33	1.04	33	0.71	52	0.63
安徽	0	0	0	0	62	0.61	3	0.07	0	0	1	0.03	5	0.11	11	0.13
福建	5	5.32	1	0.66	15	0.15	5	0.12	5	0.10	8	0.25	13	0.28	19	0.23
江西	1	1.06	0	0	28	0.28	4	0.10	3	0.06	4	0.13	4	0.09	14	0.17
山东	0	0	1	0.66	42	0.41	9	0.21	16	0.31	15	0.47	51	1.10	130	1.58
河南	1	1.06	0	0	44	0.43	41	0.98	4	0.08	7	0.22	6	0.13	13	0.16
湖北	3	3.19	0	0	22	0.22	5	0.12	3	0.06	1	0.03	1	0.02	9	0.11
湖南	0	0	0	0	19	0.19	0	0	1	0.02	4	0.13	2	0.04	6	0.07
广东	2	2.13	2	1.32	28	0.28	6	0.14	8	0.16	23	0.72	17	0.37	32	0.39
广西	1	1.06	1	0.66	22	0.22	13	0.31	4	0.08	11	0.35	13	0.28	24	0.29
海南	7	7.45	2	1.32	27	0.27	12	0.29	11	0.22	30	0.94	35	0.75	146	1.78
重庆	3	3.19	3	1.99	27	0.27	13	0.31	2	0.04	3	0.09	5	0.11	4	0.05
四川	3	3.19	0	0	28	0.28	12	0.29	6	0.12	10	0.31	5	0.11	5	0.06
贵州	1	1.06	0	0	35	0.35	8	0.19	4	0.08	3	0.09	4	0.09	5	0.06
云南	1	1.06	1	0.66	15	0.15	10	0.24	2	0.04	13	0.41	10	0.22	18	0.22
西藏	0	0	1	0.66	23	0.23	15	0.36	2	0.04	7	0.22	3	0.06	9	0.11
陕西	1	1.06	2	1.32	87	0.86	146	3.47	52	1.02	17	0.53	11	0.24	17	0.21
甘肃	0	0	1	0.66	85	0.84	24	0.57	10	0.20	11	0.35	7	0.15	14	0.17
青海	0	0	2	1.32	104	1.03	59	1.40	14	0.27	3	0.09	14	0.30	13	0.16
宁夏	0	0	0	0	38	0.37	36	0.86	38	0.74	13	0.41	5	0.11	13	0.16
新疆	1	1.06	1	0.66	50	0.49	20	0.48	8	0.16	9	0.28	12	0.26	24	0.29
兵团	0	0	1	0.66	11	0.11	3	0.07	5	0.10	3	0.09	4	0.09	4	0.05
合计	94	100	151	100	10 137	100	4 205	100	5 109	100	3 183	100	4 650	100	8 216	100

续表

省份	上海 人	上海 %	江苏 人	江苏 %	浙江 人	浙江 %	安徽 人	安徽 %	福建 人	福建 %	江西 人	江西 %	山东 人	山东 %	河南 人	河南 %
北京	10	11.63	158	2.22	138	3.09	577	3.56	151	2.74	162	1.80	957	8.66	1 188	7.27
天津	1	1.16	74	1.04	120	2.68	376	2.32	108	1.96	64	0.71	1 761	15.93	648	3.97
河北	3	3.49	114	1.60	171	3.83	277	1.71	104	1.89	84	0.93	411	3.72	687	4.21
山西	1	1.16	70	0.98	112	2.51	151	0.93	90	1.63	66	0.73	138	1.25	410	2.51
内蒙古	1	1.16	17	0.24	18	0.40	37	0.23	21	0.38	10	0.11	32	0.29	68	0.42
辽宁	5	5.81	50	0.70	68	1.52	139	0.86	39	0.71	20	0.22	239	2.16	166	1.02
吉林	1	1.16	29	0.41	30	0.67	55	0.34	34	0.62	13	0.14	84	0.76	54	0.33
黑龙江	1	1.16	15	0.21	25	0.56	87	0.54	6	0.11	12	0.13	104	0.94	47	0.29
上海	0	0	1 227	17.25	407	9.11	2 340	14.43	241	4.37	485	5.40	366	3.31	755	4.62
江苏	14	16.28	4 147	58.31	290	6.49	3 045	18.78	198	3.59	284	3.16	572	5.17	922	5.64
浙江	15	17.44	350	4.92	1 534	34.32	2 650	16.34	246	4.46	1 480	16.47	242	2.19	1 450	8.88
安徽	2	2.33	36	0.51	62	1.39	4 492	27.70	33	0.60	33	0.37	37	0.33	86	0.53
福建	1	1.16	32	0.45	68	1.52	226	1.39	2 858	51.85	871	9.69	33	0.30	265	1.62
江西	3	3.49	44	0.62	117	2.62	117	0.72	191	3.47	3 520	39.18	35	0.32	92	0.56
山东	0	0	32	0.45	64	1.43	69	0.43	29	0.53	18	0.20	5 221	47.23	131	0.80
河南	3	3.49	40	0.56	125	2.80	103	0.64	56	1.02	55	0.61	85	0.77	5 061	30.98
湖北	0	0	41	0.58	63	1.41	96	0.59	48	0.87	94	1.05	33	0.30	306	1.87
湖南	0	0	28	0.39	52	1.16	34	0.21	62	1.12	110	1.22	11	0.10	55	0.34
广东	4	4.65	43	0.60	72	1.61	248	1.53	336	6.10	798	8.88	49	0.44	618	3.78
广西	3	3.49	13	0.18	93	2.08	53	0.33	102	1.85	68	0.76	68	0.62	42	0.26
海南	4	4.65	28	0.39	36	0.81	165	1.02	99	1.80	173	1.93	25	0.23	198	1.21
重庆	2	2.33	24	0.34	49	1.10	21	0.13	36	0.65	30	0.33	14	0.13	47	0.29
四川	1	1.16	36	0.51	60	1.34	33	0.20	33	0.60	91	1.01	13	0.12	62	0.38
贵州	2	2.33	18	0.25	73	1.63	53	0.33	60	1.09	79	0.88	19	0.17	62	0.38
云南	0	0	36	0.51	103	2.30	67	0.41	103	1.87	128	1.42	9	0.08	51	0.31
西藏	0	0	29	0.41	18	0.40	27	0.17	15	0.27	16	0.18	20	0.18	136	0.83
陕西	1	1.16	43	0.60	99	2.21	120	0.74	67	1.22	59	0.66	94	0.85	357	2.19
甘肃	1	1.16	97	1.36	169	3.78	106	0.65	63	1.14	64	0.71	70	0.63	361	2.21
青海	0	0	101	1.42	102	2.28	153	0.94	28	0.51	39	0.43	86	0.78	480	2.94
宁夏	0	0	31	0.44	61	1.36	72	0.44	24	0.44	29	0.32	47	0.43	207	1.27
新疆	5	5.81	88	1.24	64	1.43	159	0.98	26	0.47	22	0.24	133	1.20	928	5.68
兵团	2	2.33	21	0.30	7	0.16	67	0.41	5	0.09	8	0.09	46	0.42	396	2.42
合计	86	100	7 112	100	4 470	100	16 215	100	5 512	100	8 985	100	11 054	100	16 336	100

续表

省份	湖北 人	%	湖南 人	%	广东 人	%	广西 人	%	海南 人	%	重庆 人	%	四川 人	%	贵州 人	%
北京	354	3.42	160	1.27	82	1.53	35	0.45	8	0.36	72	0.91	315	1.68	28	0.43
天津	187	1.81	40	0.32	15	0.28	5	0.06	3	0.13	42	0.53	139	0.74	26	0.40
河北	247	2.39	57	0.45	17	0.32	18	0.23	4	0.18	94	1.19	239	1.27	48	0.74
山西	106	1.02	29	0.23	6	0.11	7	0.09	0	0	52	0.66	162	0.86	16	0.25
内蒙古	22	0.21	10	0.08	0	0	1	0.01	0	0	16	0.20	24	0.13	1	0.02
辽宁	41	0.40	17	0.13	22	0.41	5	0.06	1	0.04	27	0.34	66	0.35	4	0.06
吉林	40	0.39	16	0.13	4	0.07	2	0.03	0	0	6	0.08	18	0.10	2	0.03
黑龙江	35	0.34	10	0.08	4	0.07	2	0.03	0	0	6	0.08	25	0.13	0	0
上海	354	3.42	205	1.63	51	0.95	46	0.59	6	0.27	158	2.00	569	3.03	138	2.12
江苏	399	3.86	186	1.48	21	0.39	44	0.57	4	0.18	151	1.91	656	3.50	229	3.52
浙江	774	7.48	716	5.68	53	0.99	143	1.84	7	0.31	452	5.71	1192	6.35	1598	24.56
安徽	34	0.33	15	0.12	9	0.17	6	0.08	0	0	5	0.06	12	0.06	28	0.43
福建	322	3.11	211	1.67	42	0.78	58	0.75	7	0.31	317	4.01	884	4.71	469	7.21
江西	173	1.67	308	2.44	51	0.95	33	0.43	1	0.04	43	0.54	77	0.41	61	0.94
山东	30	0.29	11	0.09	9	0.17	3	0.04	2	0.09	11	0.14	53	0.28	5	0.08
河南	110	1.06	32	0.25	9	0.17	10	0.13	0	0	49	0.62	61	0.33	4	0.06
湖北	4488	43.36	188	1.49	32	0.60	21	0.27	3	0.13	279	3.53	135	0.72	32	0.49
湖南	173	1.67	6208	49.25	44	0.82	30	0.39	3	0.13	26	0.33	39	0.21	45	0.69
广东	909	8.78	2205	17.49	4305	80.42	2361	30.43	74	3.32	390	4.93	1379	7.35	570	8.76
广西	84	0.81	380	3.01	130	2.43	4628	59.64	21	0.94	50	0.63	67	0.36	57	0.88
海南	214	2.07	404	3.21	320	5.98	218	2.81	2077	93.18	122	1.54	461	2.46	72	1.11
重庆	103	1.00	59	0.47	22	0.41	9	0.12	3	0.13	4193	53.00	1103	5.88	108	1.66
四川	134	1.29	84	0.67	21	0.39	11	0.14	1	0.04	312	3.94	6771	36.08	49	0.75
贵州	76	0.73	277	2.20	23	0.43	18	0.23	2	0.09	197	2.49	332	1.77	2587	39.76
云南	153	1.48	351	2.78	24	0.45	23	0.30	1	0.04	234	2.96	552	2.94	255	3.92
西藏	61	0.59	40	0.32	11	0.21	6	0.08	0	0	124	1.57	1614	8.60	19	0.29
陕西	135	1.30	75	0.60	7	0.13	1	0.01	0	0	82	1.04	176	0.94	14	0.22
甘肃	186	1.80	95	0.75	7	0.13	4	0.05	0	0	60	0.76	188	1.00	8	0.12
青海	195	1.88	120	0.95	4	0.07	3	0.04	1	0.04	57	0.72	315	1.68	5	0.08
宁夏	56	0.54	17	0.13	2	0.04	0	0	0	0	21	0.27	64	0.34	0	0
新疆	113	1.09	62	0.49	5	0.09	9	0.12	0	0	145	1.83	750	4.00	16	0.25
兵团	42	0.41	17	0.13	1	1.02	0	0	0	0	118	1.49	329	1.75	13	0.20
合计	10350	100	12605	100	5353	100	7760	100	2229	100	7911	100	18767	100	6507	100

续表

省份	云南 人	云南 %	西藏 人	西藏 %	陕西 人	陕西 %	甘肃 人	甘肃 %	青海 人	青海 %	宁夏 人	宁夏 %	新疆 人	新疆 %	兵团 人	兵团 %
北京	36	0.78	0	0	174	2.53	165	2.10	10	0.36	22	0.79	24	0.94	0	0
天津	11	0.24	0	0	95	1.38	110	1.40	15	0.55	4	0.14	6	0.23	0	0
河北	39	0.84	0	0	161	2.34	73	0.93	28	1.02	3	0.11	8	0.31	0	0
山西	9	0.19	0	0	156	2.27	27	0.34	9	0.33	3	0.11	3	0.12	0	0
内蒙古	5	0.11	1	0.07	200	2.91	76	0.97	6	0.22	29	1.04	0	0	0	0
辽宁	3	0.06	1	0.07	20	0.29	9	0.11	9	0.33	0	0	4	0.16	0	0
吉林	2	0.04	0	0	7	0.10	5	0.06	3	0.11	0	0	3	0.12	0	0
黑龙江	5	0.11	1	0.07	4	0.06	6	0.08	0	0	0	0	1	0.04	0	0
上海	60	1.30	0	0	115	1.67	105	1.33	13	0.47	12	0.43	30	1.17	1	0.72
江苏	179	3.87	0	0	182	2.65	115	1.46	32	1.17	4	0.14	13	0.51	0	0
浙江	581	12.55	0	0	185	2.69	75	0.95	20	0.73	2	0.07	6	0.23	0	0
安徽	10	0.22	0	0	5	0.07	8	0.10	4	0.15	1	0.04	0	0	0	0
福建	179	3.87	1	0.07	54	0.79	17	0.22	1	0.04	9	0.32	3	0.12	0	0
江西	18	0.39	0	0	14	0.20	32	0.41	6	0.22	1	0.04	1	0.04	0	0
山东	2	0.04	0	0	24	0.35	11	0.14	8	0.29	2	0.07	1	0.04	0	0
河南	2	0.04	1	0.07	35	0.51	18	0.23	17	0.62	2	0.07	5	0.20	0	0
湖北	13	0.28	0	0	25	0.36	37	0.47	15	0.55	2	0.07	4	0.16	0	0
湖南	9	0.19	0	0	15	0.22	17	0.22	1	0.04	2	0.07	4	0.16	0	0
广东	251	5.42	0	0	181	2.63	52	0.66	4	0.15	5	0.18	13	0.51	1	0.72
广西	27	0.58	0	0	9	0.13	9	0.11	1	0.04	0	0	4	0.16	0	0
海南	40	0.86	0	0	32	0.47	23	0.29	6	0.22	5	0.18	7	0.27	0	0
重庆	38	0.82	10	0.75	29	0.42	13	0.17	3	0.11	3	0.11	21	0.82	0	0
四川	122	2.63	8	0.6	36	0.52	35	0.44	6	0.22	2	0.07	9	0.35	0	0
贵州	45	0.97	1	0.07	8	0.12	2	0.03	1	0.04	0	0	2	0.08	0	0
云南	2 823	60.96	0	0	12	0.17	6	0.08	0	0	0	0	0	0	0	0
西藏	46	0.99	1 306	97.83	60	0.87	301	3.82	76	2.77	12	0.43	2	0.08	0	0
陕西	15	0.32	0	0	4 124	59.98	148	1.88	19	0.69	23	0.82	10	0.39	0	0
甘肃	5	0.11	0	0	181	2.63	4 099	52.06	33	1.20	36	1.29	13	0.51	0	0
青海	16	0.35	4	0.30	144	2.09	581	7.38	2 333	85.11	17	0.61	8	0.31	0	0
宁夏	2	0.04	0	0	305	4.44	501	6.36	4	0.15	2 407	86.24	7	0.27	0	0
新疆	20	0.43	0	0	218	3.17	807	10.25	33	1.20	158	5.66	2 009	78.42	105	75.54
兵团	18	0.39	1	0.07	66	0.96	390	4.95	25	0.91	23	0.82	341	13.31	32	23.02
合计	4 631	100	1 335	100	6 876	100	7 873	100	2 741	100	2 791	100	2 562	100	139	100

续表

省份	中国台湾 人	中国台湾 %	中国香港 人	中国香港 %	中国澳门 人	中国澳门 %	国外 人	国外 %	合计 人	合计 %
北京	0	0	2	11.11	0	0	1	3.85	8 000	3.88
天津	0	0	1	5.56	0	0	1	3.85	6 000	2.91
河北	0	0	0	0	0	0	1	3.85	9 998	4.85
山西	0	0	0	0	0	0	0	0	5 000	2.43
内蒙古	0	0	0	0	0	0	1	3.85	5 000	2.43
辽宁	0	0	0	0	0	0	1	3.85	5 000	2.43
吉林	0	0	0	0	0	0	0	0	4 000	1.94
黑龙江	0	0	0	0	0	0	1	3.85	5 000	2.43
上海	2	33.33	2	11.11	0	0	4	15.38	8 000	3.88
江苏	1	16.67	0	0	0	0	2	7.69	12 000	5.83
浙江	0	0	1	5.56	0	0	5	19.23	14 000	6.80
安徽	0	0	0	0	0	0	0	0	5 000	2.43
福建	0	0	1	5.56	0	0	1	3.85	7 000	3.40
江西	0	0	0	0	0	0	2	7.69	4 999	2.43
山东	1	16.67	0	0	0	0	0	0	6 000	2.91
河南	0	0	0	0	0	0	0	0	6 000	2.91
湖北	0	0	0	0	0	0	0	0	6 000	2.91
湖南	0	0	0	0	0	0	0	0	7 000	3.40
广东	2	33.33	10	55.56	1	100	2	7.69	15 000	7.28
广西	0	0	0	0	0	0	2	7.69	6 000	2.91
海南	0	0	0	0	0	0	1	3.85	5 000	2.43
重庆	0	0	0	0	0	0	0	0	6 000	2.91
四川	0	0	0	0	0	0	1	3.85	8 000	3.88
贵州	0	0	1	5.56	0	0	0	0	4 000	1.94
云南	0	0	0	0	0	0	0	0	5 000	2.43
西藏	0	0	0	0	0	0	0	0	4 000	1.94
陕西	0	0	0	0	0	0	0	0	6 000	2.91
甘肃	0	0	0	0	0	0	0	0	6 000	2.91
青海	0	0	0	0	0	0	0	0	5 000	2.43
宁夏	0	0	0	0	0	0	0	0	4 000	1.94
新疆	0	0	0	0	0	0	0	0	5 999	2.91
兵团	0	0	0	0	0	0	0	0	2 000	0.97
合计	6	100	18	100	1	100	26	100	205 996	100

— 16 —

表1-1d 中国分省流动人口基本特征数据（2015年）-民族

省份	汉族 人	%	回族 人	%	壮族 人	%	藏族 人	%	苗族 人	%	满族 人	%
北京	4 951	2.61	31	0.76	7	0.29	0	0	3	0.26	2	0.18
天津	7 659	4.04	51	1.26	12	0.49	5	0.31	16	1.37	141	12.61
河北	6 654	3.51	17	0.42	20	0.82	2	0.12	106	9.10	2	0.18
山西	5 685	3.00	207	5.10	2	0.08	32	1.99	0	0	3	0.27
内蒙古	13 964	7.36	17	0.42	509	20.86	25	1.55	110	9.44	6	0.54
辽宁	4 088	2.15	4	0.10	1 652	67.70	0	0	64	5.49	6	0.54
吉林	3 334	1.76	13	0.32	2	0.08	0	0	223	19.14	4	0.36
黑龙江	4 714	2.48	11	0.27	66	2.70	0	0	22	1.89	17	1.52
上海	9 516	5.01	96	2.36	3	0.12	1	0.06	5	0.43	267	23.88
江苏	5 900	3.11	70	1.72	2	0.08	0	0	2	0.17	7	0.63
浙江	4 888	2.58	7	0.17	0	0	0	0	0	0	66	5.90
安徽	5 785	3.05	41	1.01	3	0.12	1	0.06	19	1.63	0	0
福建	6 740	3.55	17	0.42	3	0.12	0	0	77	6.61	2	0.18
江西	3 756	1.98	7	0.17	0	0	0	0	0	0	113	10.11
山东	11 775	6.20	53	1.30	13	0.53	2	0.12	29	2.49	12	1.07
河南	4 916	2.59	34	0.84	5	0.20	1	0.06	26	2.23	0	0
湖北	4 513	2.38	18	0.44	1	0.04	2	0.12	2	0.17	326	29.16
湖南	4 570	2.41	31	0.76	0	0	0	0	0	0	48	4.29
广东	2 979	1.57	1 000	24.62	0	0	1	0.06	2	0.17	8	0.72
广西	3 372	1.78	1 299	31.98	1	0.04	157	9.76	0	0	3	0.27
海南	5 954	3.14	13	0.32	0	0	1	0.06	0	0	12	1.07
重庆	4 960	2.61	23	0.57	1	0.04	0	0	2	0.17	3	0.27
四川	5 949	3.13	33	0.81	3	0.12	1	0.06	2	0.17	2	0.18
贵州	7 867	4.14	14	0.34	9	0.37	1	0.06	24	2.06	11	0.98
云南	7 796	4.11	18	0.44	1	0.04	18	1.12	6	0.52	2	0.18
西藏	5 842	3.08	46	1.13	0	0	1 309	81.35	1	0.09	30	2.68
陕西	2 466	1.30	181	4.46	1	0.04	3	0.19	1	0.09	3	0.27
甘肃	1 787	0.94	127	3.13	1	0.04	7	0.44	6	0.52	3	0.27
青海	4 603	2.43	418	10.29	2	0.08	11	0.68	4	0.34	6	0.54
宁夏	4 104	2.16	107	2.63	31	1.27	18	1.12	67	5.75	4	0.36
新疆	12 843	6.77	57	1.40	86	3.52	11	0.68	313	26.87	6	0.54
兵团	5 883	3.10	1	0.02	4	0.16	0	0	33	2.83	3	0.27
合计	189 813	100	4 062	100	2 440	100	1 609	100	1 165	100	1 118	100

续表

省份	土家族 人	%	维吾尔族 人	%	蒙族 人	%	彝族 人	%	其他 人	%	合计 人	%
北京	3	0.31	0	0	1	0.14	0	0	2	0.08	5 000	2.43
天津	14	1.43	1	0.12	57	7.96	7	1.08	37	1.43	8 000	3.88
河北	53	5.40	2	0.23	1	0.14	26	4.02	117	4.53	7 000	3.40
山西	1	0.10	0	0	3	0.42	0	0	67	2.59	6 000	2.91
内蒙古	114	11.62	2	0.23	8	1.12	32	4.95	213	8.25	15 000	7.28
辽宁	14	1.43	0	0	3	0.42	4	0.62	165	6.39	6 000	2.91
吉林	84	8.56	0	0	3	0.42	59	9.12	278	10.77	4 000	1.94
黑龙江	9	0.92	0	0	4	0.56	3	0.46	154	5.96	5 000	2.43
上海	18	1.83	0	0	54	7.54	14	2.16	24	0.93	9 998	4.85
江苏	0	0	1	0.12	4	0.56	0	0	14	0.54	6 000	2.91
浙江	0	0	1	0.12	17	2.37	1	0.15	21	0.81	5 000	2.43
安徽	134	13.66	1	0.12	4	0.56	2	0.31	11	0.43	6 000	2.91
福建	98	9.99	4	0.46	1	0.14	0	0	56	2.17	7 000	3.40
江西	0	0	2	0.23	28	3.91	0	0	94	3.64	4 000	1.94
山东	35	3.57	1	0.12	4	0.56	18	2.78	58	2.25	12 000	5.83
河南	6	0.61	0	0	3	0.42	4	0.62	5	0.19	5 000	2.43
湖北	1	0.10	0	0	84	11.73	0	0	53	2.05	5 000	2.43
湖南	0	0	0	0	341	47.63	0	0	10	0.39	5 000	2.43
广东	0	0	1	0.12	8	1.12	3	0.46	1	0.04	4 000	1.94
广西	24	2.45	0	0	12	1.68	1	0.15	129	5.00	5 000	2.43
海南	0	0	1	0.12	3	0.42	3	0.46	16	0.62	6 000	2.91
重庆	3	0.31	0	0	2	0.28	0	0	2	0.08	5 000	2.43
四川	3	0.31	0	0	3	0.42	0	0	4	0.15	6 000	2.91
贵州	17	1.73	1	0.12	4	0.56	4	0.62	48	1.86	8 000	3.88
云南	5	0.51	1	0.12	2	0.28	115	17.77	36	1.39	8 000	3.88
西藏	7	0.71	0	0	19	2.65	5	0.77	47	1.82	6 000	2.91
陕西	5	0.51	0	0	7	0.98	2	0.31	25	0.97	4 000	1.94
甘肃	37	3.77	7	0.81	2	0.28	7	1.08	16	0.62	2 000	0.97
青海	15	1.53	837	96.76	27	3.77	9	1.39	68	2.63	6 000	2.91
宁夏	4	0.41	0	0	0	0	233	36.01	432	16.73	5 000	2.43
新疆	221	22.53	0	0	5	0.70	90	13.91	368	14.25	14 000	6.80
兵团	56	5.71	2	0.23	2	0.28	5	0.77	11	0.43	6 000	2.91
合计	981	100	865	100	716	100	647	100	2 582	100	205 998	100

表1-1e 中国分省流动人口基本特征数据（2015年）-受教育程度

省份	未上过学 人	未上过学 %	小学 人	小学 %	初中 人	初中 %	高中/中专 人	高中/中专 %	大学专科 人	大学专科 %	大学本科 人	大学本科 %	研究生 人	研究生 %	合计 人	合计 %
北京	68	1.75	555	2.02	3 063	2.94	1 800	4.02	1 121	6.73	1 189	13.8	204	33.77	8 000	3.88
天津	74	1.90	805	2.93	3 445	3.31	1 009	2.25	460	2.76	198	2.30	9	1.49	6 000	2.91
河北	96	2.47	1 078	3.93	5 249	5.05	2 174	4.86	989	5.94	386	4.48	26	4.30	9 998	4.85
山西	86	2.21	594	2.16	2 731	2.63	1 004	2.24	382	2.29	189	2.19	14	2.32	5 000	2.43
内蒙古	118	3.03	813	2.96	2 622	2.52	775	1.73	448	2.69	214	2.48	10	1.66	5 000	2.43
辽宁	43	1.11	524	1.91	2 650	2.55	1 088	2.43	432	2.59	251	2.91	12	1.99	5 000	2.43
吉林	27	0.69	371	1.35	2 247	2.16	861	1.92	296	1.78	192	2.23	6	0.99	4 000	1.94
黑龙江	73	1.88	757	2.76	2 959	2.84	836	1.87	252	1.51	119	1.38	4	0.66	5 000	2.43
上海	172	4.42	864	3.15	3 590	3.45	1 651	3.69	799	4.80	829	9.62	95	15.73	8 000	3.88
江苏	305	7.84	1 652	6.02	6 039	5.81	2 433	5.43	1 068	6.41	470	5.46	33	5.46	12 000	5.83
浙江	434	11.16	2 773	10.1	7 880	7.58	2 070	4.62	548	3.29	279	3.24	16	2.65	14 000	6.80
安徽	105	2.70	522	1.90	2 642	2.54	1 030	2.30	492	2.95	200	2.32	9	1.49	5 000	2.43
福建	155	3.99	1 062	3.87	3 844	3.70	1 264	2.82	453	2.72	217	2.52	5	0.83	7 000	3.40
江西	56	1.44	546	1.99	2 515	2.42	1 312	2.93	422	2.53	140	1.63	9	1.49	5 000	2.43
山东	37	0.95	348	1.27	3 003	2.89	1 598	3.57	713	4.28	290	3.37	11	1.82	6 000	2.91
河南	56	1.44	466	1.70	3 220	3.10	1 689	3.77	451	2.71	117	1.36	1	0.17	6 000	2.91
湖北	51	1.31	510	1.86	3 252	3.13	1 557	3.48	436	2.62	191	2.22	3	0.50	6 000	2.91
湖南	53	1.36	623	2.27	3 223	3.10	2 231	4.98	642	3.85	216	2.51	12	1.99	7 000	3.40
广东	123	3.16	1 381	5.03	7 974	7.67	3 999	8.93	1 089	6.54	419	4.86	15	2.48	15 000	7.28
广西	36	0.93	476	1.73	2 955	2.84	1 523	3.40	685	4.11	312	3.62	13	2.15	6 000	2.91
海南	54	1.39	388	1.41	2 497	2.40	1 357	3.03	437	2.62	260	3.02	7	1.16	5 000	2.43
重庆	57	1.47	745	2.71	2 346	2.26	1 562	3.49	751	4.51	499	5.79	40	6.62	6 000	2.91
四川	184	4.73	1 447	5.27	3 468	3.33	1 894	4.23	680	4.08	316	3.67	11	1.82	8 000	3.88
贵州	99	2.55	624	2.27	2 122	2.04	739	1.65	285	1.71	129	1.50	2	0.33	4 000	1.94
云南	179	4.60	1 130	4.12	2 490	2.39	878	1.96	212	1.27	109	1.27	2	0.33	5 000	2.43
西藏	354	9.10	1 299	4.73	1 574	1.51	614	1.37	110	0.66	49	0.57	0	0	4 000	1.94
陕西	81	2.08	711	2.59	2 852	2.74	1 613	3.60	534	3.21	197	2.29	12	1.99	6 000	2.91
甘肃	80	2.06	675	2.46	3 465	3.33	1 259	2.81	363	2.18	153	1.78	5	0.83	6 000	2.91
青海	196	5.04	1 159	4.22	2 475	2.38	876	1.96	193	1.16	101	1.17	0	0	5 000	2.43
宁夏	212	5.45	895	3.26	1 883	1.81	651	1.45	256	1.54	99	1.15	4	0.66	4 000	1.94
新疆	161	4.14	1 182	4.31	2 815	2.71	1 126	2.51	500	3.00	204	2.37	12	1.99	6 000	2.91
兵团	64	1.65	472	1.72	920	0.88	305	0.68	157	0.94	80	0.93	2	0.33	2 000	0.97
合计	3 889	100	27 447	100	104 010	100	44 778	100	16 656	100	8 614	100	604	100	205 998	100

表 1–1f 中国分省流动人口基本特征数据（2015 年）– 户口性质

省 份	农业		非农业		农业转居民		非农业转居民		合计	
	人	%	人	%	人	%	人	%	人	%
北京	5 207	3.02	2 768	8.96	23	0.92	2	0.49	8 000	3.88
天津	5 199	3.02	787	2.55	11	0.44	3	0.73	6 000	2.91
河北	8 410	4.88	1 569	5.08	18	0.72	1	0.24	9 998	4.85
山西	4 265	2.48	728	2.36	6	0.24	1	0.24	5 000	2.43
内蒙古	4 282	2.49	714	2.31	2	0.08	2	0.49	5 000	2.43
辽宁	3 653	2.12	1 301	4.21	34	1.35	12	2.91	5 000	2.43
吉林	3 124	1.81	869	2.81	7	0.28	0	0	4 000	1.94
黑龙江	3 727	2.16	1 266	4.10	5	0.20	2	0.49	5 000	2.43
上海	5 929	3.44	1 958	6.34	72	2.87	41	9.95	8 000	3.88
江苏	10 506	6.10	1 349	4.37	119	4.74	26	6.31	12 000	5.83
浙江	12 957	7.53	902	2.92	118	4.70	23	5.58	14 000	6.8
安徽	4 293	2.49	648	2.10	39	1.55	20	4.85	5 000	2.43
福建	5 361	3.11	383	1.24	1 169	46.52	87	21.12	7 000	3.40
江西	4 120	2.39	839	2.72	35	1.39	6	1.46	5 000	2.43
山东	5 431	3.15	546	1.77	20	0.80	3	0.73	6 000	2.91
河南	5 646	3.28	335	1.08	16	0.64	3	0.73	6 000	2.91
湖北	5 191	3.01	794	2.57	15	0.60	0	0	6 000	2.91
湖南	6 091	3.54	851	2.76	52	2.07	6	1.46	7 000	3.40
广东	13 322	7.74	1 564	5.06	88	3.50	26	6.31	15 000	7.28
广西	5 025	2.92	944	3.06	23	0.92	8	1.94	6 000	2.91
海南	3 788	2.20	1 176	3.81	25	0.99	11	2.67	5 000	2.43
重庆	4 029	2.34	1 693	5.48	214	8.52	64	15.53	6 000	2.91
四川	6 313	3.67	1 517	4.91	146	5.81	24	5.83	8 000	3.88
贵州	3 359	1.95	623	2.02	15	0.60	3	0.73	4 000	1.94
云南	4 440	2.58	495	1.60	59	2.35	6	1.46	5 000	2.43
西藏	3 511	2.04	464	1.50	17	0.68	8	1.94	5 000	2.43
陕西	5 262	3.06	649	2.10	80	3.18	9	2.18	6 000	2.91
甘肃	5 332	3.10	657	2.13	10	0.40	1	0.24	6 000	2.91
青海	4 438	2.58	504	1.63	56	2.23	2	0.49	5 000	2.43
宁夏	3 445	2.00	550	1.78	4	0.16	1	0.24	4 000	1.94
新疆	4 819	2.80	1 168	3.78	7	0.28	6	1.46	6 000	2.91
兵团	1 711	0.99	276	0.89	8	0.32	5	1.21	2 000	0.97
合计	172 186	100	30 887	100	2 513	100	412	100	205 998	100

表1-1g 中国分省流动人口基本特征数据（2015年）-婚姻状况

省份	未婚 人	%	初婚 人	%	再婚 人	%	离婚 人	%	丧偶 人	%	合计 人	%
北京	1350	3.54	6396	4.01	101	3.35	97	2.53	56	3.59	8000	3.88
天津	699	1.83	5123	3.21	59	1.96	86	2.24	33	2.11	6000	2.91
河北	2445	6.41	7146	4.48	128	4.25	208	5.43	71	4.55	9998	4.85
山西	626	1.64	4260	2.67	44	1.46	51	1.33	19	1.22	5000	2.43
内蒙古	502	1.32	4267	2.68	124	4.11	49	1.28	58	3.71	5000	2.43
辽宁	1132	2.97	3534	2.22	68	2.26	191	4.98	75	4.80	5000	2.43
吉林	761	2.00	2954	1.85	86	2.85	152	3.97	47	3.01	4000	1.94
黑龙江	939	2.46	3662	2.30	101	3.35	189	4.93	109	6.98	5000	2.43
上海	1349	3.54	6331	3.97	88	2.92	168	4.38	64	4.10	8000	3.88
江苏	1993	5.23	9672	6.07	116	3.85	151	3.94	68	4.35	12000	5.83
浙江	2678	7.02	10873	6.82	177	5.87	191	4.98	81	5.19	14000	6.80
安徽	318	0.83	4561	2.86	82	2.72	25	0.65	14	0.90	5000	2.43
福建	1478	3.88	5326	3.34	70	2.32	91	2.37	35	2.24	7000	3.40
江西	953	2.50	3915	2.46	39	1.29	70	1.83	23	1.47	5000	2.43
山东	472	1.24	5337	3.35	139	4.61	41	1.07	11	0.70	6000	2.91
河南	1680	4.41	4212	2.64	21	0.70	68	1.77	19	1.22	6000	2.91
湖北	597	1.57	5225	3.28	116	3.85	44	1.15	18	1.15	6000	2.91
湖南	1323	3.47	5400	3.39	111	3.68	118	3.08	48	3.07	7000	3.40
广东	3738	9.8	10871	6.82	167	5.54	150	3.91	74	4.74	15000	7.28
广西	1181	3.10	4596	2.88	86	2.85	91	2.37	46	2.94	6000	2.91
海南	745	1.95	4132	2.59	52	1.72	58	1.51	13	0.83	5000	2.43
重庆	1429	3.75	4061	2.55	171	5.67	285	7.44	54	3.46	6000	2.91
四川	1616	4.24	5808	3.64	206	6.83	269	7.02	101	6.47	8000	3.88
贵州	973	2.55	2754	1.73	84	2.79	131	3.42	58	3.71	4000	1.94
云南	1064	2.79	3711	2.33	73	2.42	119	3.11	33	2.11	5000	2.43
西藏	1240	3.25	2458	1.54	25	0.83	172	4.49	105	6.72	4000	1.94
陕西	868	2.28	4981	3.12	48	1.59	75	1.96	28	1.79	6000	2.91
甘肃	1197	3.14	4620	2.90	50	1.66	96	2.51	37	2.37	6000	2.91
青海	842	2.21	3897	2.44	87	2.89	122	3.18	52	3.33	5000	2.43
宁夏	563	1.48	3311	2.08	40	1.33	49	1.28	37	2.37	4000	1.94
新疆	959	2.52	4603	2.89	206	6.83	174	4.54	58	3.71	6000	2.91
兵团	415	1.09	1467	0.92	50	1.66	51	1.33	17	1.09	2000	0.97
合计	38125	100	159464	100	3015	100	3832	100	1562	100	205998	100

表1-2a 中国分地区流动人口基本特征数据(2015年)-性别比

地区	男 人	男 %	女 人	女 %	合计 人	合计 %	性别比①
东部地区	48 309	44.20	42 689	44.15	90 998	44.17	113.16
中部地区	17 309	16.15	16 348	16.91	34 000	16.51	107.98
西部地区	36 044	32.97	30 956	32.02	67 000	32.52	116.44
东北地区	7 303	6.68	6 697	6.93	14 000	6.80	109.05
合计	109 308	100	96 690	100	205 998	100	113.05

表1-2b 中国分地区流动人口基本特征数据(2015年)-年龄结构

地区	15~19岁 人	%	20~24岁 人	%	25~29岁 人	%	30~34岁 人	%	35~39岁 人	%	40~44岁 人	%
东部地区	4 047	46.31	12 162	46.57	19 704	46.63	16 492	47.76	12 864	44.93	11 799	41.90
中部地区	1 290	14.76	4 253	16.28	7 122	16.85	5 679	16.45	5 014	17.51	4 819	17.11
西部地区	2 967	33.96	8 311	31.82	12 965	30.68	10 308	29.85	8 886	31.04	9 603	34.10
东北地区	434	4.97	1 391	5.33	2 464	5.83	2 049	5.93	1 866	6.52	1 938	6.88
合计	8 738	100	26 117	100	42 255	100	34 528	100	28 630	100	28 159	100

地区	45~49岁 人	%	50~54岁 人	%	55~59岁 人	%	60岁及以上 人	%	合计 人	%
东部地区	7 805	39.57	3 281	35.65	1 317	33.32	1 527	32.56	90 998	44.17
中部地区	3 426	17.37	1 477	16.05	507	12.83	413	8.81	34 000	16.51
西部地区	7 039	35.68	3 448	37.47	1 525	38.59	1 948	41.54	67 000	32.52
东北地区	1 456	7.38	997	10.83	603	15.26	802	17.10	14 000	6.80
合计	19 726	100	9 203	100	3 952	100	4 690	100	205 998	100

① 女=100。

表1-2c 中国分地区流动人口基本特征数据（2015年）-户籍地

地区	北京 人	%	天津 人	%	河北 人	%	山西 人	%	内蒙古 人	%	辽宁 人	%	吉林 人	%	黑龙江 人	%
东部地区	64	68.09	132	87.42	8797	86.78	809	19.24	599	11.72	794	24.95	796	17.12	2002	24.37
中部地区	7	7.45	2	1.32	484	4.77	2837	67.47	203	3.97	36	1.13	46	0.99	94	1.14
西部地区	16	17.02	10	6.62	699	6.90	532	12.65	3939	77.10	155	4.87	159	3.42	296	3.60
东北地区	7	7.45	7	4.64	157	1.55	27	0.64	368	7.20	2198	69.05	3649	78.47	5824	70.89
合计	94	100	151	100	10137	100	4205	100	5109	100	3183	100	4650	100	8216	100

地区	上海 人	%	江苏 人	%	浙江 人	%	安徽 人	%	福建 人	%	江西 人	%	山东 人	%	河南 人	%
东部地区	52	60.47	6205	87.25	2900	64.88	9973	61.50	4370	79.28	4419	49.18	9637	87.18	6862	42.01
中部地区	9	10.47	259	3.64	531	11.88	4993	30.79	480	8.71	3878	43.16	339	3.07	6010	36.79
西部地区	18	20.93	554	7.79	916	20.49	968	5.97	583	10.58	643	7.16	651	5.89	3197	19.57
东北地区	7	8.14	94	1.32	123	2.75	281	1.73	79	1.43	45	0.50	427	3.86	267	1.63
合计	86	100	7112	100	4470	100	16215	100	5512	100	8985	100	11054	100	16336	100

地区	湖北 人	%	湖南 人	%	广东 人	%	广西 人	%	海南 人	%	重庆 人	%	四川 人	%	贵州 人	%
东部地区	3790	36.62	4195	33.28	4915	91.82	2931	37.77	2192	98.34	1809	22.87	5887	31.37	3183	48.92
中部地区	5084	49.12	6780	53.79	151	2.82	107	1.38	7	0.31	454	5.74	486	2.59	186	2.86
西部地区	1360	13.14	1587	12.59	257	4.80	4713	60.73	29	1.30	5609	70.90	12285	65.46	3132	48.13
东北地区	116	1.12	43	0.34	30	0.56	9	0.12	1	0.04	39	0.49	109	0.58	6	0.09
合计	10350	100	12605	100	5353	100	7760	100	2229	100	7911	100	18767	100	6507	100

续表

地区	云南 人	云南 %	西藏 人	西藏 %	陕西 人	陕西 %	甘肃 人	甘肃 %	青海 人	青海 %	宁夏 人	宁夏 %	新疆 人	新疆 %	兵团 人	兵团 %
东部地区	1378	29.76	0	0	1203	17.50	746	9.48	137	5.00	68	2.44	111	4.33	1	0.72
中部地区	61	1.32	2	0.15	250	3.64	139	1.77	52	1.90	11	0.39	17	0.66	1	0.72
西部地区	3182	68.71	1331	99.70	5392	78.42	6968	88.51	2540	92.67	2710	97.10	2426	94.69	137	98.56
东北地区	10	0.22	2	0.15	31	0.45	20	0.25	12	0.44	2	0.07	8	0.31	0	0
合计	4631	100	1335	100	6876	100	7873	100	2741	100	2791	100	2562	100	139	100

地区	中国台湾 人	中国台湾 %	中国香港 人	中国香港 %	中国澳门 人	中国澳门 %	国外 人	国外 %	合计 人	合计 %
东部地区	5	83.33	17	94.44	1	100	18	69.23	90998	44.17
中部地区	1	16.67	0	0	0	0	2	7.69	33999	16.50
西部地区	0	0	1	5.56	0	0	4	15.38	66999	32.52
东北地区	0	0	0	0	0	0	2	7.69	14000	6.80
合计	6	100	18	100	1	100	26	100	205996	100

表1-2d 中国分地区流动人口基本特征数据(2015年)-民族

地区	汉族 人	汉族 %	回族 人	回族 %	壮族 人	壮族 %	藏族 人	藏族 %	苗族 人	苗族 %	满族 人	满族 %
东部地区	86 788	45.72	375	9.23	718	29.43	51	3.17	626	53.73	504	45.08
中部地区	33 252	17.52	216	5.32	21	0.86	2	0.12	129	11.07	14	1.25
西部地区	56 616	29.83	3 439	84.66	1 700	69.67	1 554	96.58	408	35.02	95	8.50
东北地区	13 157	6.93	32	0.79	1	0.04	2	0.12	2	0.17	505	45.17
合计	189 813	100	4 062	100	2 440	100	1 609	100	1 165	100	1 118	100

地区	土家族 人	土家族 %	维吾尔族 人	维吾尔族 %	蒙古族 人	蒙古族 %	彝族 人	彝族 %	其他 人	其他 %	合计 人	合计 %
东部地区	488	49.75	7	0.81	159	22.21	200	30.91	1 082	41.91	90 998	44.17
中部地区	244	24.87	7	0.81	15	2.09	10	1.55	90	3.49	34 000	16.51
西部地区	248	25.28	848	98.03	413	57.68	437	67.54	1 242	48.10	67 000	32.52
东北地区	1	0.1	3	0.35	129	18.02	0	0	168	6.51	14 000	6.80
合计	981	100	865	100	716	100	647	100	2 582	100	205 998	100

表1－2e 中国分地区流动人口基本特征数据（2015年）－受教育程度

地区	未上过学		小学		初中		高中/中专		大学专科		大学本科		研究生		合计	
	人	%	人	%	人	%	人	%	人	%	人	%	人	%	人	%
东部地区	1518	39.03	10906	39.73	46584	44.79	19355	43.22	7677	46.09	4537	52.67	421	69.70	90998	44.17
中部地区	407	10.47	3261	11.88	17583	16.91	8823	19.70	2825	16.96	1053	12.22	48	7.95	34000	16.51
西部地区	1821	46.82	11628	42.37	31987	30.75	13815	30.85	5174	31.06	2462	28.58	113	18.71	67000	32.52
东北地区	143	3.68	1652	6.02	7856	7.55	2785	6.22	980	5.88	562	6.52	22	3.64	14000	6.80
合计	3889	100	27447	100	104010	100	44778	100	16656	100	8614	100	604	100	205998	100

表1－2f 中国分地区流动人口基本特征数据（2015年）－户口性质

地区	农业		非农业		农业转居民		非农业转居民		合计	
	人	%	人	%	人	%	人	%	人	%
东部地区	76110	44.20	13002	42.10	1663	66.18	223	54.13	90998	44.17
中部地区	29606	17.19	4195	13.58	163	6.49	36	8.74	34000	16.51
西部地区	55966	32.50	10254	33.20	641	25.51	139	33.74	67000	32.52
东北地区	10504	6.10	3436	11.12	46	1.83	14	3.40	14000	6.80
合计	172186	100	30887	100	2513	100	412	100	205998	100

表1－2g 中国分地区流动人口基本特征数据（2015年）－婚姻状况

地区	未婚		初婚		再婚		离婚		丧偶		合计	
	人	%	人	%	人	%	人	%	人	%	人	%
东部地区	16947	44.45	71207	44.65	1097	36.38	1241	32.39	506	32.39	90998	44.17
中部地区	5497	14.42	27573	17.29	413	13.70	376	9.81	141	9.03	34000	16.51
西部地区	12849	33.70	50534	31.69	1250	41.46	1683	43.92	684	43.79	67000	32.52
东北地区	2832	7.43	10150	6.37	255	8.46	532	13.88	231	14.79	14000	6.80
合计	38125	100	159464	100	3015	100	3832	100	1562	100	205998	100

表 1-3a 中国分经济区流动人口基本特征数据 (2015 年) - 性别比

经济区	男		女		合计		性别比①
	人	%	人	%	人	%	
珠三角	7 663	7.01	7 337	7.59	15 000	7.28	104.44
长三角	18 129	16.59	15 871	16.41	34 000	16.51	114.23
环渤海	18 742	17.15	16 256	16.81	34 998	16.99	115.29
其他	64 774	59.26	57 226	59.19	122 000	59.22	113.19
合计	109 308	100	96 690	100	205 998	100	113.05

表 1-3b 中国分经济区流动人口基本特征数据 (2015 年) - 年龄结构

经济区	15~19 岁		20~24 岁		25~29 岁		30~34 岁		35~39 岁		40~44 岁	
	人	%	人	%	人	%	人	%	人	%	人	%
珠三角	892	10.21	2 516	9.63	3 178	7.52	2 814	8.15	2 242	7.83	1 846	6.56
长三角	1 748	20.00	4 839	18.53	6 970	16.50	5 385	15.60	4 477	15.64	4 486	15.93
环渤海	1 022	11.70	3 727	14.27	7 948	18.81	6 858	19.86	5 135	17.94	4 553	16.17
其他	5 076	58.09	15 035	57.57	24 159	57.17	19 471	56.39	16 776	58.60	17 274	61.34
合计	8 738	100	26 117	100	42 255	100	34 528	100	28 630	100	28 159	100

经济区	45~49 岁		50~54 岁		55~59 岁		60 岁及以上		合计	
	人	%	人	%	人	%	人	%	人	%
珠三角	967	4.90	334	3.63	110	2.78	101	2.15	15 000	7.28
长三角	3 331	16.89	1 531	16.64	620	15.69	613	13.07	34 000	16.51
环渤海	2 943	14.92	1 257	13.66	611	15.46	944	20.13	34 998	16.99
其他	12 485	63.29	6 081	66.08	2 611	66.07	3 032	64.65	122 000	59.22
合计	19 726	100	9 203	100	3 952	100	4 690	100	205 998	100

① 女=100。

表1-3c 中国分经济区流动人口基本特征数据(2015年)-户籍地

经济区	北京		天津		河北		山西		内蒙古		辽宁		吉林		黑龙江	
	人	%	人	%	人	%	人	%	人	%	人	%	人	%	人	%
珠三角	2	2.13	2	1.32	28	0.28	6	0.14	8	0.16	23	0.72	17	0.37	32	0.39
长三角	21	22.34	12	7.95	175	1.73	132	3.14	35	0.69	135	4.24	120	2.58	211	2.57
环渤海	34	36.17	116	76.82	8647	85.30	671	15.96	758	14.84	2633	82.72	1115	23.98	2761	33.61
其他	37	39.36	21	13.91	1287	12.70	3396	80.76	4308	84.32	392	12.32	3398	73.08	5212	63.44
合计	94	100	151	100	10137	100	4205	100	5109	100	3183	100	4650	100	8216	100

经济区	上海		江苏		浙江		安徽		福建		江西		山东		河南	
	人	%	人	%	人	%	人	%	人	%	人	%	人	%	人	%
珠三角	4	4.65	43	0.60	72	1.61	248	1.53	336	6.10	798	8.88	49	0.44	618	3.78
长三角	29	33.72	5724	80.48	2231	49.91	8035	49.55	685	12.43	2249	25.03	1180	10.67	3127	19.14
环渤海	19	22.09	428	6.02	561	12.55	1438	8.87	431	7.82	348	3.87	8589	77.70	2820	17.26
其他	34	39.53	917	12.89	1606	35.93	6494	40.05	4060	73.66	5590	62.21	1236	11.18	9771	59.81
合计	86	100	7112	100	4470	100	16215	100	5512	100	8985	100	11054	100	16336	100

经济区	湖北		湖南		广东		广西		海南		重庆		四川		贵州	
	人	%	人	%	人	%	人	%	人	%	人	%	人	%	人	%
珠三角	909	8.78	2205	17.49	4305	80.42	2361	30.43	74	3.32	390	4.93	1379	7.35	570	8.76
长三角	1527	14.75	1107	8.78	125	2.34	233	3.00	17	0.76	761	9.62	2417	12.88	1965	30.20
环渤海	859	8.30	285	2.26	145	2.71	66	0.85	18	0.81	246	3.11	812	4.33	111	1.71
其他	7055	68.16	9008	71.46	778	14.53	5100	65.72	2120	95.11	6514	82.34	14159	75.45	3861	59.34
合计	10350	100	12605	100	5353	100	7760	100	2229	100	7911	100	18767	100	6507	100

续表

经济区	云南 人	云南 %	西藏 人	西藏 %	陕西 人	陕西 %	甘肃 人	甘肃 %	青海 人	青海 %	宁夏 人	宁夏 %	新疆 人	新疆 %	兵团 人	兵团 %
珠三角	251	5.42	0	0	181	2.63	52	0.66	4	0.15	5	0.18	13	0.51	0	0
长三角	820	17.71	0	0	482	7.01	295	3.75	65	2.37	18	0.64	49	1.91	1	0.72
环渤海	91	1.97	1	0.07	474	6.89	368	4.67	70	2.55	33	1.18	43	1.68	0	0
其他	3 469	74.91	1 334	99.93	5 739	83.46	7 158	90.92	2 602	94.93	2 735	97.99	2 457	95.90	138	99.28
合计	4 631	100	1 335	100	6 876	100	7 873	100	2 741	100	2 791	100	2 562	100	139	100

经济区	中国台湾 人	中国台湾 %	中国香港 人	中国香港 %	中国澳门 人	中国澳门 %	国外 人	国外 %	合计 人	合计 %
珠三角	2	33.33	10	55.56	1	100	2	7.69	15 000	7.28
长三角	3	50.00	3	16.67	0	0	11	42.31	34 000	16.51
环渤海	0	0	3	16.67	0	0	4	15.38	34 998	16.99
其他	1	16.67	2	11.11	0	0	9	34.62	121 998	59.22
合计	6	100	18	100	1	100	26	100	205 996	100

表1-3d 中国分经济区流动人口基本特征数据(2015年)-民族

经济区	汉族		回族		壮族		藏族		苗族		满族	
	人	%	人	%	人	%	人	%	人	%	人	%
珠三角	13 964	7.36	17	0.42	509	20.86	25	1.55	110	9.44	6	0.54
长三角	32 485	17.11	124	3.05	108	4.43	14	0.87	366	31.42	29	2.59
环渤海	33 484	17.64	224	5.51	16	0.66	12	0.75	24	2.06	776	69.41
其他	109 880	57.89	3 697	91.01	1 807	74.06	1 558	96.83	665	57.08	307	27.46
合计	189 813	100	4 062	100	2 440	100	1 609	100	1 165	100	1 118	100

经济区	土家族		维吾尔族		蒙族		彝族		其他		合计	
	人	%	人	%	人	%	人	%	人	%	人	%
珠三角	114	11.62	2	0.23	8	1.12	32	4.95	204	8.36	15 000	7.28
长三角	273	27.83	2	0.23	13	1.82	112	17.31	468	19.18	34 000	16.51
环渤海	40	4.08	1	0.12	217	30.31	27	4.17	175	7.17	34 998	16.99
其他	554	56.47	860	99.42	478	66.76	476	73.57	1 593	65.29	122 000	59.22
合计	981	100	865	100	716	100	647	100	2 440	100	205 998	100

表 1-3e 中国分经济区流动人口基本特征数据（2015 年）- 受教育程度

经济区	未上过学		小学		初中		高中中专		大学专科		大学本科		研究生		合计	
	人	%	人	%	人	%	人	%	人	%	人	%	人	%	人	%
珠三角	123	3.16	1 381	5.03	7 974	7.67	3 999	8.93	1 089	6.54	419	4.86	15	2.48	15 000	7.28
长三角	911	23.43	5 289	19.27	17 509	16.83	6 154	13.74	2 415	14.50	1 578	18.32	144	23.84	34 000	16.51
环渤海	318	8.18	3 310	12.06	17 410	16.74	7 669	17.13	3 715	22.30	2 314	26.86	262	43.38	34 998	16.99
其他	2 537	65.24	17 467	63.64	61 117	58.76	26 956	60.2	9 437	56.66	4 303	49.95	183	30.3	122 000	59.22
合计	3 889	100	27 447	100	104 010	100	44 778	100	16 656	100	8 614	100	604	100	205 998	100

表 1-3f 中国分经济区流动人口基本特征数据（2015 年）- 户口性质

经济区	农业		非农业		农业转居民		非农业转居民		合计	
	人	%	人	%	人	%	人	%	人	%
珠三角	13 322	7.74	1 564	5.06	88	3.50	26	6.31	15 000	7.28
长三角	29 392	17.07	4 209	13.63	309	12.30	90	21.84	34 000	16.51
环渤海	27 900	16.20	6 971	22.57	106	4.22	21	5.10	34 998	16.99
其他	101 572	58.99	18 143	58.74	2 010	79.98	275	66.75	122 000	59.22
合计	172 186	100	30 887	100	2 513	100	412	100	205 998	100

表 1-3g 中国分经济区流动人口基本特征数据（2015 年）- 婚姻状况

经济区	未婚		初婚		再婚		离婚		丧偶		合计	
	人	%	人	%	人	%	人	%	人	%	人	%
珠三角	3 738	9.80	10 871	6.82	167	5.54	150	3.91	74	4.74	15 000	7.28
长三角	6 020	15.79	26 876	16.85	381	12.64	510	13.31	213	13.64	34 000	16.51
环渤海	6 098	15.99	27 536	17.27	495	16.42	623	16.26	246	15.75	34 998	16.99
其他	22 269	58.41	94 181	59.06	1 972	65.41	2 549	66.52	1 029	65.88	122 00	59.22
合计	38 125	100	159 464	100	3 015	100	3 832	100	1 562	100	205 998	100

表1-4a 中国分城市群流动人口基本特征数据（2015年）-性别比

城市群	男		女		合计		性别比①
	人	%	人	%	人	%	
京津冀	11 557	10.57	9 641	9.97	21 198	10.29	119.87
珠三角	6 814	6.23	6 626	6.85	13 440	6.52	102.84
长三角	15 293	13.99	13 467	13.93	28 760	13.96	113.56
长江中游城市群	6 159	5.63	5 641	5.83	11 800	5.73	109.18
成渝	5 959	5.45	5 521	5.71	11 480	5.57	107.93
海峡西岸	4 574	4.18	4 066	4.21	8 640	4.19	112.49
山东半岛	2 628	2.40	2 309	2.74	5 280	2.56	99.10
哈长城市群	3 127	2.86	2 913	3.01	6 040	2.93	107.35
辽中南	2 649	2.42	2 351	2.43	5 000	2.43	112.68
中原城市群	2 171	1.99	1 989	2.06	4 160	2.02	109.15
江淮城市群	1 955	1.79	1 965	2.03	3 920	1.90	99.49
关中城市群	1 957	1.79	1 643	1.70	3 600	1.75	119.11
广西北部湾城市群	1416	1.30	1 264	1.31	2 680	1.30	112.03
太原城市群	1 782	1.63	1 498	1.55	3 280	1.59	118.96
滇中城市群	1 513	1.38	1 327	1.37	2 840	1.38	114.02
黔中城市群	83	0.08	37	0.04	120	0.06	224.32
呼包鄂榆	2 788	2.55	2 612	2.70	5 400	2.62	106.74
乌昌石城市群	1 032	0.94	1 008	1.04	2 040	0.99	102.38
宁夏沿黄	1 970	1.80	1 830	1.89	3 800	1.84	107.65
其他地区	33 881	31.00	28 639	29.62	62 520	30.35	118.30
合计	109 308	100	96 690	100	205 998	100	113.05

① 女=100。

表1-4b 中国分城市群流动人口基本特征数据(2015年)-年龄结构

城市群	15~19岁 人	%	20~24岁 人	%	25~29岁 人	%	30~34岁 人	%	35~39岁 人	%	40~44岁 人	%
京津冀	685	7.84	2431	9.31	4704	11.13	4152	12.03	3095	10.81	2747	9.76
珠三角	822	9.41	2341	8.96	2940	6.96	2551	7.39	1958	6.84	1591	5.65
长三角	1395	15.96	4087	15.65	6010	14.22	4559	13.20	3774	13.18	3775	13.41
长江中游城市群	473	5.41	1550	5.93	2449	5.80	1819	5.27	1682	5.87	1642	5.83
成渝	457	5.23	1554	5.95	2194	5.19	1379	3.99	1215	4.24	1754	6.23
海峡西岸	528	6.04	1228	4.70	1690	4.00	1434	4.15	1249	4.36	1209	4.29
山东半岛	96	1.10	402	1.54	1578	3.73	1291	3.74	865	3.02	638	2.27
哈长城市群	192	2.20	637	2.44	1162	2.75	936	2.71	839	2.93	834	2.96
辽中南	163	1.87	539	2.06	916	2.17	768	2.22	686	2.40	670	2.38
中原城市群	288	3.3	697	2.67	946	2.24	629	1.82	535	1.87	543	1.93
江淮城市群	76	0.87	458	1.75	991	2.35	787	2.28	662	2.31	525	1.86
关中城市群	134	1.53	414	1.59	861	2.04	695	2.01	530	1.85	499	1.77
广西北部湾城市群	56	0.64	345	1.32	732	1.73	588	1.70	418	1.46	255	0.91
太原城市群	98	1.12	308	1.18	655	1.55	653	1.89	519	1.81	476	1.69
滇中城市群	190	2.17	400	1.53	519	1.23	452	1.31	448	1.56	400	1.42
黔中城市群	4	0.05	10	0.04	18	0.04	17	0.05	17	0.06	22	0.08
呼包鄂榆	74	0.85	533	2.04	1137	2.69	1064	3.08	760	2.65	732	2.60
乌昌石城市群	130	1.49	296	1.13	409	0.97	318	0.92	288	1.01	243	0.86
宁夏沿黄	197	2.25	459	1.76	759	1.80	626	1.81	539	1.88	463	1.64
其他地区	2680	30.67	7428	28.44	11585	27.42	9810	28.41	8551	29.87	9141	32.46
合计	8738	100	26117	100	42255	100	34528	100	28630	100	28159	100

续表

城市群	45~49岁 人	45~49岁 %	50~54岁 人	50~54岁 %	55~59岁 人	55~59岁 %	60岁及以上 人	60岁及以上 %	合计 人	合计 %
京津冀	1804	9.15	751	8.16	324	8.20	505	10.77	21198	10.29
珠三角	794	4.03	270	2.93	84	2.13	89	1.90	13440	6.52
长三角	2803	14.21	1292	14.04	527	13.34	538	11.47	28760	13.96
长江中游城市群	1298	6.58	554	6.02	200	5.06	133	2.84	11800	5.73
成渝	1334	6.76	714	7.76	361	9.13	518	11.04	11480	5.57
海峡西岸	793	4.02	333	3.62	110	2.78	66	1.41	8640	4.19
山东半岛	307	1.56	53	0.58	23	0.58	27	0.58	5280	2.56
哈长城市群	588	2.98	397	4.31	221	5.59	234	4.99	6040	2.93
辽中南	459	2.33	304	3.30	194	4.91	301	6.42	5000	2.43
中原城市群	335	1.70	126	1.37	43	1.09	18	0.38	4160	2.02
江淮城市群	279	1.41	97	1.05	22	0.56	23	0.49	3920	1.90
关中城市群	296	1.50	99	1.08	49	1.24	23	0.49	3600	1.75
广西北部湾城市群	152	0.77	68	0.74	29	0.73	37	0.79	2680	1.30
太原城市群	306	1.55	149	1.62	53	1.34	63	1.34	3280	1.59
滇中城市群	268	1.36	109	1.18	34	0.86	20	0.43	2840	1.38
黔中城市群	19	0.10	11	0.12	1	0.03	1	0.02	120	0.06
呼包鄂榆	491	2.49	284	3.09	157	3.97	168	3.58	5400	2.62
乌昌石城市群	206	1.04	82	0.89	30	0.76	38	0.81	2040	0.99
宁夏沿黄	331	1.68	176	1.91	89	2.25	161	3.43	3800	1.84
其他地区	6863	34.79	3334	36.23	1401	35.45	1727	36.82	62520	30.35
合计	19726	100	9203	100	3952	100	4690	100	205998	100

表1-4c 中国分城市群流动人口基本特征数据(2015年)-户籍地

城市群	北京		天津		河北		山西		内蒙古		辽宁		吉林		黑龙江	
	人	%	人	%	人	%	人	%	人	%	人	%	人	%	人	%
京津冀	25	26.60	105	69.54	6467	63.80	598	14.22	475	9.30	530	16.65	534	11.48	1421	17.30
珠三角	2	2.13	1	0.66	22	0.22	6	0.14	8	0.16	21	0.66	16	0.34	29	0.35
长三角	18	19.15	10	6.62	158	1.56	121	2.88	32	0.63	127	3.99	104	2.24	183	2.23
长江中游城市群	4	4.26	0	0	47	0.46	6	0.14	3	0.06	7	0.22	5	0.11	22	0.27
成渝	5	5.32	3	1.99	48	0.47	25	0.59	6	0.12	10	0.31	9	0.19	8	0.10
海峡西岸	7	7.45	1	0.66	16	0.16	8	0.19	5	0.10	9	0.28	14	0.30	22	0.27
山东半岛	0	0	1	0.66	37	0.36	7	0.17	15	0.29	14	0.44	51	1.10	121	1.47
哈长城市群	2	2.13	6	3.97	44	0.43	10	0.24	90	1.76	100	3.14	2304	49.55	2942	35.81
辽中南	5	5.32	1	0.66	95	0.94	17	0.40	218	4.27	2035	63.93	504	10.84	1167	14.20
中原城市群	1	1.06	0	0	24	0.24	32	0.76	3	0.06	7	0.22	3	0.06	9	0.11
江淮城市群	0	0	0	0	27	0.27	1	0.02	0	0	0	0	4	0.09	10	0.12
关中城市群	0	0	1	0.66	60	0.59	71	1.69	7	0.14	9	0.28	5	0.11	7	0.09
广西北部湾城市群	0	0	0	0	11	0.11	9	0.21	4	0.08	8	0.25	12	0.26	20	0.24
太原城市群	2	2.13	2	1.32	192	1.89	1826	43.42	26	0.51	11	0.35	23	0.49	38	0.46
滇中城市群	0	0	0	0	10	0.10	7	0.17	2	0.04	9	0.28	4	0.09	5	0.06
黔中城市群	0	0	0	0	0	0	4	0.10	0	0	0	0	0	0	0	0
呼包鄂	1	1.06	0	0	144	1.42	221	5.26	2956	57.86	31	0.97	20	0.43	37	0.45
乌昌石城市群	0	0	0	0	21	0.21	8	0.19	5	0.10	6	0.19	3	0.06	8	0.10
宁夏沿黄	0	0	0	0	34	0.34	35	0.83	37	0.72	13	0.41	5	0.11	13	0.16
其他地区	22	23.4	20	13.25	2680	26.44	1193	28.37	1217	23.82	236	7.41	1030	22.15	2154	26.22
合计	94	100	151	100	10137	100	4205	100	5109	100	3183	100	4650	100	8216	100

续表

城市群	上海 人	上海 %	江苏 人	江苏 %	浙江 人	浙江 %	安徽 人	安徽 %	福建 人	福建 %	江西 人	江西 %	山东 人	山东 %	河南 人	河南 %
京津冀	14	16.28	326	4.58	368	8.23	1180	7.28	346	6.28	299	3.33	3 055	27.64	2 428	14.86
珠三角	3	3.49	36	0.51	51	1.14	200	1.23	274	4.97	704	7.84	48	0.43	553	3.39
长三角	29	33.72	5013	70.49	1696	37.94	7 395	45.61	530	9.62	1603	17.84	1 037	9.38	2 765	16.93
长江中游城市群	1	1.16	87	1.22	142	3.18	201	1.24	187	3.39	2 871	31.95	62	0.56	251	1.54
成渝	2	2.33	47	0.66	81	1.81	39	0.24	53	0.96	82	0.91	25	0.23	92	0.56
海峡西岸	1	1.16	48	0.67	196	4.38	490	3.02	2 607	47.30	1175	13.08	39	0.35	429	2.63
山东半岛	0	0	28	0.39	49	1.10	58	0.36	27	0.49	16	0.18	4571	41.35	123	0.75
哈长城市群	2	2.33	35	0.49	30	0.67	120	0.74	27	0.49	13	0.14	107	0.97	65	0.40
辽中南	5	5.81	50	0.70	68	1.52	139	0.86	39	0.71	20	0.22	239	2.16	166	1.02
中原城市群	2	2.33	29	0.41	72	1.61	58	0.36	41	0.74	32	0.36	54	0.49	3 569	21.85
江淮城市群	1	1.16	26	0.37	40	0.89	3 581	22.08	24	0.44	23	0.26	27	0.24	46	0.28
关中城市群	1	1.16	34	0.48	72	1.61	91	0.56	60	1.09	37	0.41	79	0.71	281	1.72
广西北部湾城市群	0	0	6	0.08	39	0.87	12	0.07	38	0.69	31	0.35	15	0.14	21	0.13
太原城市群	1	1.16	56	0.79	90	2.01	92	0.57	79	1.43	39	0.43	109	0.99	270	1.65
滇中城市群	0	0	24	0.34	53	1.19	26	0.16	47	0.85	70	0.78	5	0.05	29	0.18
黔中城市群	0	0	2	0.03	2	0.04	13	0.08	2	0.04	4	0.04	1	0.01	7	0.04
呼包鄂榆	1	1.16	16	0.22	23	0.51	44	0.27	5	0.09	11	0.12	30	0.27	87	0.53
乌昌石城市群	1	1.16	18	0.25	22	0.49	54	0.33	13	0.24	4	0.04	39	0.35	221	1.35
宁夏沿黄	0	0	31	0.44	57	1.28	71	0.44	24	0.44	29	0.32	44	0.40	201	1.23
其他地区	22	25.58	1 200	16.87	1319	29.51	2351	14.5	1 089	19.76	1 922	21.39	1 468	13.28	4 732	28.97
合计	86	100	7112	100	4470	100	16 215	100	5 512	100	8 985	100	11 054	100	16 336	100

续表

城市群	湖北 人	湖北 %	湖南 人	湖南 %	广东 人	广东 %	广西 人	广西 %	海南 人	海南 %	重庆 人	重庆 %	四川 人	四川 %	贵州 人	贵州 %
京津冀	728	7.03	249	1.98	113	2.11	56	0.72	13	0.58	187	2.36	660	3.52	92	1.41
珠三角	857	8.28	1 998	15.85	3 817	71.31	2 181	28.11	65	2.92	357	4.51	1 230	6.55	478	7.35
长三角	1 224	11.83	854	6.78	111	2.07	187	2.41	16	0.72	606	7.66	2 133	11.37	1 347	20.70
长江中游城市群	2 349	22.70	4 910	38.95	67	1.25	54	0.70	3	0.13	100	1.26	152	0.81	104	1.60
成渝	165	1.59	93	0.74	41	0.77	15	0.19	4	0.18	4 382	55.39	5 882	31.34	140	2.15
海峡西岸	525	5.07	356	2.82	117	2.19	85	1.10	9	0.40	415	5.25	1 065	5.67	728	11.19
山东半岛	29	0.28	11	0.09	6	0.11	3	0.04	2	0.09	11	0.14	52	0.28	4	0.06
哈长城市群	51	0.49	18	0.14	6	0.11	2	0.03	0	0	9	0.11	31	0.17	0	0
辽中南	41	0.40	17	0.13	22	0.41	5	0.06	1	0.04	27	0.34	66	0.35	4	0.06
中原城市群	74	0.71	11	0.09	5	0.09	8	0.10	0	0	30	0.38	43	0.23	2	0.03
江淮城市群	31	0.30	8	0.06	9	0.17	5	0.06	0	0	2	0.03	11	0.06	25	0.38
关中城市群	95	0.92	61	0.48	6	0.11	1	0.01	0	0	67	0.85	157	0.84	9	0.14
广西北部湾城市群	25	0.24	92	0.73	80	1.49	2 138	27.55	14	0.63	15	0.19	34	0.18	23	0.35
太原城市群	79	0.76	26	0.21	4	0.07	4	0.05	0	0	37	0.47	136	0.72	10	0.15
滇中城市群	92	0.89	136	1.08	15	0.28	6	0.08	0	0	110	1.39	262	1.40	214	3.29
黔中城市群	4	0.04	20	0.16	1	0.02	2	0.03	0	0	6	0.08	15	0.08	34	0.52
呼包鄂榆	23	0.22	9	0.07	0	0	1	0.01	0	0	17	0.21	27	0.14	3	0.05
乌昌石城市群	46	0.44	27	0.21	3	0.06	3	0.04	0	0	16	0.20	148	0.79	5	0.08
宁夏沿黄	52	0.50	16	0.13	2	0.04	0	0	0	0	17	0.21	61	0.33	0	0
其他地区	3 860	37.29	3 693	29.3	928	17.34	3 004	38.71	2 102	94.30	1 500	18.96	6 602	35.18	3 285	50.48
合计	10 350	100	12 605	100	5 353	100	7 760	100	2 229	100	7 911	100	18 767	100	6 507	100

续表

城市群	云南 人	云南 %	西藏 人	西藏 %	陕西 人	陕西 %	甘肃 人	甘肃 %	青海 人	青海 %	宁夏 人	宁夏 %	新疆 人	新疆 %	兵团 人	兵团 %
京津冀	72	1.55	0	0	399	5.80	339	4.31	47	1.71	29	1.04	37	1.44	0	0
珠三角	221	4.77	0	0	176	2.56	51	0.65	3	0.11	5	0.18	12	0.47	0	0
长三角	648	13.99	0	0	423	6.15	262	3.33	50	1.82	18	0.64	47	1.83	1	0.72
长江中游城市群	32	0.69	2	0.15	37	0.54	65	0.83	16	0.58	4	0.14	6	0.23	0	0
成渝	77	1.66	16	1.20	54	0.79	35	0.44	8	0.29	5	0.18	27	1.05	0	0
海峡西岸	166	3.58	0	0	74	1.08	20	0.25	4	0.15	3	0.11	5	0.20	0	0
山东半岛	2	0.04	0	0	23	0.33	10	0.13	6	0.22	2	0.07	1	0.04	0	0
哈长城市群	6	0.13	1	0.07	6	0.09	8	0.10	2	0.07	0	0	4	0.16	0	0
辽中南	3	0.06	0	0	20	0.29	9	0.11	9	0.33	2	0.07	4	0.16	0	0
中原城市群	2	0.04	0	0	24	0.35	11	0.14	10	0.36	1	0.04	1	0.04	1	0.72
江淮城市群	6	0.13	0	0	5	0.07	5	0.06	2	0.07	1	0.04	0	0	0	0
关中城市群	5	0.11	0	0	2 235	32.50	116	1.47	14	0.51	9	0.32	10	0.39	0	0
广西北部湾城市群	16	0.35	0	0	7	0.10	5	0.06	1	0.04	3	0	3	0.12	0	0
太原城市群	8	0.17	0	0	84	1.22	24	0.30	8	0.29	2	0.07	2	0.08	0	0
滇中城市群	1 703	36.77	0	0	8	0.12	3	0.04	0	0	0	0	0	0	0	0
黔中城市群	1	0.02	1	0.07	1	0.01	0	0	0	0	0	0	0	0	0	0
呼包鄂榆	5	0.11	1	0.07	1 570	22.83	77	0.98	5	0.18	34	1.22	0	0	0	0
乌昌石城市群	0	0	0	0	82	1.19	282	3.58	1	0.04	76	2.72	911	35.56	17	12.23
宁夏沿黄	2	0.04	0	0	299	4.35	486	6.17	4	0.15	2 261	81.01	6	0.23	0	0
其他地区	1 656	35.76	1 314	98.43	1 349	19.62	6 065	77.04	2 551	93.07	339	12.15	1 486	58	120	86.33
合计	4 631	100	1 335	100	6 876	100	7 873	100	2 741	100	2 791	100	2 562	100	139	100

续表

城市群	中国台湾		中国香港		中国澳门		国外		合计	
	人	%	人	%	人	%	人	%	人	%
京津冀	0	0	3	16.67	0	0	3	11.54	21 198	10.29
珠三角	2	33.33	10	55.56	1	100	2	7.69	13 440	6.52
长三角	3	50	3	16.67	0	0	6	23.08	28 760	13.96
长江中游城市群	0	0	0	0	0	0	2	7.69	11 799	5.73
成渝	0	0	0	0	0	0	1	3.85	11 480	5.57
海峡西岸	0	0	1	5.56	0	0	0	0	8 640	4.19
山东半岛	0	0	0	0	0	0	0	0	5 280	2.56
哈长城市群	0	0	0	0	0	0	0	0	6 040	2.93
辽中南	0	0	0	0	0	0	1	3.85	5 000	2.43
中原城市群	1	16.67	0	0	0	0	0	0	4 160	2.02
江淮城市群	0	0	0	0	0	0	0	0	3 920	1.90
关中城市群	0	0	0	0	0	0	0	0	3 600	1.75
广西北部湾城市群	0	0	0	0	0	0	1	3.85	2 680	1.30
太原城市群	0	0	0	0	0	0	0	0	3 280	1.59
滇中城市群	0	0	0	0	0	0	0	0	2 840	1.38
黔中城市群	0	0	0	0	0	0	0	0	120	0.06
呼包鄂榆	0	0	0	0	0	0	1	3.85	5 400	2.62
乌昌石城市群	0	0	0	0	0	0	0	0	2 040	0.99
宁夏沿黄	0	0	0	0	0	0	0	0	3 800	1.84
其他地区	0	0	1	5.56	0	0	9	34.62	62 519	30.35
合计	6	100	18	100	1	100	26	100	205 996	100

表 1-4d 中国分城市群流动人口基本特征数据（2015 年）－民族

城市群	汉族 人	汉族 %	回族 人	回族 %	壮族 人	壮族 %	藏族 人	藏族 %	苗族 人	苗族 %	满族 人	满族 %
京津冀	20 375	10.73	175	4.31	15	0.61	9	0.56	21	1.80	322	28.80
珠三角	12 548	6.61	17	0.42	441	18.07	24	1.49	97	8.33	6	0.54
长三角	27 700	14.59	94	2.31	87	3.57	14	0.87	258	22.15	26	2.33
长江中游城市群	11 594	6.11	68	1.67	6	0.25	2	0.12	46	3.95	2	0.18
成渝	11 295	5.95	13	0.32	5	0.20	12	0.75	39	3.35	4	0.36
海峡西岸	8 163	4.30	9	0.22	29	1.19	2	0.12	143	12.27	3	0.27
山东半岛	5 241	2.76	8	0.20	0	0	1	0.06	0	0	10	0.89
哈长城市群	5 856	3.09	10	0.25	0	0	0	0	0	0	117	10.47
辽中南	4 513	2.38	18	0.44	1	0.04	2	0.12	2	0.17	326	29.16
中原城市群	4 106	2.16	39	0.96	1	0.04	0	0	2	0.17	2	0.18
江淮城市群	3 881	2.04	24	0.59	5	0.2	0	0	2	0.17	2	0.18
关中城市群	3 568	1.88	25	0.62	3	0.12	1	0.06	1	0.09	0	0
广西北部湾城市群	1 752	0.92	2	0.05	853	34.96	0	0	6	0.52	3	0.27
太原城市群	3 254	1.71	13	0.32	1	0.04	0	0	1	0.09	3	0.27
滇中城市群	2 458	1.29	95	2.34	12	0.49	2	0.12	15	1.29	2	0.18
黔中城市群	111	0.06	0	0	0	0	0	0	1	0.09	0	0
呼包鄂榆	5 174	2.73	27	0.66	0	0	0	0	0	0	19	1.70
乌昌石城市群	1 363	0.72	216	5.32	1	0.04	1	0.06	1	0.09	4	0.36
宁夏沿黄	2 815	1.48	965	23.76	0	0	1	0.06	2	0.17	8	0.72
其他地区	54 046	28.47	2 244	55.24	980	40.16	1 538	95.59	528	45.32	259	23.17
合计	189 813	100	4 062	100	2 440	100	1 609	100	1 165	100	1 118	100

续表

城市群	土家族 人	土家族 %	维吾尔族 人	维吾尔族 %	蒙古族 人	蒙古族 %	彝族 人	彝族 %	其他 人	其他 %	合作 人	合作 %
京津冀	38	3.87	1	0.12	112	15.64	26	4.02	104	4.03	21 198	10.29
珠三角	98	9.99	2	0.23	6	0.84	26	4.02	175	6.78	13 440	6.52
长三角	178	18.14	2	0.23	10	1.40	80	12.36	311	12.04	28 760	13.96
长江中游城市群	43	4.38	4	0.46	6	0.84	7	1.08	22	0.85	11 800	5.73
成渝	59	6.01	3	0.35	2	0.28	11	1.70	37	1.43	11 480	5.57
海峡西岸	116	11.82	2	0.23	4	0.56	16	2.47	153	5.93	8 640	4.19
山东半岛	0	0	0	0	3	0.42	1	0.15	16	0.62	5 280	2.56
哈长城市群	0	0	3	0.35	31	4.33	0	0	23	0.89	6 040	2.93
辽中南	1	0.10	0	0	84	11.73	0	0	53	2.05	5 000	2.43
中原城市群	0	0	1	0.12	0	0	0	0	9	0.35	4 160	2.02
江淮城市群	3	0.31	0	0	1	0.14	0	0	2	0.08	3 920	1.90
关中城市群	1	0.10	0	0	1	0.14	0	0	0	0.00	3 600	1.75
广西北部湾城市群	6	0.61	0	0	2	0.28	2	0.31	54	2.09	2 680	1.30
太原城市群	2	0.20	0	0	1	0.14	3	0.46	2	0.08	3 280	1.59
滇中城市群	3	0.31	0	0	0	0	123	19.01	130	5.03	2 840	1.38
黔中城市群	0	0	0	0	0	0	7	1.08	1	0.04	120	0.06
呼包鄂榆	0	0	0	0	175	24.44	0	0	5	0.19	5 400	2.62
乌昌石城市群	2	0.20	421	48.67	4	0.56	0	0	27	1.05	2 040	0.99
宁夏沿黄	0	0	1	0.12	7	0.98	0	0	1	0.04	3 800	1.84
其他地区	431	43.93	425	49.13	267	37.29	345	53.32	1 457	56.43	62 520	30.35
合计	981	100	865	100	716	100	647	100	2 582	100	205 998	100

表1-4e 中国分城市群流动人口基本特征数据(2015年)-受教育程度

城市群	未上过学		小学		初中		高中/中专		大学专科		大学本科		研究生		合计	
	人	%	人	%	人	%	人	%	人	%	人	%	人	%	人	%
京津冀	196	5.04	2133	7.77	10212	9.82	4413	9.86	2347	14.09	1660	19.27	237	39.24	21198	10.29
珠三角	100	2.57	1111	4.05	7110	6.84	3720	8.31	1011	6.07	375	4.35	13	2.15	13440	6.52
长三角	733	18.85	4374	15.94	14656	14.09	5299	11.83	2091	12.55	1467	17.03	140	23.18	28760	13.96
长江中游城市群	98	2.52	1029	3.75	5802	5.58	3375	7.54	1091	6.55	384	4.46	21	3.48	11800	5.73
成渝	146	3.75	1642	5.98	4669	4.49	2964	6.62	1263	7.58	748	8.68	48	7.95	11480	5.57
海峡西岸	202	5.19	1397	5.09	4887	4.70	1440	3.22	489	2.94	221	2.57	4	0.66	8640	4.19
山东半岛	31	0.80	296	1.08	2641	2.54	1391	3.11	648	3.89	262	3.04	11	1.82	5280	2.56
哈长城市群	41	1.05	609	2.22	3406	3.27	1279	2.86	455	2.73	243	2.82	7	1.16	6040	2.93
辽中南	43	1.11	524	1.91	2650	2.55	1088	2.43	432	2.59	251	2.91	12	1.99	5000	2.43
中原城市群	40	1.03	286	1.04	2130	2.05	1255	2.80	346	2.08	102	1.18	1	0.17	4160	2.02
江淮城市群	82	2.11	384	1.40	2048	1.97	847	1.89	400	2.40	153	1.78	6	0.99	3920	1.90
关中城市群	16	0.41	223	0.81	1564	1.50	1205	2.69	416	2.50	166	1.93	10	1.66	3600	1.75
广西北部湾城市群	14	0.36	136	0.50	1191	1.15	754	1.68	399	2.40	178	2.07	8	1.32	2680	1.30
太原城市群	32	0.82	292	1.06	1776	1.71	712	1.59	295	1.77	159	1.85	14	2.32	3280	1.59
滇中城市群	80	2.06	607	2.21	1439	1.38	504	1.13	126	0.76	82	0.95	2	0.33	2840	1.38
黔中城市群	1	0.03	18	0.07	65	0.06	19	0.04	14	0.08	3	0.03	0	0	120	0.06
呼包鄂榆	135	3.47	959	3.49	2920	2.81	811	1.81	394	2.37	174	2.02	7	1.16	5400	2.62
乌昌石城市群	48	1.23	355	1.29	858	0.82	433	0.97	235	1.41	106	1.23	5	0.83	2040	0.99
宁夏沿黄	208	5.35	867	3.16	1759	1.69	612	1.37	252	1.51	98	1.14	4	0.66	3800	1.84
其他地区	1643	42.25	10205	37.18	32227	30.98	12657	28.27	3952	23.73	1782	20.69	54	8.94	62520	30.35
合计	3889	100	27447	100	104010	100	44778	100	16656	100	8614	100	604	100	205998	100

表1-4f 中国分城市群流动人口基本特征数据(2015年)-户口性质

城市群	农业		非农业		农业转居民		非农业转居民		合计	
	人	%	人	%	人	%	人	%	人	%
京津冀	16 421	9.54	4 727	15.30	44	1.75	6	1.46	21 198	10.29
珠三角	11 931	6.93	1 404	4.55	81	3.22	24	5.83	13 440	6.52
长三角	24 688	14.34	3 739	12.11	256	10.19	77	18.69	28 760	13.96
长江中游城市群	10 028	5.82	1 689	5.47	76	3.02	7	1.70	11 800	5.73
成渝	8 362	4.86	2 727	8.83	312	12.42	79	19.17	11 480	5.57
海峡西岸	7 028	4.08	468	1.52	1 055	41.98	89	21.60	8 640	4.19
山东半岛	4 776	2.77	484	1.57	18	0.72	2	0.49	5 280	2.56
哈长城市群	4 569	2.65	1 461	4.73	8	0.32	2	0.49	6 040	2.93
辽中南	3 653	2.12	1301	4.21	34	1.35	12	2.91	5 000	2.43
中原城市群	3 935	2.29	214	0.69	8	0.32	3	0.73	4 160	2.02
江淮城市群	3 379	1.96	485	1.57	36	1.43	20	4.85	3 920	1.90
关中城市群	3 085	1.79	490	1.59	19	0.76	6	1.46	3 600	1.75
广西北部湾城市群	2 127	1.24	527	1.71	20	0.80	6	1.46	2 680	1.3
太原城市群	2 722	1.58	552	1.79	5	0.20	1	0.24	3 280	1.59
滇中城市群	2 493	1.45	304	0.98	37	1.47	6	1.46	2 840	1.38
黔中城市群	100	0.06	18	0.06	2	0.08	0	0	120	0.06
呼包鄂榆	4 815	2.80	522	1.69	60	2.39	3	0.73	5 400	2.62
乌昌石城市群	1 510	0.88	522	1.69	4	0.16	4	0.97	2 040	0.99
宁夏沿黄	3 255	1.89	540	1.75	4	0.16	1	0.24	3 800	1.84
其他地区	53 309	30.96	8 713	28.21	434	17.27	64	15.53	62 520	30.35
合计	172 186	100	30 887	100	2 513	100	412	100	205 998	100

表1-4g 中国分城市群流动人口基本特征数据(2015年)-婚姻状况

城市群	未婚 人	未婚 %	初婚 人	初婚 %	再婚 人	再婚 %	离婚 人	离婚 %	丧偶 人	丧偶 %	合计 人	合计 %
京津冀	4 079	10.70	16 393	10.28	240	7.96	343	8.95	143	9.15	21 198	10.29
珠三角	3 423	8.98	9 677	6.07	150	4.98	130	3.39	60	3.84	13 440	6.52
长三角	4 957	13	22 872	14.34	319	10.58	426	11.12	186	11.91	28 760	13.96
长江中游城市群	2 023	5.31	9 402	5.90	156	5.17	157	4.10	62	3.97	11 800	5.73
成渝	2 544	6.67	8 040	5.04	320	10.61	453	11.82	123	7.87	11 480	5.57
海峡西岸	1 781	4.67	6 639	4.16	87	2.89	96	2.51	37	2.37	8 640	4.19
山东半岛	426	1.12	4 696	2.94	111	3.68	38	0.99	9	0.58	5 280	2.56
哈长城市群	1 351	3.54	4 258	2.67	81	2.69	251	6.55	99	6.34	6 040	2.93
辽中南	1 132	2.97	3 534	2.22	68	2.26	191	4.98	75	4.80	5 000	2.43
中原城市群	1 327	3.48	2 773	1.74	15	0.50	33	0.86	12	0.77	4 160	2.02
江淮城市群	255	0.67	3 573	2.24	64	2.12	19	0.50	9	0.58	3 920	1.90
关中城市群	670	1.76	2 827	1.77	25	0.83	58	1.51	20	1.28	3 600	1.75
广西北部湾城市群	587	1.54	2 000	1.25	36	1.19	42	1.10	15	0.96	2 680	1.30
太原城市群	365	0.96	2 836	1.78	35	1.16	32	0.84	12	0.77	3 280	1.59
滇中城市群	683	1.79	2 046	1.28	35	1.16	63	1.64	13	0.83	2 840	1.38
黔中城市群	13	0.03	101	0.06	2	0.07	4	0.10	0	0	120	0.06
呼包鄂榆	495	1.30	4 737	2.97	98	3.25	32	0.84	38	2.43	5 400	2.62
乌昌石	485	1.27	1 406	0.88	41	1.36	82	2.14	26	1.66	2 040	0.99
宁夏沿黄	539	1.41	3 140	1.97	39	1.29	47	1.23	35	2.24	3 800	1.84
其他地区	10 990	28.83	48 514	30.42	1 093	36.25	1 335	34.84	588	37.64	62 520	30.35
合计	38 125	100	159 464	100	3 015	100	3 832	100	1 562	100	205 998	100

表 1-5a 中国分特殊地区流动人口基本特征数据（2015 年）- 性别比

特殊地区	男 人	男 %	女 人	女 %	合计 人	合计 %	性别比①
生态脆弱地区	1 211	56.06	949	43.94	2 160	100	127.61
陆地边境区	567	50.63	553	49.38	1 120	100	102.53
少数民族区	1 526	54.50	1 274	45.50	2 800	100	119.78

表 1-5b 中国分特殊地区流动人口基本特征数据（2015 年）- 年龄结构

特殊地区	15~19 岁 人	15~19 岁 %	20~24 岁 人	20~24 岁 %	25~29 岁 人	25~29 岁 %	30~34 岁 人	30~34 岁 %	35~39 岁 人	35~39 岁 %	40~44 岁 人	40~44 岁 %
生态脆弱地区	205	9.49	241	11.16	354	16.39	275	12.73	300	13.89	301	13.94
陆地边境区	43	3.84	93	8.30	167	14.91	142	12.68	125	11.16	153	13.66
少数民族区	230	8.21	290	10.36	467	16.68	357	12.75	367	13.11	381	13.61

特殊地区	45~49 岁 人	45~49 岁 %	50~54 岁 人	50~54 岁 %	55~59 岁 人	55~59 岁 %	60 岁及以上 人	60 岁及以上 %	合计 人	合计 %
生态脆弱地区	254	11.76	140	6.48	39	1.81	51	2.36	2 160	100
陆地边境区	142	12.68	101	9.02	66	5.89	88	7.86	1 120	100
少数民族区	325	11.61	189	6.75	80	2.86	114	4.07	2 800	100

① 女=100。

表1-5c 中国分特殊地区流动人口基本特征数据(2015年)-户籍地

特殊地区	北京		天津		河北		山西		内蒙古		辽宁		吉林		黑龙江	
	人	%	人	%	人	%	人	%	人	%	人	%	人	%	人	%
生态脆弱地区	0	0	0	0	26	1.20	15	0.69	58	2.69	2	0.09	5	0.23	46	2.13
陆地边境区	0	0	0	0	11	0.98	1	0.09	51	4.55	22	1.96	433	38.66	460	41.07
少数民族区	0	0	0	0	29	1.04	12	0.43	67	2.39	14	0.5	397	14.18	163	5.82

特殊地区	上海		江苏		浙江		安徽		福建		江西		山东		河南	
	人	%	人	%	人	%	人	%	人	%	人	%	人	%	人	%
生态脆弱地区	0	0	29	1.34	38	1.76	51	2.36	19	0.88	25	1.16	15	0.69	174	8.06
陆地边境区	0	0	5	0.45	10	0.89	8	0.71	9	0.80	3	0.27	54	4.82	19	1.70
少数民族区	0	0	29	1.04	38	1.36	57	2.04	20	0.71	13	0.46	56	2.00	195	6.96

特殊地区	湖北		湖南		广东		广西		海南		重庆		四川		贵州	
	人	%	人	%	人	%	人	%	人	%	人	%	人	%	人	%
生态脆弱地区	18	0.83	39	1.81	1	0.05	8	0.37	0	0	38	1.76	196	9.07	36	1.67
陆地边境区	17	1.52	3	0.27	1	0.09	1	0.09	0	0	2	0.18	4	0.36	1	0.09
少数民族区	34	1.21	26	0.93	1	0.04	8	0.29	0	0	33	1.18	248	8.86	8	0.29

特殊地区	云南		西藏		陕西		甘肃		青海		宁夏		新疆		兵团	
	人	%	人	%	人	%	人	%	人	%	人	%	人	%	人	%
生态脆弱地区	10	0.46	2	0.09	78	3.61	253	11.71	874	40.46	11	0.51	91	4.21	2	0.09
陆地边境区	1	0.09	1	0.09	2	0.18	0	0	1	0.09	0	0	0	0	0	0
少数民族区	15	0.54	1	0.04	80	2.86	247	8.82	904	32.29	12	0.43	91	3.25	2	0.07

特殊地区	中国台湾		中国香港		中国澳门		国外		合计	
	人	%	人	%	人	%	人	%	人	%
生态脆弱地区	0	0	0	0	0	0	0	0	2160	100
陆地边境区	0	0	0	0	0	0	0	0	1120	100
少数民族区	0	0	0	0	0	0	0	0	2800	100

表 1-5d 中国分特殊地区流动人口基本特征数据（2015年）- 民族

特殊地区	汉族		回族		朝鲜族		维吾尔族		藏族		彝族	
	人	%	人	%	人	%	人	%	人	%	人	%
生态脆弱地区	1345	62.27	661	30.60	0	0	61	2.82	25	1.16	7	0.32
陆地边境区	1000	89.29	2	0.18	83	7.41	0	0	0	0	0	0
少数民族区	1853	66.18	657	23.46	83	2.96	61	2.18	35	1.25	38	1.36

特殊地区	满族		蒙古族		土家族		壮族		其他		合计	
	人	%	人	%	人	%	人	%	人	%	人	%
生态脆弱地区	0	0	7	0.32	8	0.37	4	0.19	4	0	2122	100
陆地边境区	25	2.23	9	0.80	0	0	0	0	0	0	1119	100
少数民族区	15	0.54	9	0.32	7	0.25	4	0.14	1	0	2763	100

表 1-5e 中国分特殊地区流动人口基本特征数据（2015年）- 受教育程度

特殊地区	未上过学		小学		初中		高中/中专		大学专科		大学本科		研究生		合计	
	人	%	人	%	人	%	人	%	人	%	人	%	人	%	人	%
生态脆弱地区	66	3.06	632	29.26	1057	48.94	280	12.96	90	4.17	35	1.62	0	0	2160	100
陆地边境区	21	1.88	147	13.13	678	60.54	198	17.68	48	4.29	28	2.5	0	0	1120	100
少数民族区	108	3.86	692	24.71	1418	50.64	426	15.21	108	3.86	48	1.71	0	0	2800	100

表1-5f 中国分特殊地区流动人口基本特征数据（2015年）-户口性质

特殊地区	农业		非农业		农业转居民		非农业转居民		合计	
	人	%	人	%	人	%	人	%	人	%
生态脆弱地区	1 979	91.62	157	7.27	24	1.11	0	0	2 160	100
陆地边境区	874	78.04	244	21.79	2	0.18	0	0	1 120	100
少数民族区	2 456	87.71	320	11.43	24	0.86	0	0	2 800	100

表1-5g 中国分特殊地区流动人口基本特征数据（2015年）-婚姻状况

特殊地区	未婚		初婚		再婚		离婚		丧偶		合计	
	人	%	人	%	人	%	人	%	人	%	人	%
生态脆弱地区	409	18.94	1 629	75.42	47	2.18	55	2.55	20	0.93	2 160	100
陆地边境区	169	15.09	858	76.61	35	3.13	40	3.57	18	1.61	1 120	100
少数民族区	508	18.14	2 101	75.04	75	2.68	84	3.00	32	1.14	2 800	100

二、流动特征

表2 中国流动人口流动特征数据(2015年) – 数据文档

项目	内容
1 数据集名称	中国流动人口流动特征数据(2015年)
2 数据集内容说明	
2.1 数据集内容一般描述	a. 数据内容(数据文件/表名称,包含的观测指标内容): 数据来源于国家卫生计生委2015年流动人口动态监测调查数据,后期使用STATA统计软件进行加工处理,生成Excel属性数据表。数据反映了2015年中国分省、分地区、分经济区、分城市群、分特殊地区流动人口流动特征,包括:流动范围、流入时间、流动原因、首次离开户籍地时间、首次离开户籍原因、随流家庭人员数量在各分类区间的人数和列百分比分布(分特殊地区计算行百分比)。 b. 建设目的: 为相关研究人员提供基础统计数据。 c. 服务对象: 面向科研,主要用于流动人口相关科学研究。 d. 数据的时间范围: 2015年。 e. 数据的空间范围: 中国31个省(区、市)及新疆生产建设兵团。 分省包括中国31个省(区、市)及新疆生产建设兵团。 样本中所包含的各省如下: 北京市、天津市、河北省、山西省、内蒙古自治区、辽宁省、吉林省、黑龙江省、上海市、江苏省、浙江省、安徽省、福建省、江西省、山东省、河南省、湖北省、湖南省、广东省、广西壮族自治区、海南省、重庆市、四川省、贵州省、云南省、西藏自治区、陕西省、甘肃省、青海省、宁夏回族自治区、新疆维吾尔自治区、新疆生产建设兵团。 分地区包括东北地区、东部地区、中部地区和西部地区。 东北地区:黑龙江省、吉林省、辽宁省。 东部地区:北京市、天津市、上海市、河北省、山东省、江苏省、浙江省、福建省、广东省、海南省。 中部地区:山西省、河南省、湖北省、安徽省、湖南省、江西省。 西部地区:内蒙古自治区、新疆维吾尔自治区、宁夏回族自治区、陕西省、甘肃省、青海省、重庆市、四川省、西藏自治区、广西壮族自治区、贵州省、云南省。 分经济区包括:珠三角地区、长三角地区、环渤海地区、其他地区。 珠三角地区:广东省。 长三角地区:上海市、江苏省和浙江省。 环渤海地区:北京市、天津市、河北省、辽宁省、山东省。 分城市群包括中国19个城市群: 京津冀:北京、天津、石家庄、保定、廊坊、唐山、秦皇岛、沧州

项目	内容
	珠三角:广州、深圳、珠海、佛山、东莞、中山、江门、惠州、肇庆。 长三角:上海、南京、苏州、无锡、常州、镇江、扬州、泰州、南通、杭州、宁波、嘉兴、湖州、绍兴、台州、舟山。 长江中游城市群:武汉、长沙、南昌、黄石、黄冈、鄂州、孝感、咸宁、仙桃、潜江、天门、株洲、湘潭、衡阳、岳阳、益阳、常德娄底、九江、景德镇、鹰潭、新余、抚州、宜春、萍乡。 成渝:重庆、成都、德阳、绵阳、眉山、资阳、乐山、自贡、泸州、内江、宜宾。 海峡西岸:福州、厦门、泉州、漳州、福田、宁德、汕头、潮州、揭阳、汕尾、温州。 山东半岛:济南、青岛、淄博、东营、烟台、潍坊、威海、日照、聊城。 哈长城市群:哈尔滨、齐齐哈尔、大庆、牡丹江、绥化、长春、吉林、四平、辽源、松原。 辽中南:沈阳、大连、鞍山、抚顺、本溪、丹东、锦州、营口、辽阳、盘锦、铁岭、葫芦岛。 中原城市群:郑州、开封、洛阳、许昌、新乡、焦作、平顶山、漯河、济源。 江淮城市群:合肥、芜湖、蚌埠、淮南、马鞍山、铜陵、安庆、池州、滁州、宣城。 关中城市群:西安、铜川、宝鸡、咸阳、渭南、商洛。 广西北部湾城市群:南宁、北海、钦州、防城港。 太原城市群:太原、阳泉、晋中、忻州、长治、临汾、孝义、汾阳。 滇中城市群:昆明、曲靖、玉溪、楚雄。 黔中城市群:贵阳、遵义、安顺、毕节、都匀、凯里。 呼包鄂榆:呼和浩特、包头、鄂尔多斯、乌兰察布、巴彦淖尔、乌海、榆林。 乌昌石城市群:乌鲁木齐、石河子、昌吉、五家渠。 宁夏沿黄:银川、石嘴山、吴忠、中卫。 分特殊地区包括:生态脆弱区、陆地边境区、少数民族区。 生态脆弱区:阿克苏市、宣威市、格尔木市、大方县、鄂托克旗、孙吴县、隆林各族自治县、黔西县、临洮县。 陆地边境区:二连浩特市、延吉市、珲春市、龙井市、浑江区、孙吴县、东宁县、密山市、萝北县、饶河县、漠河县、呼玛县。 少数民族区:鄂托克旗、延吉市、珲春市、龙井市、隆林各族自治县、盐边县、共和县、格尔木市、阿克苏市。 f. 数据的学科范围: 人口学、公共政策范畴。 g. 数据类型(文献、属性、矢量、栅格、文本等): Excel属性数据。 h. 数据更新的频度: 每年更新一次。 i. 其他需要说明的内容: 1.2015年流动人口动态监测调查数据中流动人口是指:在本地居住一个月及以上,非本区(县、市)户口的15周岁及以上男性和女性流动人口。 2.表中"空格"表示不详或无该项数据。

续表

项目	内容
	3. 分特殊地区中,因某些城市同时属于不同的特殊地区类别(比如延吉市同属于陆地边境区与少数民族区),导致纵向的加总没有意义,故在表中省略,计算行百分比。
2.2 字段(要素)名称解释	名称解释与量纲: 表:中国流动人口流动特征数据(2015年)-本次流动范围 变量名: 本次流动范围 数据类型:字符型 量纲:无 释义:指被访者本次流动所跨越的行政区划。具体包括跨省流动、省内跨市、市内跨县。跨省流动即流动人口流入非户籍地所在省;省内跨市即流动人口流入非户籍地所在市,但仍处于户籍地所在省;市内跨县即流动人口流入非户籍地所在县,但仍处于户籍地所在地级市。 类别1: 本次流动范围_人数 数据类型:数值型 量纲:人 释义:各地不同类型流动范围包含的样本数量。 类别2: 本次流动范围_比重 数据类型:数值型 量纲:% 释义:该流动范围类别下,各地样本人数占该类别下所有样本人数的百分比(特殊地区:不同流动范围包含的样本人数占该特殊地区样本总人数的百分比)。 表:中国流动人口流动特征数据(2015年)-本次流入时间 变量名:本次流入时间 数据类型:数值型 量纲:年 释义:指每个家庭最近一次到该市/区/县开始生活、工作、居住的年份,具体时间分组如下:2005年及以前、2006年、2007年、2008年、2009年、2010年、2011年、2012年、2013年、2014年、2015年。 类别1: 本次流入时间_人数 数据类型:数值型 量纲:人 释义:指各地不同流动时间分组所包含的样本数量。 类别2: 本次流入时间_比重 数据类型:数值型 量纲:% 释义:该流入时间类别下,各地样本人数占该类别下所有样本人数的百分比(特殊地区:不同流入时间的样本人数占该特殊地区样本总人数的百分比)。

续表

项目	内容
	表:中国流动人口流动特征数据(2015年)-本次流动原因 变量名: 本次流动原因 数据类型:字符型 量纲:无 释义:与本次流入时间对应的流动原因,具体如下:务工经商、随迁、婚嫁、拆迁、投亲、出生及其他。 类别1: 本次流动原因_人数 数据类型:数值型 量纲:人 释义:指各地不同流动原因类型所包含的样本人数。 类别2: 本次流动原因_比重 数据类型:数值型 量纲:% 释义:该流动原因类别下,各地样本人数占该类别下所有样本人数的百分比(特殊地区:不同流动原因的样本人数占该特殊地区样本总人数的百分比)。 表:中国流动人口流动特征数据(2015年)-首次离开户籍地时间 变量名:首次离开户籍地时间 数据类型:数值型 量纲:年 释义:指被访者本人首次离开户籍地时的时间。具体时间分组如下:1989年及以前,1990~1999年,2000~2009年,2010~2015年。 类别1: 首次离开户籍地时间_人数 数据类型:数值型 量纲:人 释义:指各地首次离开户籍地不同时间分组所包含的样本数量。 类别2:首次离开户籍地时间_比重 数据类型:数值型 量纲:% 释义:该时间类别下,各地样本人数占该类别下所有样本人数的百分比(特殊地区:首次离开户籍地时间的样本人数占该特殊地区样本总人数的百分比)。 表:中国流动人口流动特征数据(2015年)-首次离开户籍地原因 变量名:首次离开户籍地原因 数据类型:字符型 量纲:无 释义:指被访者本人首次离开户籍地时的原因。具体包括务工经商、随同流动、婚嫁、拆迁、投亲、学习、参军、出生、其他。

续表

项目	内容
	类别1: 首次离开户籍地原因_人数 数据类型:数值型 量纲:人 释义:指各地首次离开户籍地不同流动原因包含的样本数量。 类别2: 首次离开户籍地原因_比重 数据类型:数值型 量纲:% 释义:该原因类别下,各地样本人数占该类别下所有样本人数的百分比(特殊地区:首次离开户籍地原因类别包含的样本人数占该特殊地区样本总人数的百分比)。 表:中国流动人口流动特征数据(2015年)-家庭成员本次流动原因 变量名:家庭成员本次流动原因 数据类型:字符型 量纲:无 释义:被访者家庭成员本次流动时间相对应的流动原因,具体如下:务工经商、随迁、婚嫁、拆迁、投亲、出生及其他。 类别1:家庭成员本次流动原因_人数 数据类型:数值型 量纲:人 释义:指各地家庭成员不同流动原因类型所包含的样本人数 类别2: 家庭成员本次流动原因_比重 数据类型:数值型 量纲:% 释义:该流动原因类别下,各地家庭成员样本人数占该类别下所有样本人数的百分比(特殊地区:不同流动原因的样本人数占该特殊地区样本总人数的百分比)。
3 数据源描述	考察调查数据,来源于国家卫生计生委2015年流动人口动态监测调查。
4 数据加工方法	根据国家卫生计生委2015年流动人口动态监测调查得来的原始数据,用STATA统计软件对相关指标进行描述分析得到本次流动范围、本次流入时间、本次流动原因、首次离开户籍地时间、首次离开户籍地原因、随流家庭人员数量共6个数据表。
5 数据质量描述	数据经过了三次质量检验:一次是中国人口发展研究中心的专家进行了数据质量检查和清理;二次是流动人口服务中心组织人员进行二次质量检查并进行清理;三是专题数据委托大学数据处理专业专家进行再次质量检查。
6 数据应用成果	主要应用领域 本数据集主要应用于流动人口和公共政策相关科学研究。

续表

项目	内容
7 知识产权	a. 标注知识产权说明（数据使用引用方式规定等） b. 数据标注参考以下规范： 数据来源参考以下规范： 中文表达方式：国家卫生计生委流动人口数据平台－中国流动人口动态监测调查数据库（http://www.chinaldrk.org.cn）； 英文表达方式：The Migrant Population Data Platform of National Health and Family Planning Commission of P. R. C, The Migrant Population Dynamic Monitoring Survey Data Archive of China（http://www.chinaldrk.org.cn）。 致谢方式参考以下规范： 中文致谢方式："感谢国家卫生计生委流动人口数据平台－中国流动人口动态监测调查数据库（http://www.chinaldrk.org.cn）提供数据支撑。" 英文致谢方式：Acknowledgement for the data support from " The Migrant Population Data Platform of National Health and Family Planning Commission of P. R. C, The Migrant Population Dynamic Monitoring Survey Data Archive of China（http://www.chinaldrk.org.cn）". c. 注明使用数据的联系人 由于本数据集测定时间不尽一致，指标繁杂，如需要详细原始数据者，请联系数据管理者。 联系信息： 联系人姓名：信息服务处 Email：ldrkzxsj@163.com Tel：010－68791297

表 2－1a　中国分省流动人口流动特征数据（2015 年）－本次流动范围

省份	跨省 人	%	省内跨市 人	%	市内跨县 人	%	跨境 人	%	合计 人	%
北京	8 000	7.79	0	0	0	0	0	0	8 000	3.88
天津	6 000	5.84	0	0	0	0	0	0	6 000	2.91
河北	4 216	4.10	2 290	3.66	3 491	8.58	1	3.85	9 998	4.85
山西	2 215	2.16	1 688	2.70	1 097	2.69	0	0	5 000	2.43
内蒙古	1 207	1.17	2 264	3.62	1 528	3.75	1	3.85	5 000	2.43
辽宁	2 965	2.89	1 410	2.26	625	1.54	0	0	5 000	2.43
吉林	1 080	1.05	1 681	2.69	1 239	3.04	0	0	4 000	1.94
黑龙江	779	0.76	3 484	5.57	736	1.81	1	3.85	5 000	2.43
上海	8 000	7.79	0	0	0	0	0	0	8 000	3.88
江苏	7 850	7.64	3 443	5.51	705	1.73	2	7.69	12 000	5.83
浙江	12 461	12.13	1 148	1.84	386	0.95	5	19.23	14 000	6.80
安徽	508	0.49	2 142	3.43	2 350	5.77	0	0	5 000	2.43
福建	4 140	4.03	2 020	3.23	838	2.06	2	7.69	7 000	3.40
江西	1 478	1.44	1 804	2.89	1 716	4.22	2	7.69	5 000	2.43
山东	779	0.76	3 981	6.37	1 240	3.05	0	0	6 000	2.91
河南	937	0.91	2 972	4.75	2 090	5.13	1	3.85	6 000	2.91
湖北	1 512	1.47	2 168	3.47	2 320	5.70	0	0	6 000	2.91
湖南	792	0.77	3 190	5.10	3 018	7.41	0	0	7 000	3.40
广东	10 690	10.40	3 903	6.24	402	0.99	5	19.23	15 000	7.28
广西	1 370	1.33	2 435	3.90	2 193	5.39	2	7.69	6 000	2.91
海南	2 923	2.84	1 878	3	199	0.49	0	0	5 000	2.43
重庆	1 803	1.75	0	0	4 196	10.31	1	3.85	6 000	2.91
四川	1 226	1.19	4 520	7.23	2 253	5.53	1	3.85	8 000	3.88
贵州	1 412	1.37	1 580	2.53	1 007	2.47	1	3.85	4 000	1.94
云南	2 177	2.12	2 044	3.27	779	1.91	0	0	5 000	2.43
西藏	2 694	2.62	858	1.37	448	1.10	0	0	4 000	1.94
陕西	1 876	1.83	1 753	2.80	2 371	5.82	0	0	6 000	2.91
甘肃	1 899	1.85	2 272	3.63	1 829	4.49	0	0	6 000	2.91
青海	2 666	2.59	1 824	2.92	509	1.25	1	3.85	5 000	2.43
宁夏	1 590	1.55	1 778	2.84	632	1.55	0	0	4 000	1.94
新疆	3 886	3.78	1 639	2.62	475	1.17	0	0	6 000	2.91
兵团	1 627	1.58	338	0.54	35	0.09	0	0	2 000	0.97
合计	102 758	100	62 507	100	40 707	100	26	100	205 998	100

表 2-1b 中国分省流动人口流动特征数据（2015年）-本次流入时间

省份	2005年及以前 人	%	2006年 人	%	2007年 人	%	2008年 人	%	2009年 人	%	2010年 人	%
北京	1 872	6.29	297	5.74	349	5.42	498	5.15	459	3.95	638	3.95
天津	1 242	4.17	214	4.14	275	4.27	324	3.35	423	3.64	527	3.27
河北	1 185	3.98	186	3.60	267	4.14	401	4.15	589	5.07	1 072	6.64
山西	1 081	3.63	168	3.25	210	3.26	271	2.80	365	3.14	461	2.86
内蒙古	892	3.00	176	3.40	232	3.60	335	3.47	359	3.09	545	3.38
辽宁	759	2.55	133	2.57	151	2.34	308	3.19	312	2.69	473	2.93
吉林	493	1.66	78	1.51	99	1.54	152	1.57	277	2.39	332	2.06
黑龙江	1 318	4.43	112	2.17	183	2.84	297	3.07	272	2.34	420	2.60
上海	2 034	6.83	325	6.29	434	6.73	523	5.41	522	4.50	676	4.19
江苏	1 671	5.61	307	5.94	353	5.48	499	5.16	635	5.47	934	5.79
浙江	1 651	5.55	332	6.42	384	5.96	607	6.28	643	5.54	906	5.62
安徽	170	0.57	48	0.93	83	1.29	165	1.71	220	1.89	271	1.68
福建	820	2.75	161	3.11	193	3.00	285	2.95	351	3.02	525	3.25
江西	596	2.00	98	1.90	175	2.72	262	2.71	313	2.70	435	2.70
山东	504	1.69	132	2.55	166	2.58	239	2.47	354	3.05	488	3.02
河南	647	2.17	134	2.59	154	2.39	294	3.04	345	2.97	419	2.60
湖北	860	2.89	163	3.15	216	3.35	355	3.67	448	3.86	491	3.04
湖南	442	1.48	86	1.66	117	1.82	156	1.61	258	2.22	432	2.68
广东	1 421	4.77	329	6.36	380	5.90	546	5.65	699	6.02	891	5.52
广西	705	2.37	135	2.61	176	2.73	313	3.24	359	3.09	499	3.09
海南	679	2.28	111	2.15	147	2.28	236	2.44	283	2.44	451	2.80
重庆	370	1.24	97	1.88	118	1.83	194	2.01	274	2.36	439	2.72
四川	1 303	4.38	204	3.95	270	4.19	369	3.82	441	3.80	612	3.79
贵州	408	1.37	111	2.15	92	1.43	166	1.72	179	1.54	271	1.68
云南	1 190	4.00	165	3.19	160	2.48	257	2.66	241	2.08	357	2.21
西藏	708	2.38	54	1.04	128	1.99	131	1.36	177	1.52	186	1.15
陕西	712	2.39	132	2.55	189	2.93	311	3.22	366	3.15	549	3.40
甘肃	691	2.32	209	4.04	209	3.24	284	2.94	417	3.59	519	3.22
青海	881	2.96	129	2.49	125	1.94	257	2.66	270	2.33	372	2.31
宁夏	835	2.80	141	2.73	184	2.86	290	3.00	313	2.70	362	2.24
新疆	1 215	4.08	138	2.67	171	2.65	237	2.45	346	2.98	454	2.81
兵团	415	1.39	66	1.28	54	0.84	101	1.05	100	0.86	128	0.79
合计	29 770	100	5 171	100	6 444	100	9 663	100	11 610	100	16 135	100

续表

省份	2011年 人	%	2012年 人	%	2013年 人	%	2014年 人	%	2015年 人	%	合计 人	%
北京	445	2.81	670	3.05	849	3.08	1 258	3.24	665	2.90	8 000	3.88
天津	406	2.57	528	2.40	731	2.65	753	1.94	577	2.52	6 000	2.91
河北	761	4.81	1 047	4.76	1 227	4.45	1 996	5.14	1 267	5.52	9 998	4.85
山西	379	2.39	501	2.28	523	1.90	645	1.66	396	1.73	5 000	2.43
内蒙古	456	2.88	600	2.73	620	2.25	627	1.61	158	0.69	5 000	2.43
辽宁	460	2.91	519	2.36	633	2.29	832	2.14	420	1.83	5 000	2.43
吉林	444	2.81	458	2.08	487	1.77	860	2.21	320	1.40	4 000	1.94
黑龙江	407	2.57	450	2.05	539	1.95	704	1.81	298	1.30	5 000	2.43
上海	537	3.39	710	3.23	827	3.00	963	2.48	449	1.96	8 000	3.88
江苏	938	5.93	1 151	5.23	1 564	5.67	2 501	6.43	1 447	6.31	12 000	5.83
浙江	806	5.09	1 136	5.16	1 672	6.06	2 754	7.09	3 109	13.56	14 000	6.80
安徽	777	4.91	811	3.69	932	3.38	1 162	2.99	361	1.57	5 000	2.43
福建	423	2.67	624	2.84	893	3.24	1 416	3.64	1 309	5.71	7 000	3.40
江西	406	2.57	537	2.44	620	2.25	997	2.57	561	2.45	5 000	2.43
山东	531	3.36	787	3.58	975	3.53	1 280	3.29	544	2.37	6 000	2.91
河南	492	3.11	704	3.20	879	3.19	1 314	3.38	618	2.69	6 000	2.91
湖北	613	3.87	797	3.62	829	3.01	928	2.39	300	1.31	6 000	2.91
湖南	511	3.23	663	3.01	1 102	4.00	1 778	4.57	1 455	6.34	7 000	3.40
广东	961	6.07	2 040	9.27	2 216	8.03	3 234	8.32	2 283	9.95	15 000	7.28
广西	516	3.26	773	3.51	958	3.47	1 142	2.94	424	1.85	6 000	2.91
海南	385	2.43	437	1.99	652	2.36	1 201	3.09	418	1.82	5 000	2.43
重庆	407	2.57	948	4.31	1 082	3.92	1 437	3.70	634	2.76	6 000	2.91
四川	570	3.60	822	3.74	1 047	3.80	1 581	4.07	781	3.41	8 000	3.88
贵州	275	1.74	456	2.07	590	2.14	982	2.53	470	2.05	4 000	1.94
云南	371	2.34	431	1.96	638	2.31	737	1.90	453	1.98	5 000	2.43
西藏	205	1.30	241	1.10	619	2.24	893	2.30	658	2.87	4 000	1.94
陕西	455	2.88	685	3.11	887	3.22	1 242	3.20	472	2.06	6 000	2.91
甘肃	614	3.88	725	3.30	840	3.05	1 044	2.69	448	1.95	6 000	2.91
青海	469	2.96	525	2.39	756	2.74	749	1.93	467	2.04	5 000	2.43
宁夏	289	1.83	505	2.30	454	1.65	468	1.20	159	0.69	4 000	1.94
新疆	383	2.42	554	2.52	745	2.70	1 131	2.91	626	2.73	6 000	2.91
兵团	134	0.85	161	0.73	196	0.71	257	0.66	388	1.69	2 000	0.97
合计	15 826	100	21 996	100	27 582	100	38 866	100	22 935	100	205 998	100

表2-1c 中国分省流动人口流动特征数据(2015年)—本次流动原因

省份	务工经商 人	%	家属随迁 人	%	婚姻嫁娶 人	%	拆迁搬家 人	%	投亲靠友 人	%
北京	7 014	4.03	542	2.24	20	1.98	8	0.54	173	8.00
天津	5 101	2.93	753	3.11	21	2.08	4	0.27	43	1.99
河北	8 629	4.96	848	3.50	55	5.45	93	6.26	168	7.77
山西	3 528	2.03	1 324	5.47	22	2.18	33	2.22	34	1.57
内蒙古	3 359	1.93	1 307	5.40	67	6.64	71	4.78	116	5.36
辽宁	4 071	2.34	667	2.76	15	1.49	65	4.37	164	7.58
吉林	3 113	1.79	624	2.58	18	1.78	55	3.70	110	5.09
黑龙江	3 791	2.18	841	3.47	32	3.17	32	2.15	236	10.91
上海	6 683	3.84	988	4.08	25	2.48	9	0.61	138	6.38
江苏	10 623	6.11	1 126	4.65	39	3.87	17	1.14	67	3.10
浙江	12 925	7.44	958	3.96	11	1.09	7	0.47	37	1.71
安徽	3 955	2.28	788	3.26	30	2.97	158	10.63	21	0.97
福建	6 336	3.64	603	2.49	4	0.40	6	0.40	18	0.83
江西	4 414	2.54	405	1.67	18	1.78	41	2.76	21	0.97
山东	5 266	3.03	669	2.76	24	2.38	7	0.47	17	0.79
河南	5 555	3.20	374	1.55	9	0.89	6	0.40	15	0.69
湖北	4 703	2.71	1 092	4.51	31	3.07	84	5.65	31	1.43
湖南	6 441	3.71	469	1.94	6	0.59	39	2.62	20	0.92
广东	13 774	7.92	1 008	4.16	24	2.38	26	1.75	66	3.05
广西	5 198	2.99	566	2.34	41	4.06	40	2.69	32	1.48
海南	3 917	2.25	890	3.68	34	3.37	12	0.81	25	1.16
重庆	5 172	2.98	391	1.62	20	1.98	249	16.76	54	2.50
四川	6 873	3.95	610	2.52	26	2.58	94	6.33	128	5.92
贵州	3 244	1.87	550	2.27	8	0.79	39	2.62	52	2.40
云南	4 413	2.54	413	1.71	17	1.68	6	0.40	28	1.29
西藏	3 430	1.97	228	0.94	9	0.89	33	2.22	42	1.94
陕西	4 833	2.78	1 038	4.29	33	3.27	10	0.67	17	0.79
甘肃	5 004	2.88	773	3.19	44	4.36	28	1.88	36	1.66
青海	3 638	2.09	1 076	4.44	64	6.34	50	3.36	33	1.53
宁夏	2 569	1.48	1 099	4.54	140	13.88	78	5.25	47	2.17
新疆	4 722	2.72	882	3.64	74	7.33	61	4.10	90	4.16
兵团	1 543	0.89	305	1.26	28	2.78	25	1.68	84	3.88
合计	173 837	100	24 207	100	1 009	100	1 486	100	2 163	100

续表

省份	学习培训 人	%	参军 人	%	出生 人	%	其他 人	%	合计 人	%
北京	172	15.25	6	20	18	6.08	47	2.55	8 000	3.88
天津	37	3.28	0	0	14	4.73	27	1.47	6 000	2.91
河北	75	6.65	0	0	12	4.05	118	6.41	9 998	4.85
山西	4	0.35	0	0	22	7.43	33	1.79	5 000	2.43
内蒙古	39	3.46	0	0	7	2.36	34	1.85	5 000	2.43
辽宁	3	0.27	0	0	4	1.35	11	0.60	5 000	2.43
吉林	19	1.68	0	0	6	2.03	55	2.99	4 000	1.94
黑龙江	11	0.98	1	3.33	19	6.42	37	2.01	5 000	2.43
上海	113	10.02	2	6.67	17	5.74	25	1.36	8 000	3.88
江苏	68	6.03	0	0	10	3.38	50	2.71	12 000	5.83
浙江	36	3.19	0	0	6	2.03	20	1.09	14 000	6.80
安徽	20	1.77	0	0	1	0.34	27	1.47	5 000	2.43
福建	12	1.06	0	0	2	0.68	19	1.03	7 000	3.40
江西	39	3.46	2	6.67	4	1.35	58	3.15	5 000	2.43
山东	9	0.80	0	0	2	0.68	4	0.22	6 000	2.91
河南	20	1.77	0	0	0	0	21	1.14	6 000	2.91
湖北	28	2.48	0	0	2	0.68	29	1.57	6 000	2.91
湖南	9	0.80	0	0	1	0.34	15	0.81	7 000	3.40
广东	44	3.90	1	3.33	14	4.73	43	2.33	15 000	7.28
广西	49	4.34	1	3.33	13	4.39	60	3.26	6 000	2.91
海南	10	0.89	1	3.33	14	4.73	97	5.27	5 000	2.43
重庆	27	2.39	0	0	1	0.34	86	4.67	6 000	2.91
四川	50	4.43	0	0	11	3.72	208	11.29	8 000	3.88
贵州	18	1.60	0	0	1	0.34	88	4.78	4 000	1.94
云南	28	2.48	0	0	29	9.80	66	3.58	5 000	2.43
西藏	24	2.13	7	23.33	5	1.69	222	12.05	4 000	1.94
陕西	25	2.22	0	0	4	1.35	40	2.17	6 000	2.91
甘肃	26	2.30	0	0	4	1.35	85	4.61	6 000	2.91
青海	24	2.13	0	0	23	7.77	92	4.99	5 000	2.43
宁夏	20	1.77	1	3.33	11	3.72	35	1.90	4 000	1.94
新疆	67	5.94	8	26.67	13	4.39	83	4.51	6 000	2.91
兵团	2	0.18	0	0	6	2.03	7	0.38	2 000	0.97
合计	1 128	100	30	100	296	100	1 842	100	205 998	100

表 2-1d 中国分省流动人口流动特征数据（2015 年）-首次离开户籍地时间

省份	1989年以前 人	%	1990~1999年 人	%	2000~2009年 人	%	2010~2015年 人	%	合计 人	%
北京	143	3.25	1 254	4.17	4 077	4.38	2 526	3.22	8 000	3.88
天津	106	2.41	777	2.58	2 881	3.09	2 236	2.85	6 000	2.91
河北	184	4.18	1 204	4.01	4 062	4.36	4 548	5.80	9 998	4.85
山西	109	2.48	691	2.30	2 276	2.44	1 924	2.45	5 000	2.43
内蒙古	91	2.07	706	2.35	2 625	2.82	1 578	2.01	5 000	2.43
辽宁	69	1.57	587	1.95	2 127	2.28	2 217	2.83	5 000	2.43
吉林	51	1.16	443	1.47	1 633	1.75	1 873	2.39	4 000	1.94
黑龙江	108	2.45	832	2.77	1 946	2.09	2 114	2.70	5 000	2.43
上海	208	4.73	1 290	4.29	4 123	4.43	2 379	3.04	8 000	3.88
江苏	262	5.95	1 836	6.11	5 824	6.25	4 078	5.20	12 000	5.83
浙江	250	5.68	2 255	7.50	6 709	7.20	4 786	6.11	14 000	6.80
安徽	99	2.25	846	2.81	2 448	2.63	1 606	2.05	4 999	2.43
福建	133	3.02	1 162	3.87	3 073	3.3	2 632	3.36	7 000	3.40
江西	100	2.27	697	2.32	2 220	2.38	1 983	2.53	5 000	2.43
山东	40	0.91	691	2.30	3 010	3.23	2 259	2.88	6 000	2.91
河南	71	1.61	532	1.77	2 314	2.48	3 082	3.93	5 999	2.91
湖北	148	3.36	1 050	3.49	2 940	3.16	1 862	2.38	6 000	2.91
湖南	262	5.95	1 321	4.39	2 996	3.22	2 421	3.09	7 000	3.40
广东	265	6.02	2 666	8.87	6 698	7.19	5 371	6.85	15 000	7.28
广西	172	3.91	1 002	3.33	2 791	3.00	2 035	2.60	6 000	2.91
海南	101	2.29	742	2.47	2 304	2.47	1 853	2.36	5 000	2.43
重庆	236	5.36	777	2.58	2 558	2.75	2 429	3.10	6 000	2.91
四川	271	6.16	1 454	4.84	3 499	3.76	2 776	3.54	8 000	3.88
贵州	93	2.11	464	1.54	1 545	1.66	1 898	2.42	4 000	1.94
云南	138	3.14	901	3.00	2 161	2.32	1 800	2.30	5 000	2.43
西藏	126	2.86	403	1.34	1 493	1.60	1 978	2.52	4 000	1.94
陕西	104	2.36	654	2.18	2 657	2.85	2 585	3.30	6 000	2.91
甘肃	98	2.23	618	2.06	2 566	2.75	2 718	3.47	6 000	2.91
青海	122	2.77	569	1.89	2 224	2.39	2 085	2.66	5 000	2.43
宁夏	61	1.39	350	1.16	2 019	2.17	1 570	2.00	4 000	1.94
新疆	119	2.70	945	3.14	2 499	2.68	2 436	3.11	5 999	2.91
兵团	61	1.39	342	1.14	859	0.92	738	0.94	2 000	0.97
合计	4 401	100	30 061	100	93 157	100	78 376	100	205 995	100

表 2 – 1e 中国分省流动人口流动特征数据（2015 年）– 首次离开户籍地原因

省份	务工经商 人	%	家属随迁 人	%	婚姻嫁娶 人	%	拆迁搬家 人	%	投亲靠友 人	%
北京	6 358	3.84	456	2.23	39	2.67	2	0.19	195	6.18
天津	4 931	2.98	685	3.35	34	2.33	1	0.1	72	2.28
河北	8 127	4.90	755	3.69	64	4.39	67	6.38	175	5.55
山西	3 460	2.09	1 220	5.97	33	2.26	25	2.38	43	1.36
内蒙古	3 274	1.98	1 131	5.53	88	6.04	49	4.67	133	4.22
辽宁	3 822	2.31	626	3.06	22	1.51	54	5.14	190	6.03
吉林	3 000	1.81	564	2.76	33	2.26	44	4.19	132	4.19
黑龙江	3 688	2.23	835	4.09	44	3.02	28	2.67	254	8.06
上海	6 484	3.91	816	3.99	19	1.30	7	0.67	149	4.73
江苏	10 105	6.10	842	4.12	48	3.29	10	0.95	167	5.30
浙江	12 528	7.56	860	4.21	17	1.17	5	0.48	104	3.30
安徽	3 773	2.28	490	2.40	76	5.21	76	7.24	52	1.65
福建	6 023	3.63	494	2.42	22	1.51	7	0.67	34	1.08
江西	4 154	2.51	359	1.76	24	1.65	21	2.00	43	1.36
山东	4 993	3.01	470	2.30	50	3.43	3	0.29	59	1.87
河南	5 173	3.12	351	1.72	17	1.17	9	0.86	42	1.33
湖北	4 650	2.81	777	3.80	63	4.32	50	4.76	75	2.38
湖南	5 933	3.58	381	1.86	48	3.29	35	3.33	56	1.78
广东	13 328	8.04	677	3.31	53	3.64	20	1.90	167	5.30
广西	4 749	2.87	402	1.97	58	3.98	23	2.19	62	1.97
海南	3 787	2.29	678	3.32	41	2.81	8	0.76	71	2.25
重庆	4 617	2.79	332	1.62	31	2.13	157	14.95	73	2.32
四川	6 392	3.86	536	2.62	43	2.95	76	7.24	148	4.69
贵州	3 135	1.89	498	2.44	29	1.99	24	2.29	57	1.81
云南	4 226	2.55	375	1.83	18	1.23	5	0.48	45	1.43
西藏	3 355	2.02	245	1.20	12	0.82	29	2.76	59	1.87
陕西	4 589	2.77	873	4.27	64	4.39	9	0.86	63	2.00
甘肃	4 887	2.95	605	2.96	54	3.70	31	2.95	71	2.25
青海	3 549	2.14	1 016	4.97	72	4.94	41	3.90	75	2.38
宁夏	2 554	1.54	1 032	5.05	147	10.08	67	6.38	51	1.62
新疆	4 585	2.77	791	3.87	70	4.80	48	4.57	130	4.12
兵团	1 479	0.89	267	1.31	25	1.71	19	1.81	106	3.36
合计	165 708	100	20 439	100	1 458	100	1 050	100	3 153	100

续表

省份	学习培训 人	%	参军 人	%	出生 人	%	其他 人	%	合计 人	%
北京	824	7.68	42	6.08	25	4.90	59	2.62	8 000	3.88
天津	213	1.98	15	2.17	16	3.14	33	1.47	6 000	2.91
河北	637	5.93	27	3.91	19	3.73	127	5.64	9 998	4.85
山西	146	1.36	8	1.16	32	6.27	33	1.47	5 000	2.43
内蒙古	258	2.40	12	1.74	21	4.12	34	1.51	5 000	2.43
辽宁	260	2.42	11	1.59	4	0.78	11	0.49	4 000	1.94
吉林	152	1.42	10	1.45	10	1.96	55	2.44	5 000	2.43
黑龙江	81	0.75	8	1.16	19	3.73	43	1.91	8 000	3.88
上海	441	4.11	23	3.33	21	4.12	40	1.78	12 000	5.83
江苏	702	6.54	53	7.67	16	3.14	57	2.53	14 000	6.80
浙江	393	3.66	34	4.92	10	1.96	49	2.18	4 999	2.43
安徽	468	4.36	29	4.20	4	0.78	31	1.38	7 000	3.40
福建	360	3.35	33	4.78	9	1.76	18	0.80	5 000	2.43
江西	303	2.82	14	2.03	7	1.37	75	3.33	6 000	2.91
山东	373	3.47	30	4.34	3	0.59	19	0.84	5 999	2.91
河南	341	3.18	21	3.04	1	0.20	44	1.95	6 000	2.91
湖北	311	2.90	22	3.18	15	2.94	37	1.64	7 000	3.40
湖南	453	4.22	31	4.49	5	0.98	58	2.58	15 000	7.28
广东	574	5.35	38	5.50	30	5.88	113	5.02	6 000	2.91
广西	571	5.32	25	3.62	28	5.49	82	3.64	5 000	2.43
海南	247	2.30	21	3.04	20	3.92	127	5.64	6 000	2.91
重庆	653	6.08	32	4.63	4	0.78	101	4.48	8 000	3.88
四川	558	5.20	40	5.79	18	3.53	189	8.39	4 000	1.94
贵州	139	1.29	9	1.30	7	1.37	102	4.53	5 000	2.43
云南	188	1.75	14	2.03	44	8.63	85	3.77	4 000	1.94
西藏	29	0.27	10	1.45	26	5.10	235	10.44	6 000	2.91
陕西	315	2.93	23	3.33	7	1.37	57	2.53	6 000	2.91
甘肃	217	2.02	15	2.17	8	1.57	112	4.97	5 000	2.43
青海	113	1.05	9	1.30	34	6.67	91	4.04	6 000	2.91
宁夏	96	0.89	2	0.29	15	2.94	36	1.60	4 000	1.94
新疆	242	2.25	24	3.47	20	3.92	89	3.95	5 999	2.91
兵团	76	0.71	6	0.87	12	2.35	10	0.44	2 000	0.97
合计	10 734	100	691	100	510	100	2 252	100	205 995	100

表 2-1f 中国分省流动人口流动特征数据（2015 年）-家庭成员本次流动原因

省 份	务工经商 人	%	家属随迁 人	%	婚姻嫁娶 人	%	拆迁搬家 人	%	投亲靠友 人	%	学习培训 人	%
北京	6 013	4.07	3 374	2.44	48	3.25	14	0.78	523	12.66	266	3.90
天津	4 265	2.89	3 932	2.85	26	1.76	5	0.28	88	2.13	153	2.24
河北	5 125	3.47	4 861	3.52	70	4.74	108	5.98	135	3.27	395	5.79
山西	3 163	2.14	4 913	3.56	34	2.30	32	1.77	39	0.94	187	2.74
内蒙古	3 412	2.31	4 702	3.41	76	5.15	73	4.04	121	2.93	111	1.63
辽宁	3 067	2.08	2 927	2.12	35	2.37	59	3.27	150	3.63	67	0.98
吉林	2 632	1.78	2 817	2.04	28	1.90	61	3.38	90	2.18	110	1.61
黑龙江	3 569	2.42	2 829	2.05	49	3.32	25	1.38	224	5.42	91	1.33
上海	6 385	4.32	4 328	2.99	57	3.86	14	0.78	217	5.25	265	3.88
江苏	8 978	6.08	7 172	5.20	55	3.72	31	1.72	257	6.22	436	6.39
浙江	12 037	8.15	6 316	4.58	19	1.29	6	0.33	143	3.46	317	4.64
安徽	3 844	2.60	4 633	3.36	33	2.23	199	11.02	56	1.36	376	5.51
福建	5 162	3.49	4 175	3.02	11	0.74	8	0.44	54	1.31	218	3.19
江西	3 600	2.44	3 662	2.65	36	2.44	65	3.60	68	1.65	241	3.53
山东	4 613	3.12	4 595	3.33	7	0.47	5	0.28	23	0.56	67	0.98
河南	3 378	2.29	4 084	2.96	18	1.22	14	0.78	38	0.92	173	2.53
湖北	4 617	3.12	5 905	4.28	54	3.66	107	5.92	59	1.43	268	3.93
湖南	5 233	3.54	3 893	2.82	14	0.95	71	3.93	66	1.60	372	5.45
广东	10 977	7.43	9 359	6.78	44	2.98	17	0.94	223	5.40	237	3.47
广西	4 295	2.91	4 714	3.41	59	3.99	60	3.32	81	1.96	170	2.49
海南	3 438	2.33	4 505	3.26	45	3.05	13	0.72	54	1.31	110	1.61
重庆	3 977	2.69	2 976	2.16	27	1.83	261	14.45	202	4.89	170	2.49
四川	6 327	4.28	4 219	3.06	72	4.87	107	5.92	269	6.51	484	7.09
贵州	3 277	2.22	3 783	2.74	19	1.29	79	4.37	151	3.65	135	1.98
云南	3 845	2.60	3 249	2.35	39	2.64	11	0.61	86	2.08	141	2.07
西藏	2 418	1.64	739	0.54	14	0.95	30	1.66	46	1.11	151	2.21
陕西	3 889	2.63	4 764	3.45	34	2.30	16	0.89	34	0.82	281	4.12
甘肃	4 199	2.84	4 641	3.36	37	2.51	47	2.60	64	1.55	273	4.00
青海	3 568	2.41	4 724	3.42	124	8.40	58	3.21	142	3.44	142	2.08
宁夏	2 782	1.88	5 151	3.73	176	11.92	99	5.48	96	2.32	177	2.59
新疆	4 359	2.95	4 758	3.45	94	6.36	73	4.04	242	5.86	207	3.03
兵团	1 331	0.90	1 544	1.12	23	1.56	38	2.10	91	2.20	35	0.51
合计	147 775	100	138 048	100	1 477	100	1 806	100	4 132	100	6 826	100

续表

省份	参军 人	%	出生 人	%	其他 人	%	合计 人	%
北京	18	7.17	1 956	5.77	89	3.33	12 301	3.65
天津	2	0.80	1 127	3.33	50	1.87	9 648	2.86
河北	18	7.17	878	2.59	111	4.16	11 701	3.47
山西	8	3.19	1 260	3.72	37	1.39	9 673	2.87
内蒙古	3	1.20	1 295	3.82	28	1.05	9 821	2.92
辽宁	7	2.79	539	1.59	14	0.52	6 865	2.04
吉林	3	1.20	434	1.28	49	1.84	6 224	1.85
黑龙江	5	1.99	651	1.92	23	0.86	7 466	2.22
上海	6	2.39	1 961	5.79	22	0.82	13 059	3.88
江苏	12	4.78	1 565	4.62	86	3.22	18 592	5.52
浙江	12	4.78	1 757	5.19	43	1.61	20 650	6.13
安徽	5	1.99	562	1.66	63	2.36	9 771	2.90
福建	9	3.59	991	2.93	23	0.86	10 651	3.16
江西	6	2.39	570	1.68	67	2.51	8 315	2.47
山东	11	4.38	1 109	3.27	29	1.09	10 459	3.10
河南	7	2.79	455	1.34	37	1.39	8 204	2.44
湖北	9	3.59	1 578	4.66	43	1.61	12 640	3.75
湖南	17	6.77	494	1.46	32	1.20	10 192	3.03
广东	12	4.78	2 559	7.55	132	4.94	23 560	6.99
广西	8	3.19	1 506	4.45	133	4.98	11 026	3.27
海南	2	0.80	1 619	4.78	142	5.32	9 928	2.95
重庆	5	1.99	400	1.18	104	3.90	8 122	2.41
四川	15	5.98	930	2.75	231	8.65	12 654	3.76
贵州	4	1.59	385	1.14	163	6.10	7 996	2.37
云南	8	3.19	1 087	3.21	146	5.47	8 612	2.56
西藏	3	1.20	106	0.31	213	7.98	3 720	1.10
陕西	10	3.98	1 087	3.21	42	1.57	10 157	3.02
甘肃	7	2.79	781	2.31	240	8.99	10 289	3.05
青海	4	1.59	856	2.53	124	4.64	9 742	2.89
宁夏	2	0.80	1 462	4.32	42	1.57	9 987	2.96
新疆	10	3.98	1 457	4.30	107	4.01	11 307	3.36
兵团	3	1.20	461	1.36	5	0.19	3 531	1.05
合计	251	100	33 878	100	2 670	100	336 863	100

表2-2a 中国分地区流动人口流动特征数据（2015年）－本次流动范围

地区	跨省		省内跨市		市内跨县		跨境		合计	
	人	%	人	%	人	%	人	%	人	%
东部地区	65 059	63.31	18 663	29.86	7 261	17.84	15	57.69	90 998	44.17
中部地区	7 442	7.24	13 964	22.34	12 591	30.93	3	11.54	34 000	16.51
西部地区	25 433	24.75	23 305	37.28	18 255	44.84	7	26.92	67 000	32.52
东北地区	4 824	4.69	6 575	10.52	2 600	6.39	1	3.85	14 000	6.80
合计	102 758	100	62 507	100	40 707	100	26	100	205 998	100

表2-2b 中国分地区流动人口流动特征数据（2015年）－本次流入时间

省份	2005年及以前		2006年		2007年		2008年		2009年		2010年	
	人	%	人	%	人	%	人	%	人	%	人	%
东部地区	13 079	44.93	2 394	46.30	2 948	45.75	4 158	43.03	4 958	42.7	7 108	44.05
中部地区	3 796	12.75	697	13.48	955	14.82	1 503	15.55	1 949	16.79	2 509	15.55
西部地区	10 325	34.68	1 757	33.98	2 108	32.71	3 245	33.58	3 842	33.09	5 293	32.80
东北地区	2 570	8.63	323	6.25	433	6.72	757	7.83	861	7.42	1 225	7.59
合计	29 770	100	5 171	100	6 444	100	9 663	100	11 610	100	16 135	100

省份	2011年		2012年		2013年		2014年		2015年		合计	
	人	%	人	%	人	%	人	%	人	%	人	%
东部地区	6 193	39.13	9 130	41.51	11 606	42.08	17 356	44.66	12 068	52.62	90 998	44.17
中部地区	3 178	20.08	4 013	18.24	4 885	17.71	6 824	17.56	3 691	16.09	34 000	16.51
西部地区	5 144	32.50	7 426	33.76	9 432	34.20	12 290	31.62	6 138	26.76	67 000	32.52
东北地区	1 311	8.28	1 427	6.49	1 659	6.01	2 396	6.16	1 038	4.53	14 000	6.80
合计	15 826	100	21 996	100	27 582	100	38 866	100	22 935	100	205 998	100

表2－2c 中国分地区流动人口流动特征数据（2015年）－本次流动原因

地区	务工经商		家属随迁		婚姻嫁娶		拆迁搬家		投亲靠友	
	人	%	人	%	人	%	人	%	人	%
东部地区	80 268	46.17	8 385	34.64	257	25.47	189	12.72	752	34.77
中部地区	28 596	16.45	4 452	18.39	116	11.50	361	24.29	142	6.56
西部地区	53 998	31.06	9 238	38.16	571	56.59	784	52.76	759	35.09
东北地区	10 975	6.31	2 132	8.81	65	6.44	152	10.23	510	23.58
合计	173 837	100	24 207	100	1 009	100	1 486	100	2 163	100

地区	学习培训		参军		出生		其他		合计	
	人	%	人	%	人	%	人	%	人	%
东部地区	576	51.06	12	40.00	109	36.82	450	24.43	90 998	44.17
中部地区	120	10.64	0	0	30	10.14	183	9.93	34 000	16.51
西部地区	399	35.37	17	56.67	128	43.24	1106	60.04	67 000	32.52
东北地区	33	2.93	1	3.33	29	9.80	103	5.59	14 000	6.80
合计	1 128	100	30	100	296	100	1 842	100	205 998	100

表2－2d 中国分地区流动人口流动特征数据（2015年）－首次离开户籍地时间

地区	1989年以前		1990~1999年		2000~2009年		2010~2015年		合计	
	人	%	人	%	人	%	人	%	人	%
东部地区	1 692	38.45	13 877	46.16	42 761	45.90	32 668	41.68	90 998	44.17
中部地区	789	17.93	5 137	17.09	15 194	16.31	12 878	16.43	33 998	16.50
西部地区	1 692	38.45	9 185	30.55	29 496	31.66	26 626	33.97	66 999	32.52
东北地区	228	5.18	1 862	6.19	5 706	6.13	6 204	7.92	14 000	6.80
合计	4 401	100	30 061	100	93 157	100	78 376	100	205 995	100

表2-2e 中国分地区流动人口流动特征数据(2015年)-首次离开户籍地原因

地 区	务工经商		家属随迁		婚姻嫁娶		拆迁搬家		投亲靠友	
	人	%	人	%	人	%	人	%	人	%
东部地区	76 664	46.26	6 733	32.94	387	26.54	130	12.38	1 193	37.84
中部地区	27 143	16.38	3 578	17.51	261	17.90	216	20.57	311	9.86
西部地区	51 391	31.01	8 103	39.64	711	48.77	578	55.05	1 073	34.03
东北地区	10 510	6.34	2 025	9.91	99	6.79	126	12.00	576	18.27
合计	165 708	100	20 439	100	1 458	100	1 050	100	3 153	100

地 区	学习培训		参军		出生		其他		合计	
	人	%	人	%	人	%	人	%	人	%
东部地区	4 764	44.38	316	45.73	169	33.14	642	28.51	90 998	44.17
中部地区	2 022	18.84	125	18.09	64	12.55	278	12.34	33 998	16.50
西部地区	3 455	32.19	221	31.98	244	47.84	1 223	54.31	66 999	32.52
东北地区	493	4.59	29	4.20	33	6.47	109	4.84	14 000	6.80
合计	10 734	100	691	100	510	100	2 252	100	205 995	100

表 2-2f 中国分地区流动人口流动特征数据(2015 年)-家庭成员本次流动原因

地 区	务工经商		家属随迁		婚姻嫁娶		拆迁搬家		投亲靠友		学习培训	
	人	%	人	%	人	%	人	%	人	%	人	%
东部地区	66 993	45.33	52 421	37.97	382	25.86	221	12.24	1 717	41.55	2 464	36.10
中部地区	23 835	16.13	27 090	19.62	189	12.80	488	27.02	326	7.89	1 617	23.69
西部地区	47 679	32.26	49 964	36.19	794	53.76	952	52.71	1 625	39.33	2 477	36.29
东北地区	9 268	6.27	8 573	6.21	112	7.58	145	8.03	464	11.23	268	3.93
合计	147 775	100	138 048	100	1 477	100	1 806	100	4 132	100	6 826	100

地 区	参军		出生		其他		合计	
	人	%	人	%	人	%	人	%
东部地区	102	40.64	15 522	45.82	727	27.23	140 549	41.72
中部地区	52	20.72	4 919	14.52	279	10.45	58 795	17.45
西部地区	82	32.67	11 813	34.87	1 578	59.10	116 964	34.72
东北地区	15	5.98	1 624	4.79	86	3.22	20 555	6.10
合计	251	100	33 878	100	2 670	100	336 863	100

表 2-3a 中国分经济区流动人口流动特征数据（2015 年）-本次流动范围

经济区	跨省		省内跨市		市内跨县		跨境		合计	
	人	%	人	%	人	%	人	%	人	%
珠三角	10 690	10.40	3 903	6.24	402	0.99	5	19.23	15 000	7.28
长三角	28 311	27.55	4 591	7.34	1 091	2.68	7	26.92	34 000	16.51
环渤海	21 960	21.37	7 681	12.29	5 356	13.16	1	3.85	34 998	16.99
其他	41 797	40.68	46 332	74.12	33 858	83.17	13	50.00	122 000	59.22
合计	102 758	100	62 507	100	40 707	100	26	100	205 998	100

表 2-3b 中国分经济区流动人口流动特征数据（2015 年）-本次流入时间

经济区	2005 年及以前		2006 年		2007 年		2008 年		2009 年		2010 年	
	人	%	人	%	人	%	人	%	人	%	人	%
珠三角	1 421	4.77	329	6.36	380	5.90	546	5.65	699	6.02	891	5.52
长三角	5 356	17.99	964	18.64	1 171	18.17	1 629	16.86	1 800	15.50	2 516	15.59
环渤海	5 562	18.68	962	18.60	1 208	18.75	1 770	18.32	2 137	18.41	3 198	19.82
其他	17 431	58.55	2 916	56.39	3 685	57.18	5 718	59.17	6 974	60.07	9 530	59.06
合计	29 770	100	5 171	100	6 444	100	9 663	100	11 610	100	16 135	100

经济区	2011 年		2012 年		2013 年		2014 年		2015 年		合计	
	人	%	人	%	人	%	人	%	人	%	人	%
珠三角	961	6.07	2 040	9.27	2 216	8.03	3 234	8.32	2 283	9.95	15 000	7.28
长三角	2 281	14.41	2 997	13.63	4 063	14.73	6 218	16.00	5 005	21.82	34 000	16.51
环渤海	2 603	16.45	3 551	16.14	4 415	16.01	6 119	15.74	3 473	15.14	34 998	16.99
其他	9 981	63.07	13 408	60.96	16 888	61.23	23 295	59.94	12 174	53.08	122 000	59.22
合计	15 826	100	21 996	100	27 582	100	38 866	100	22 935	100	205 998	100

表 2-3c 中国分经济区流动人口流动特征数据（2015 年）- 本次流动原因

经济区	务工经商		家属随迁		婚姻嫁娶		拆迁搬家		投亲靠友	
	人	%	人	%	人	%	人	%	人	%
珠三角	13 774	7.92	1 008	4.16	24	2.38	26	1.75	66	3.05
长三角	30 231	17.39	3 072	12.69	75	7.43	33	2.22	242	11.19
环渤海	30 081	17.30	3 479	14.37	135	13.38	177	11.91	565	26.12
其他	99 751	57.38	16 648	68.77	775	76.81	1 250	84.12	1 290	59.64
合计	173 837	100	24 207	100	1 009	100	1 486	100	2 163	100

经济区	学习培训		参军		出生		其他		合计	
	人	%	人	%	人	%	人	%	人	%
珠三角	44	3.90	1	3.33	14	4.73	43	2.33	15 000	7.28
长三角	217	19.24	2	6.67	33	11.15	95	5.16	34 000	16.51
环渤海	296	26.24	8	26.67	50	16.89	207	11.24	34 998	16.99
其他	571	50.62	19	63.33	199	67.23	1 497	81.27	122 000	59.22
合计	1 128	100	30	100	296	100	1 842	100	205 998	100

表 2-3d 中国分经济区流动人口流动特征数据（2015 年）- 首次离开户籍地时间

经济区	1989 年以前		1990~1999 年		2000~2009 年		2010~2015 年		合计	
	人	%	人	%	人	%	人	%	人	%
珠三角	265	6.02	2 666	8.87	6 698	7.19	5 371	6.85	15 000	7.28
长三角	720	16.36	5 381	17.90	16 656	17.88	11 243	14.34	34 000	16.51
环渤海	542	12.32	4 513	15.01	16 157	17.34	13 786	17.59	34 998	16.99
其他	2 874	65.3	17 501	58.22	53 646	57.59	47 976	61.21	121 997	59.22
合计	4 401	100	30 061	100	93 157	100	78 376	100	205 995	100

表2-3e 中国分经济区流动人口流动特征数据（2015年）-首次离开户籍地原因

经济区	务工经商		家属随迁		婚姻嫁娶		拆迁搬家		投亲靠友	
	人	%	人	%	人	%	人	%	人	%
珠三角	13 328	8.04	677	3.31	53	3.64	20	1.90	167	5.30
长三角	29 117	17.57	2 518	12.32	84	5.76	22	2.10	420	13.32
环渤海	28 231	17.04	2 992	14.64	209	14.33	127	12.10	691	21.92
其他	95 032	57.35	14 252	69.73	1 112	76.27	881	83.90	1 875	59.47
合计	165 708	100	20 439	100	1 458	100	1 050	100	3 153	100

经济区	学习培训		参军		出生		其他		合计	
	人	%	人	%	人	%	人	%	人	%
珠三角	574	5.35	38	5.50	30	5.88	113	5.02	15 000	7.28
长三角	1 536	14.31	110	15.92	47	9.22	146	6.48	34 000	16.51
环渤海	2 307	21.49	125	18.09	67	13.14	249	11.06	34 998	16.99
其他	6 317	58.85	418	60.49	366	71.76	1 744	77.44	121 997	59.22
合计	10 734	100	691	100	510	100	2 252	100	205 995	100

表2-3f 中国分经济区流动人口流动特征数据(2015年)-家庭成员本次流动原因

经济区	务工经商		家属随迁		婚姻嫁娶		拆迁搬家		投亲靠友		学习培训	
	人	%	人	%	人	%	人	%	人	%	人	%
珠三角	10 977	7.43	9 359	6.78	44	2.98	17	0.94	223	5.40	237	3.47
长三角	27 400	18.54	17 620	12.76	131	8.87	51	2.82	617	14.93	1 018	14.91
环渤海	23 083	15.62	19 689	14.26	186	12.59	191	10.58	919	22.24	948	13.89
其他	86 315	58.41	91 380	66.19	1 116	75.56	1 547	85.66	2 373	57.43	4 623	67.73
合计	147 775	100	138 048	100	1 477	100	1 806	100	4 132	100	6 826	100

经济区	参军		出生		其他		合计	
	人	%	人	%	人	%	人	%
珠三角	12	4.78	2 559	7.55	132	4.94	23 560	6.99
长三角	30	11.95	5 283	15.59	151	5.66	52 301	15.53
环渤海	56	22.31	5 609	16.56	293	10.97	50 974	15.13
其他	153	60.96	20 427	60.30	2 094	78.43	210 028	62.35
合计	251	100	33 878	100	2 670	100	336 863	100

表 2–4a 中国分城市群流动人口流动特征数据（2015 年）－本次流动范围

城市群	跨省 人	跨省 %	省内跨市 人	省内跨市 %	市内跨县 人	市内跨县 %	跨境 人	跨境 %	合计 人	合计 %
京津冀	17 459	16.99	1 958	3.13	1 780	4.37	1	3.85	21 198	10.29
珠三角	9 618	9.36	3 656	5.85	161	0.40	5	19.23	13 440	6.52
长三角	24 249	23.60	4 141	6.62	367	0.90	3	11.54	28 760	13.96
长江中游城市群	2 449	2.38	5 617	8.99	3 732	9.17	2	7.69	11 800	5.73
成渝	2 503	2.44	3 165	5.06	5 810	14.27	2	7.69	11 480	5.57
海峡西岸	5 913	5.75	2 013	3.22	713	1.75	1	3.85	8 640	4.19
山东半岛	709	0.69	3 759	6.01	812	1.99	0	0	5 280	2.56
哈长城市群	1 163	1.13	3 461	5.54	1 416	3.48	0	0	6 040	2.93
辽中南	2 965	2.89	1 410	2.26	625	1.54	0	0	5 000	2.43
中原城市群	589	0.57	2 569	4.11	1 001	2.46	1	3.85	4 160	2.02
江淮城市群	339	0.33	1 901	3.04	1 680	4.13	0	0	3 920	1.90
关中城市群	1 365	1.33	1 426	2.28	809	1.99	0	0	3 600	1.75
广西北部湾城市群	542	0.53	1 347	2.15	791	1.94	0	0	2 680	1.30
太原城市群	1 453	1.41	1 418	2.27	409	1.00	0	0	3 280	1.59
滇中城市群	1 137	1.11	1 297	2.07	406	1.00	0	0	2 840	1.38
黔中城市群	86	0.08	16	0.03	18	0.04	0	0	120	0.06
呼包鄂榆	1 109	1.08	2 162	3.46	2 128	5.23	1	3.85	5 400	2.62
乌昌石城市群	1 112	1.08	911	1.46	17	0.04	0	0	2 040	0.99
宁夏沿黄	1 537	1.50	1 724	2.76	539	1.32	0	0	3 800	1.84
其他地区	26 461	25.75	18 556	29.69	17 493	42.97	10	38.46	62 520	30.35
合计	102 758	100	62 507	100	40 707	100	26	100	205 998	100

表2-4b 中国分城市群流动人口流动特征数据（2015年）-本次流入时间

城市群	2005年及以前 人	%	2006年 人	%	2007年 人	%	2008年 人	%	2009年 人	%	2010年 人	%
京津冀	3851	12.94	625	12.09	822	12.76	1065	11.02	1302	11.21	1960	12.15
珠三角	1210	4.06	277	5.36	329	5.11	475	4.92	623	5.37	781	4.84
长三角	4836	16.24	858	16.59	1035	16.06	1438	14.88	1580	13.61	2168	13.44
长江中游城市群	1030	3.46	201	3.89	326	5.06	466	4.82	573	4.94	810	5.02
成渝	1061	3.56	242	4.68	316	4.90	433	4.48	555	4.78	869	5.39
海峡西岸	1028	3.45	197	3.81	230	3.57	346	3.58	409	3.52	607	3.76
山东半岛	410	1.38	114	2.20	144	2.23	196	2.03	301	2.59	432	2.68
哈长城市群	770	2.59	95	1.84	156	2.42	248	2.57	370	3.19	537	3.33
辽中南	759	2.55	133	2.57	151	2.34	308	3.19	312	2.69	473	2.93
中原城市群	324	1.09	92	1.78	94	1.46	189	1.96	237	2.04	292	1.81
江淮城市群	117	0.39	33	0.64	65	1.01	118	1.22	184	1.58	221	1.37
关中城市群	404	1.36	60	1.16	104	1.61	184	1.90	217	1.87	324	2.01
广西北部湾城市群	232	0.78	48	0.93	54	0.84	117	1.21	121	1.04	179	1.11
太原城市群	591	1.99	117	2.26	145	2.25	179	1.85	235	2.02	301	1.87
滇中城市群	558	1.87	86	1.66	72	1.12	150	1.55	136	1.17	207	1.28
黔中城市群	10	0.03	7	0.14	3	0.05	12	0.12	7	0.06	8	0.05
呼包鄂榆	797	2.68	194	3.75	245	3.80	360	3.73	365	3.14	617	3.82
乌昌石城市群	361	1.21	42	0.81	46	0.71	79	0.82	113	0.97	169	1.05
宁夏沿黄	818	2.75	135	2.61	177	2.75	278	2.88	301	2.59	339	2.10
其他地区	10603	35.62	1615	31.23	1930	29.95	3022	31.27	3669	31.60	4841	30.00
合计	29770	100	5171	100	6444	100	9663	100	11610	100	16135	100

续表

城市群	2011年 人	%	2012年 人	%	2013年 人	%	2014年 人	%	2015年 人	%	合计 人	%
京津冀	1 395	8.81	1 981	9.01	2 502	9.07	3 505	9.02	2 190	9.55	21 198	10.29
珠三角	830	5.24	1 870	8.50	2 025	7.34	2 931	7.54	2 089	9.11	13 440	6.52
长三角	1 955	12.35	2 598	11.81	3 434	12.45	5 119	13.17	3 739	16.30	28 760	13.96
长江中游城市群	969	6.12	1 272	5.78	1 725	6.25	2 718	6.99	1 710	7.46	11 800	5.73
成渝	815	5.15	1 558	7.08	1 834	6.65	2 616	6.73	1 181	5.15	11 480	5.57
海峡西岸	524	3.31	738	3.36	1 064	3.86	1 764	4.54	1 733	7.56	8 640	4.19
山东半岛	460	2.91	707	3.21	870	3.15	1 155	2.97	491	2.14	5 280	2.56
哈长城市群	667	4.21	663	3.01	780	2.83	1 256	3.23	498	2.17	6 040	2.93
辽中南	460	2.91	519	2.36	633	2.29	832	2.14	420	1.83	5 000	2.43
中原城市群	339	2.14	460	2.09	608	2.20	1 029	2.65	496	2.16	4 160	2.02
江淮城市群	619	3.91	648	2.95	714	2.59	939	2.42	262	1.14	3 920	1.90
关中城市群	281	1.78	428	1.95	539	1.95	767	1.97	292	1.27	3 600	1.75
广西北部湾城市群	213	1.35	348	1.58	506	1.83	631	1.62	231	1.01	2 680	1.30
太原城市群	241	1.52	379	1.72	376	1.36	452	1.16	264	1.15	3 280	1.59
滇中城市群	200	1.26	264	1.20	397	1.44	479	1.23	291	1.27	2 840	1.38
黔中城市群	4	0.03	9	0.04	19	0.07	22	0.06	19	0.08	120	0.06
呼包鄂榆	505	3.19	631	2.87	736	2.67	740	1.90	210	0.92	5 400	2.62
乌昌石城市群	115	0.73	167	0.76	254	0.92	478	1.23	216	0.94	2 040	0.99
宁夏沿黄	270	1.71	478	2.17	421	1.53	438	1.13	145	0.63	3 800	1.84
其他地区	4 964	31.37	6 278	28.54	8 145	29.53	10 995	28.29	6 458	28.16	62 520	30.35
合计	15 826	100	21 996	100	27 582	100	38 866	100	22 935	100	205 998	100

表2-4c 中国分城市群流动人口流动特征数据(2015年)-本次流动原因

城市群	务工经商		家属随迁		婚姻嫁娶		拆迁搬家		投亲靠友	
	人	%	人	%	人	%	人	%	人	%
京津冀	18 522	10.65	1 779	7.35	76	7.53	46	3.10	330	15.26
珠三角	12 359	7.11	894	3.69	20	1.98	20	1.35	55	2.54
长三角	25 360	14.59	2 788	11.52	62	6.14	23	1.55	221	10.22
长江中游城市群	10 347	5.95	1 168	4.83	28	2.78	80	5.38	50	2.31
成渝	9 996	5.75	757	3.13	33	3.27	330	22.21	104	4.81
海峡西岸	7 942	4.57	628	2.59	3	0.30	9	0.61	24	1.11
山东半岛	4 666	2.68	573	2.37	5	0.50	4	0.27	16	0.74
哈长城市群	4 826	2.78	880	3.64	20	1.98	55	3.70	169	7.81
辽中南	4 071	2.34	667	2.76	15	1.49	65	4.37	164	7.58
中原城市群	3 865	2.22	256	1.06	6	0.59	3	0.2	11	0.51
江淮城市群	3 131	1.80	603	2.49	28	2.78	115	7.74	18	0.83
关中城市群	3 193	1.84	332	1.37	6	0.59	4	0.27	15	0.69
广西北部湾城市群	2 289	1.32	230	0.95	26	2.58	18	1.21	16	0.74
太原城市群	2 422	1.39	767	3.17	15	1.49	26	1.75	18	0.83
滇中城市群	2 546	1.46	216	0.89	5	0.50	3	0.20	21	0.97
黔中城市群	114	0.09	3	0.01	0	0	0	0	0	0
呼包鄂榆	3 565	2.05	1 619	6.69	68	6.74	30	2.02	62	2.87
乌昌石城市群	1 608	0.93	271	1.12	28	2.78	20	1.35	39	1.80
宁夏沿黄	2 412	1.39	1 070	4.42	138	13.68	78	5.25	47	2.17
其他地区	50 603	29.11	8 706	35.96	427	42.32	557	37.48	783	36.20
合计	173 837	100	24 207	100	1 009	100	1 486	100	2 163	100

续表

城市群	学习培训		参军		出生		其他		合计	
	人	%	人	%	人	%	人	%	人	%
京津冀	256	22.70	6	20.00	38	12.84	145	7.87	21 198	10.29
珠三角	40	3.55	1	3.33	14	4.73	37	2.01	13 440	6.52
长三角	192	17.02	2	6.67	31	10.47	81	4.40	28 760	13.96
长江中游城市群	44	3.90	0	0	4	1.35	79	4.29	11 800	5.73
成渝	61	5.41	0	0	5	1.69	194	10.53	11 480	5.57
海峡西岸	13	1.15	0	0	2	0.68	19	1.03	8 640	4.19
山东半岛	8	0.71	2	6.67	2	0.68	4	0.22	5 280	2.56
哈长城市群	27	2.39	1	3.33	19	6.42	43	2.33	6 040	2.93
辽中南	3	0.27	0	0	4	1.35	11	0.60	5 000	2.43
中原城市群	11	0.98	0	0	0	0	8	0.43	4 160	2.02
江淮城市群	15	1.33	0	0	1	0.34	9	0.49	3 920	1.90
关中城市群	19	1.68	0	0	2	0.68	29	1.57	3 600	1.75
广西北部湾城市群	40	3.55	1	3.33	9	3.04	51	2.77	2 680	1.30
太原城市群	1	0.09	0	0	10	3.38	21	1.14	3 280	1.59
滇中城市群	12	1.06	0	0	5	1.69	32	1.74	2 840	1.38
黔中城市群	0	0	0	0	0	0	3	0.16	120	0.06
呼包鄂榆	30	2.66	0	0	3	1.01	23	1.25	5 400	2.62
乌昌石鄂榆	45	3.99	5	16.67	5	1.69	19	1.03	2 040	0.99
宁夏沿黄	20	1.77	1	3.33	11	3.72	23	1.25	3 800	1.84
其他地区	291	25.80	11	36.67	131	44.26	1 011	54.89	62 520	30.35
合计	1 128	100	30	100	296	100	1 842	100	205 998	100

表 2-4d 中国分城市群流动人口流动特征数据（2015 年）- 首次离开户籍地时间

城市群	1989 年以前		1990~1999 年		2000~2009 年		2010~2015 年		合计	
	人	%	人	%	人	%	人	%	人	%
京津冀	363	8.25	2 890	9.61	9 800	10.52	8 145	10.39	21 198	10.29
珠三角	222	5.04	2 366	7.87	6 050	6.49	4 802	6.13	13 440	6.52
长三角	621	14.11	4 509	15.00	14 216	15.26	9 414	12.01	28 760	13.96
长江中游城市群	334	7.59	1 986	6.61	5 228	5.61	4 252	5.43	11 800	5.73
成渝	407	9.25	1 760	5.85	5 023	5.39	4 290	5.47	11 480	5.57
海峡西岸	123	2.79	1 509	5.02	3 934	4.22	3 074	3.92	8 640	4.19
山东半岛	35	0.80	611	2.03	2 623	2.82	2 011	2.57	5 280	2.56
哈长城市群	95	2.16	654	2.18	2 185	2.35	3 106	3.96	6 040	2.93
辽中南	69	1.57	587	1.95	2 127	2.28	2 217	2.83	5 000	2.43
中原城市群	45	1.02	334	1.11	1 552	1.67	2 228	2.84	4 159	2.02
江淮城市群	72	1.64	678	2.26	1 984	2.13	1 186	1.51	3 920	1.90
关中城市群	68	1.55	417	1.39	1 503	1.61	1 612	2.06	3 600	1.75
广西北部湾城市群	49	1.11	285	0.95	1 203	1.29	1 143	1.46	2 680	1.30
太原城市群	60	1.36	394	1.31	1 492	1.60	1 334	1.70	3 280	1.59
滇中城市群	65	1.48	492	1.64	1 240	1.33	1 043	1.33	2 840	1.38
黔中城市群	3	0.07	13	0.04	59	0.06	45	0.06	120	0.06
呼包鄂榆	77	1.75	685	2.28	2 868	3.08	1 770	2.26	5 400	2.62
乌昌石城市群	41	0.93	278	0.92	804	0.86	917	1.17	2 040	0.99
宁夏沿黄	61	1.39	338	1.12	1 925	2.07	1 476	1.88	3 800	1.84
其他地区	1 591	36.15	9 275	30.85	27 341	29.35	24 311	31.02	62 518	30.35
合计	4 401	100	30 061	100	93 157	100	78 376	100	205 995	100

表 2-4e 中国分城市群流动人口流动特征数据(2015年)-首次离开户籍地原因

城市群	务工经商 人	%	家属随迁 人	%	婚姻嫁娶 人	%	拆迁搬家 人	%	投亲靠友 人	%
京津冀	17 264	10.42	1 593	7.79	102	7.00	29	2.76	395	12.53
珠三角	11 954	7.21	575	2.81	48	3.29	15	1.43	153	4.85
长三角	24 460	14.76	2 249	11.00	62	4.25	16	1.52	375	11.89
长江中游城市群	9 700	5.85	904	4.42	87	5.97	58	5.52	122	3.87
成渝	9 063	5.47	648	3.17	52	3.57	221	21.05	139	4.41
海峡西岸	7 588	4.58	536	2.62	21	1.44	10	0.95	48	1.52
山东半岛	4 484	2.71	384	1.88	30	2.06	2	0.19	54	1.71
哈长城市群	4 631	2.79	842	4.12	48	3.29	44	4.19	196	6.22
辽中南	3 822	2.31	626	3.06	22	1.51	54	5.14	190	6.03
中原城市群	3 536	2.13	245	1.20	14	0.96	5	0.48	36	1.14
江淮城市群	2 959	1.79	362	1.77	64	4.39	58	5.52	44	1.40
关中城市群	2 944	1.78	283	1.38	18	1.23	2	0.19	52	1.65
广西北部湾城市群	2 061	1.24	123	0.60	26	1.78	10	0.95	35	1.11
太原城市群	2 351	1.42	697	3.41	23	1.58	22	2.10	27	0.86
滇中城市群	2 409	1.45	205	1.00	8	0.55	3	0.29	32	1.01
黔中城市群	107	0.06	4	0.02	0	0	0	0	2	0.06
呼包鄂榆	3 532	2.13	1 374	6.72	100	6.86	18	1.71	82	2.60
乌昌石城市群	1 529	0.92	252	1.23	29	1.99	14	1.33	56	1.78
宁夏沿黄	2 392	1.44	1 008	4.93	143	9.81	67	6.38	51	1.62
其他地区	48 922	29.52	7 529	36.84	561	38.48	402	38.29	1 064	33.75
合计	165 708	100	20 439	100	1 458	100	1 050	100	3 153	100

续表

城市群	学习培训 人	%	参军 人	%	出生 人	%	其他 人	%	合计 人	%
京津冀	1525	14.21	73	10.56	51	10.00	166	7.37	21 198	10.29
珠三角	537	5.00	34	4.92	26	5.10	98	4.35	13 440	6.52
长三角	1345	12.53	91	13.17	42	8.24	120	5.33	28 760	13.96
长江中游城市群	752	7.01	42	6.08	16	3.14	119	5.28	11 800	5.73
成渝	1088	10.14	61	8.83	13	2.55	195	8.66	11 480	5.57
海峡西岸	367	3.42	37	5.35	13	2.55	20	0.89	8 640	4.19
山东半岛	280	2.61	25	3.62	3	0.59	18	0.80	5 280	2.56
哈长城市群	189	1.76	14	2.03	23	4.51	53	2.35	6 040	2.93
辽中南	260	2.42	11	1.59	4	0.78	11	0.49	5 000	2.43
中原城市群	291	2.71	17	2.46	0	0	15	0.67	4 159	2.02
江淮城市群	394	3.67	18	2.60	3	0.59	18	0.80	3 920	1.90
关中城市群	244	2.27	14	2.03	4	0.78	39	1.73	3 600	1.75
广西北部湾城市群	342	3.19	13	1.88	14	2.75	56	2.49	2 680	1.30
太原城市群	119	1.11	5	0.72	14	2.75	22	0.98	3 280	1.59
滇中城市群	123	1.15	8	1.16	13	2.55	39	1.73	2 840	1.38
黔中城市群	1	0.01	1	0.14	0	0	5	0.22	120	0.06
呼包鄂榆	232	2.16	13	1.88	14	2.75	35	1.55	5 400	2.62
乌昌石城市群	117	1.09	9	1.30	9	1.76	25	1.11	2 040	0.99
宁夏沿黄	94	0.88	2	0.29	15	2.94	28	1.24	3 800	1.84
其他地区	2434	22.68	203	29.38	233	45.69	1170	51.95	62 518	30.35
合计	10 734	100	691	100	510	100	2 252	100	205 995	100

表 2-4f 中国分城市群流动人口流动特征数据（2015 年）-家庭成员本次流动原因

城市群	务工经商 人	务工经商 %	家属随迁 人	家属随迁 %	婚姻嫁娶 人	婚姻嫁娶 %	拆迁搬家 人	拆迁搬家 %	投亲靠友 人	投亲靠友 %	学习培训 人	学习培训 %
京津冀	13 869	9.39	10 335	7.49	118	7.99	50	2.77	701	16.97	626	9.17
珠三角	9 829	6.65	8 158	5.91	22	1.49	10	0.55	200	4.84	211	3.09
长三角	23 166	15.68	15 456	11.20	122	8.26	42	2.33	570	13.79	860	12.6
长江中游城市群	8 759	5.93	8 199	5.94	56	3.79	118	6.53	128	3.10	501	7.34
成渝	8 337	5.64	5 920	4.29	65	4.40	350	19.38	328	7.94	462	6.77
海峡西岸	6 770	4.58	4 813	3.49	8	0.54	12	0.66	70	1.69	215	3.15
山东半岛	4 047	2.74	3 978	2.88	7	0.47	3	0.17	22	0.53	52	0.76
哈长城市群	4 030	2.73	3 580	2.59	35	2.37	50	2.77	145	3.51	113	1.66
辽中南	3 067	2.08	2 927	2.12	35	2.37	59	3.27	150	3.63	67	0.98
中原城市群	2 339	1.58	2 489	1.80	14	0.95	4	0.22	21	0.51	70	1.03
江淮城市群	3 083	2.09	3 597	2.61	26	1.76	169	9.36	42	1.02	235	3.44
关中城市群	2 395	1.62	2 023	1.47	4	0.27	7	0.39	24	0.58	134	1.96
广西北部湾城市群	1 640	1.11	1 944	1.41	36	2.44	30	1.66	46	1.11	98	1.44
太原城市群	2 179	1.47	3 075	2.23	20	1.35	25	1.38	19	0.46	93	1.36
滇中城市群	1 993	1.35	1 813	1.31	14	0.95	4	0.22	57	1.38	71	1.04
黔中城市群	91	0.06	56	0.04	0	0	0	0	1	0.02	1	0.01
呼包鄂榆	3 470	2.35	5 800	4.20	75	5.08	25	1.38	70	1.69	188	2.75
乌昌石城市群	1 273	0.86	1 435	1.04	40	2.71	17	0.94	115	2.78	69	1.01
宁夏沿黄	2 647	1.79	4 881	3.54	175	11.85	99	5.48	95	2.30	165	2.42
其他地区	44 791	30.31	47 569	34.46	605	40.96	732	40.53	1 328	32.14	2 595	38.02
合计	147 775	100	138 048	100	1 477	100	1 806	100	4 132	100	6 826	100

续表

城市群	参军		出生		其他		合计	
	人	%	人	%	人	%	人	%
京津冀	29	11.55	3 521	10.39	191	7.15	29 440	8.74
珠三角	9	3.59	2 285	6.74	121	4.53	20 845	6.19
长三角	23	9.16	4 761	14.05	105	3.93	45 105	13.39
长江中游城市群	19	7.57	1 362	4.02	104	3.90	19 246	5.71
成渝	15	5.98	949	2.80	210	7.87	16 636	4.94
海峡西岸	14	5.58	1 150	3.39	21	0.79	13 073	3.88
山东半岛	10	3.98	938	2.77	8	0.30	9 065	2.69
哈长城市群	2	0.80	491	1.45	40	1.50	8 486	2.52
辽中南	7	2.79	539	1.59	14	0.52	6 865	2.04
中原城市群	3	1.20	239	0.71	13	0.49	5 192	1.54
江淮城市群	3	1.20	458	1.35	42	1.57	7 655	2.27
关中城市群	4	1.59	455	1.34	27	1.01	5 073	1.51
广西北部湾城市群	3	1.20	703	2.08	109	4.08	4 609	1.37
太原城市群	5	1.99	896	2.64	27	1.01	6 339	1.88
滇中城市群	5	1.99	465	1.37	87	3.26	4 509	1.34
黔中城市群	0	0	14	0.04	3	0.11	166	0.05
呼包鄂榆	4	1.59	1 525	4.50	27	1.01	11 184	3.32
乌昌石城市群	3	1.20	454	1.34	49	1.84	3 455	1.03
宁夏沿黄	1	0.40	1 446	4.27	32	1.20	9 541	2.83
其他地区	92	36.65	11 227	33.14	1 440	53.93	110 379	32.77
合计	251	100	33 878	100	2 670	100	336 863	100

表2-5a 中国分特殊地区流动人口流动特征数据(2015年)-本次流动范围

特殊地区	跨省		省内跨市		市内跨县		跨境		合计	
	人	%	人	%	人	%	人	%	人	%
生态脆弱地区	1052	48.70	976	45.19	132	6.11	0	0	2160	100
陆地边境区	363	32.41	484	43.21	273	24.38	0	0	1120	100
少数民族区	1288	46.00	1185	42.32	327	11.68	0	0	2800	100

表2-5b 中国分特殊地区流动人口流动特征数据(2015年)-本次流入时间

特殊地区	2005年及以前		2006年		2007年		2008年		2009年		2010年	
	人	%	人	%	人	%	人	%	人	%	人	%
生态脆弱地区	495	22.92	75	3.47	66	3.06	101	4.68	128	5.93	163	7.55
陆地边境区	411	36.70	34	3.04	42	3.75	52	4.64	65	5.80	60	5.36
少数民族区	693	24.75	95	3.39	85	3.04	125	4.46	158	5.64	210	7.50

经济带	2011年		2012年		2013年		2014年		2015年		合计	
	人	%	人	%	人	%	人	%	人	%	人	%
生态脆弱地区	193	8.94	227	10.51	334	15.46	224	10.37	154	7.13	2160	100
陆地边境区	73	6.52	101	9.02	103	9.20	119	10.63	60	5.36	1120	100
少数民族区	241	8.61	282	10.07	402	14.36	314	11.21	195	6.96	2800	100

表2-5c 中国分特殊地区流动人口流动特征数据(2015年) - 本次流动原因

特殊地区	务工经商		家属随迁		婚姻嫁娶		拆迁搬家		投亲靠友	
	人	%	人	%	人	%	人	%	人	%
生态脆弱地区	1414	65.46	634	29.35	32	1.48	13	0.60	26	1.20
陆地边境区	799	71.34	205	18.30	15	1.34	18	1.61	71	6.34
少数民族区	1834	65.50	756	27.00	42	1.50	31	1.11	92	3.29

特殊地区	学习培训		参军		出生		其他		合计	
	人	%	人	%	人	%	人	%	人	%
生态脆弱地区	5	0.23	0	0	16	0.74	20	0.93	2160	100
陆地边境区	2	0.18	0	0	3	0.27	7	0.63	1120	100
少数民族区	6	0.21	0	0	18	0.64	21	0.75	2800	100

表2-5d 中国分特殊地区流动人口流动特征数据(2015年) - 首次离开户籍地时间

特殊地区	1989年以前		1990~1999年		2000~2009年		2010~2015年		合计	
	人	%	人	%	人	%	人	%	人	%
生态脆弱地区	32	1.48	236	10.93	980	45.37	912	42.22	2160	100
陆地边境区	25	2.23	215	19.2	526	46.96	354	31.61	1120	100
少数民族区	39	1.39	331	11.82	1249	44.61	1181	42.18	2800	100

表2-5e 中国分特殊地区流动人口流动特征数据（2015年）-首次离开户籍地原因

特殊地区	务工经商		家属随迁		婚姻嫁娶		拆迁搬家		投亲靠友	
	人	%	人	%	人	%	人	%	人	%
生态脆弱地区	1370	63.43	622	28.80	27	1.25	15	0.69	28	1.30
陆地边境区	793	70.80	192	17.14	15	1.34	15	1.34	76	6.79
少数民族区	1794	64.07	730	26.07	36	1.29	30	1.07	96	3.43

特殊地区	学习培训		参军		出生		其他		合计	
	人	%	人	%	人	%	人	%	人	%
生态脆弱地区	38	1.76	5	0.23	25	1.16	30	1.39	2160	100
陆地边境区	18	1.61	0	0	3	0.27	8	0.71	1120	100
少数民族区	52	1.86	3	0.11	27	0.96	32	1.14	2800	100

表2-5f 中国分特殊地区流动人口流动特征数据（2015年）-家庭成员本次流动原因

特殊地区	务工经商		家属随迁		婚姻嫁娶		拆迁搬家		投亲靠友	
	人	%	人	%	人	%	人	%	人	%
生态脆弱地区	1389	30.25	2399	52.25	61	1.33	25	0.54	93	2.03
陆地边境区	860	43.11	763	38.25	11	0.55	15	0.75	57	2.86
少数民族区	1882	32.36	2843	48.89	73	1.26	40	0.69	165	2.84

特殊地区	参军		出生		其他		学习培训		合计	
	人	%	人	%	人	%	人	%	人	%
生态脆弱地区	1	0.02	552	12.02	25	0.54	46	1.00	4591	100
陆地边境区	2	0.10	246	12.33	5	0.25	36	1.80	1995	100
少数民族区	3	0.05	720	12.38	25	0.43	64	1.10	5815	100

三、就业和居住特征

表3　中国流动人口就业和居住特征数据(2015年)－数据文档

项目	内容
1 数据集名称	中国流动人口就业和居住特征数据(2015年)
2 数据集内容说明	
2.1 数据集内容一般描述	a. 数据内容(数据文件/表名称,包含的观测指标内容): 　　数据来源于国家卫生计生委2015年流动人口动态监测调查数据,后期使用STATA统计软件进行加工处理,生成Excel属性数据表。数据反映了2015年中国分省、分地区、分经济区、分城市群、分特殊地区流动人口就业特征,包括:工作状况、未工作原因、就业行业、职业类型、单位性质、职业身份、长期居住意愿等指标各分类区间的人数和列百分比分布(分特殊地区计算行百分比)。 b. 建设目的: 　　为相关研究人员提供基础统计数据。 c. 服务对象: 　　面向科研,主要用于流动人口相关科学研究。 d. 数据的时间范围: 　　2015年。 e. 数据的空间范围: 　　分省包括中国31个省(区、市)及新疆生产建设兵团。 　　样本中所包含的各省如下: 　　北京市、天津市、河北省、山西省、内蒙古自治区、辽宁省、吉林省、黑龙江省、上海市、江苏省、浙江省、安徽省、福建省、江西省、山东省、河南省、湖北省、湖南省、广东省、广西壮族自治区、海南省、重庆市、四川省、贵州省、云南省、西藏自治区、陕西省、甘肃省、青海省、宁夏回族自治区、新疆维吾尔自治区、新疆生产建设兵团。 　　分地区包括东北地区、东部地区、中部地区和西部地区。 　　东北地区:黑龙江省、吉林省、辽宁省。 　　东部地区:北京市、天津市、上海市、河北省、山东省、江苏省、浙江省、福建省、广东省、海南省。 　　中部地区:山西省、河南省、湖北省、安徽省、湖南省、江西省。 　　西部地区:内蒙古自治区、新疆维吾尔自治区、宁夏回族自治区、陕西省、甘肃省、青海省、重庆市、四川省、西藏自治区、广西壮族自治区、贵州省、云南省。 　　分经济区包括:珠三角地区、长三角地区、环渤海地区、其他地区。 　　珠三角地区:广东省。 　　长三角地区:上海市、江苏省和浙江省。 　　环渤海地区:北京市、天津市、河北省、辽宁省、山东省。 　　分城市群包括中国19个城市群: 　　京津冀:北京、天津、石家庄、保定、廊坊、唐山、秦皇岛、沧州。 　　珠三角:广州、深圳、珠海、佛山、东莞、中山、江门、惠州、肇庆。

项目	内容
	长三角:上海、南京、苏州、无锡、常州、镇江、扬州、泰州、南通、杭州、宁波、嘉兴、湖州、绍兴、台州、舟山。 长江中游城市群:武汉、长沙、南昌、黄石、黄冈、鄂州、孝感、咸宁、仙桃、潜江、天门、株洲、湘潭、衡阳、岳阳、益阳、常德娄底、九江、景德镇、鹰潭、新余、抚州、宜春、萍乡。 成渝:重庆、成都、德阳、绵阳、眉山、资阳、乐山、自贡、泸州、内江、宜宾。 海峡西岸:福州、厦门、泉州、漳州、福田、宁德、汕头、潮州、揭阳、汕尾、温州。 山东半岛:济南、青岛、淄博、东营、烟台、潍坊、威海、日照、聊城。 哈长城市群:哈尔滨、齐齐哈尔、大庆、牡丹江、绥化、长春、吉林、四平、辽源、松原。 辽中南:沈阳、大连、鞍山、抚顺、本溪、丹东、锦州、营口、辽阳、盘锦、铁岭、葫芦岛。 中原城市群:郑州、开封、洛阳、许昌、新乡、焦作、平顶山、漯河、济源。 江淮城市群:合肥、芜湖、蚌埠、淮南、马鞍山、铜陵、安庆、池州、滁州、宣城。 关中城市群:西安、铜川、宝鸡、咸阳、渭南、商洛。 广西北部湾城市群:南宁、北海、钦州、防城港。 太原城市群:太原、阳泉、晋中、忻州、长治、临汾、孝义、汾阳。 滇中城市群:昆明、曲靖、玉溪、楚雄。 黔中城市群:贵阳、遵义、安顺、毕节、都匀、凯里。 呼包鄂榆:呼和浩特、包头、鄂尔多斯、乌兰察布、巴彦淖尔、乌海、榆林。 乌昌石城市群:乌鲁木齐、石河子、昌吉、五家渠。 宁夏沿黄:银川、石嘴山、吴忠、中卫。 分特殊地区包括:生态脆弱区、陆地边境区、少数民族区。 生态脆弱区:阿克苏市、宣威市、格尔木市、大方县、鄂托克旗、孙吴县、隆林各族自治县、黔西县、临洮县。 陆地边境区:二连浩特市、延吉市、珲春市、龙井市、浑江区、孙吴县、东宁县、密山市、萝北县、饶河县、漠河县、呼玛县。 少数民族区:鄂托克旗、延吉市、珲春市、龙井市、隆林各族自治县、盐边县、共和县、格尔木市、阿克苏市。 f. 数据的学科范围: 　人口学、公共政策范畴。 g. 数据类型(文献、属性、矢量、栅格、文本等): 　Excel 属性数据。 h. 数据更新的频度: 　每年更新一次。 i. 其他需要说明的内容: 　1. 2015 年流动人口动态监测调查数据中流动人口是指:在本地居住一个月及以上,非本区(县、市)户口的 15 周岁及以上男性和女性流动人口。 　2. 表中"空格"表示不详或无该项数据。

续表

项目	内容
	3. 分特殊地区中,因某些城市同时属于不同的特殊地区类别(比如延吉市同属于陆地边境区与少数民族区),导致纵向的加总没有意义,故在表中省略,计算行百分比。
2.2 字段(要素)名称解释	名称解释与量纲: 表:中国流动人口就业和居住特征数据(2015年)-工作状况 变量名:工作状况 数据类型:字符型 量纲:无 释义:指现工作情况,根据"五一"节前一周是否做过一小时以上有收入的工作,分为就业与未就业。 类别1: 工作状况_人数 数据类型:数值型 量纲:人 释义:各地不同工作状况类别包含的样本人数。 类别2:工作状况_比重 数据类型:数值型 量纲:% 释义:不同工作状况类别下,各地样本人数占该类别下所有样本人数的比重(特殊地区:不同工作状况的样本人数占该特殊地区样本总人数的百分比)。 表:中国流动人口就业和居住特征数据(2015年)-未工作原因 变量名:未工作原因 数据类型:字符型 量纲:无 释义:指"五一"节放假前一周未工作的主要原因,具体分为:丧失劳动能力、退休、料理家务/带孩子、没找到工作、因单位原因失去原工作、因本人原因失去原工作、怀孕或哺乳、其他。 类别1: 未工作原因_人数 数据类型:数值型 量纲:人 释义:各地不同未工作原因类别包含的样本人数。 类别2:未工作原因_比重 数据类型:数值型 量纲:% 释义:不同未工作原因类别下,各地样本人数占该类别下所有样本人数的比重(特殊地区:不同未工作原因类别的样本人数占该特殊地区样本总人数的百分比)。

续表

项目	内容
	表：中国流动人口就业和居住特征数据（2015年）– 就业行业 变量名：就业行业 数据类型：字符型 量纲：无 释义：就业行业指被访者就业单位所属的行业，具体分为：农林牧渔、采矿、制造、电煤水热生产供应、建筑、批发零售、交通运输/仓储和邮政、住宿餐饮、信息传输/软件和信息技术服务、金融、房地产、租赁和商务服务、科研和技术服务、水利/环境和公共设施管理、居民服务/修理和其他服务业、教育、卫生和社会工作、文体和娱乐、公共管理/社会保障和社会组织、国际组织。 类别1： 就业行业_人数 数据类型：数值型 量纲：人 释义：各地不同就业行业类别包含的样本人数。 类别2：就业行业_比重 数据类型：数值型 量纲：% 释义：不同就业行业类别下，各地样本人数占该类别下所有样本人数的比重（特殊地区：不同未工作原因的样本人数占该特殊地区样本总人数的百分比）。 表：中国流动人口就业和居住特征数据（2015年）– 职业类型 变量名：职业类型 数据类型：字符型 量纲：无 释义：职业类型指现在的主要职业，包括：国家机关、党群组织、企事业单位负责人、专业技术人员、公务员/办事人员和有关人员、商业/服务业人员（经商人员、商贩、餐饮服务人员、家政服务人员、保洁服务人员、保安员、装修人员、其他商业/服务业人员）、农/林/牧/渔/水利业生产人员、生产/运输设备操作人员及有关人员（生产人员、运输人员、建筑人员、其他生产、运输设备操作人员及有关人员）、无固定职业者、其他。 类别1： 职业类型_人数 数据类型：数值型 量纲：人 释义：各地不同职业类型包含的样本人数。 类别2：职业类型_比重 数据类型：数值型 量纲：% 释义：不同职业类型下，各地的样本人数占该类别下所有样本人数的比重（特殊地区：不同职业类型的样本人数占该特殊地区样本总人数的百分比）。

续表

项目	内容
	表:中国流动人口就业和居住特征数据(2015年) – 单位性质 变量名:单位性质 数据类型:字符型 量纲:无 释义:指就业单位的属性,具体分为:土地承包者、机关事业单位、国有及国有控股企业、集体企业、个体工商户、私营企业、港澳台企业、日韩企业、欧美企业、中外合资企业、其他、无单位。 类别1: 单位性质_人数 数据类型:数值型 量纲:人 释义:各地不同单位性质类别包含的样本人数。 类别2:单位性质_比重 数据类型:数值型 量纲:% 释义:不同单位性质类别下,各地的样本人数占该类别下所有样本人数的比重(特殊地区:不同单位性质类别的样本人数占该特殊地区样本总人数的百分比)。 表:中国流动人口就业和居住特征数据(2015年) – 职业身份 变量名:职业身份 数据类型:字符型 量纲:无 释义:指从事经济活动的人雇用、受雇或自雇状况。分为雇员、雇主、自营劳动者、其他。 类别1: 职业身份_人数 数据类型:数值型 量纲:人 释义:各地不同职业身份类别包含的样本人数。 类别2:职业身份_比重 数据类型:数值型 量纲:% 释义:不同职业身份类别下,各地样本人数占该类别下所有样本人数的比重(特殊地区:不同职业身份的样本人数占该特殊地区样本总人数的百分比)。 表:中国流动人口就业和居住特征数据(2015年) – 长期居住意愿 变量名:长期居住意愿 数据类型:字符型 量纲:无

续表

项目	内容
	释义:指是否有在流入地长期居住的意愿,分为打算、不打算和没想好三种选项。 类别1: 长期居住意愿_人数 数据类型:数值型 量纲:人 释义:各地不同长期居住意愿类型包含的样本人数。 类别2:长期居住意愿_比重 数据类型:数值型 量纲:% 释义:长期居住意愿不同类别下,各地样本人数占该类别下所有样本人数的比重(特殊地区:不同长期居住意愿的样本人数占该特殊地区样本总人数的百分比)。
3 数据源描述	考察调查数据,来源于国家卫生计生委2015年流动人口动态监测调查。
4 数据加工方法	根据国家卫生计生委2015年流动人口动态监测调查得来的原始数据,通过STATA软件,分别计算工作状况、未工作原因、就业行业、职业类型、单位性质、职业身份和长期居住意愿的样本分布和所占比重。
5 数据质量描述	数据经过了三次质量检验:一次是中国人口发展研究中心的专家进行了数据质量检查和清理;二次是流动人口服务中心组织人员进行二次质量检查并进行清理;三是专题数据委托大学数据处理专业专家进行再次质量检查。
6 数据应用成果	主要应用领域 本数据集主要应用于流动人口和公共政策相关科学研究。
7 知识产权	a. 标注知识产权说明(数据使用引用方式规定等) b. 数据标注参考以下规范: 数据来源参考以下规范: 中文表达方式:国家卫生计生委流动人口数据平台-中国流动人口动态监测调查数据库(http://www.chinaldrk.org.cn); 英文表达方式:The Migrant Population Data Platform of National Health and Family Planning Commission of P. R. C, The Migrant Population Dynamic Monitoring Survey Data Archive of China (http://www.chinaldrk.org.cn). 致谢方式参考以下规范: 中文致谢方式:"感谢国家卫生计生委流动人口数据平台-中国流动人口动态监测调查数据库(http://www.chinaldrk.org.cn)提供数据支撑。" 英文致谢方式:Acknowledgement for the data support from " The Migrant Population Data Platform of National Health and Family Planning Commission of P. R. C, The Migrant Population Dynamic Monitoring Survey Data Archive of China (http://www.chinaldrk.org.cn)". c. 注明使用数据的联系人

续表

项目	内容
	由于本数据集测定时间不尽一致,指标繁杂,如需要详细原始数据者,请联系数据管理者。 联系信息: 联系人姓名:信息服务处 Email:ldrkzxsj@163.com Tel:010-68791297

表 3-1a 中国分省流动人口就业和居住特征数据（2015年）-工作状况

省份	是 人	是 %	否 人	否 %	合计 人	合计 %
北京	6 693	3.95	1 307	3.59	8 000	3.88
天津	5 136	3.03	864	2.37	6 000	2.91
河北	8 541	5.04	1 457	4.00	9 998	4.85
山西	3 611	2.13	1 389	3.81	5 000	2.43
内蒙古	3 291	1.94	1 709	4.69	5 000	2.43
辽宁	4 013	2.37	987	2.71	5 000	2.43
吉林	2 957	1.74	1 043	2.86	4 000	1.94
黑龙江	3 603	2.13	1 397	3.83	5 000	2.43
上海	6 456	3.81	1 544	4.24	8 000	3.88
江苏	10 525	6.21	1 475	4.05	12 000	5.83
浙江	12 575	7.42	1 425	3.91	14 000	6.80
安徽	3 930	2.32	1 069	2.93	4 999	2.43
福建	6 256	3.69	744	2.04	7 000	3.40
江西	4 483	2.64	517	1.42	5 000	2.43
山东	5 171	3.05	829	2.27	6 000	2.91
河南	5 553	3.28	446	1.22	5 999	2.91
湖北	4 807	2.84	1 193	3.27	6 000	2.91
湖南	6 499	3.83	501	1.37	7 000	3.40
广东	13 150	7.76	1 850	5.08	15 000	7.28
广西	4 849	2.86	1 151	3.16	6 000	2.91
海南	3 714	2.19	1 286	3.53	5 000	2.43
重庆	5 118	3.02	882	2.42	6 000	2.91
四川	6 664	3.93	1 336	3.67	8 000	3.88
贵州	3 095	1.83	905	2.48	4 000	1.94
云南	4 376	2.58	624	1.71	5 000	2.43
西藏	2 420	1.43	1 580	4.34	4 000	1.94
陕西	4 587	2.71	1 413	3.88	6 000	2.91
甘肃	4 739	2.80	1 261	3.46	6 000	2.91
青海	3 734	2.20	1 266	3.47	5 000	2.43
宁夏	2 979	1.76	1 021	2.80	4 000	1.94
新疆	4 397	2.59	1 602	4.40	5 999	2.91
兵团	1 628	0.96	372	1.02	2 000	0.97
合计	169 550	100	36 445	100	205 995	100

表 3-1b 中国分省流动人口就业和居住特征数据（2015年）-未工作原因

省份	丧失劳动能力 人	%	退休 人	%	料理家务/带孩子 人	%	没找到工作 人	%	因单位原因失工作 人	%	因本人原因失工作 人	%
北京	10	0.77	224	8.38	521	3.41	108	2.54	12	2.93	45	3.68
天津	23	1.76	47	1.76	458	3.00	73	1.71	6	1.47	20	1.63
河北	50	3.83	149	5.58	572	3.75	152	3.57	27	6.60	59	4.82
山西	60	4.59	46	1.72	690	4.52	233	5.47	15	3.67	22	1.80
内蒙古	152	11.64	100	3.74	790	5.17	271	6.36	22	5.38	17	1.39
辽宁	69	5.28	224	8.38	288	1.89	126	2.96	22	5.38	73	5.96
吉林	62	4.75	114	4.27	332	2.17	149	3.50	20	4.89	63	5.15
黑龙江	105	8.04	156	5.84	490	3.21	217	5.10	25	6.11	61	4.98
上海	19	1.45	282	10.55	575	3.76	160	3.76	18	4.40	64	5.23
江苏	37	2.83	77	2.88	741	4.85	105	2.47	18	4.40	58	4.74
浙江	45	3.45	39	1.46	676	4.43	153	3.59	12	2.93	53	4.33
安徽	17	1.30	9	0.34	693	4.54	55	1.29	6	1.47	24	1.96
福建	14	1.07	29	1.09	391	2.56	59	1.39	3	0.73	14	1.14
江西	10	0.77	16	0.60	221	1.45	43	1.01	1	0.24	11	0.90
山东	16	1.23	10	0.37	478	3.13	62	1.46	10	2.44	46	3.76
河南	7	0.54	4	0.15	227	1.49	41	0.96	3	0.73	12	0.98
湖北	15	1.15	22	0.82	651	4.26	85	2.00	14	3.42	34	2.78
湖南	18	1.38	10	0.37	238	1.56	46	1.08	6	1.47	26	2.12
广东	24	1.84	56	2.10	904	5.92	227	5.33	22	5.38	65	5.31
广西	26	1.99	60	2.25	466	3.05	127	2.98	12	2.93	46	3.76
海南	10	0.77	98	3.67	562	3.68	109	2.56	14	3.42	39	3.19
重庆	35	2.68	198	7.41	270	1.77	86	2.02	21	5.13	62	5.07
四川	64	4.90	213	7.97	438	2.87	135	3.17	12	2.93	39	3.19
贵州	55	4.21	61	2.28	288	1.89	130	3.05	11	2.69	20	1.63
云南	11	0.84	7	0.26	238	1.56	34	0.80	0	0	5	0.41
西藏	117	8.96	92	3.44	121	0.79	429	10.08	32	7.82	101	8.25
陕西	30	2.30	11	0.41	774	5.07	206	4.84	13	3.18	29	2.37
甘肃	33	2.53	66	2.47	531	3.48	112	2.63	11	2.69	34	2.78
青海	41	3.14	38	1.42	509	3.33	110	2.58	2	0.49	27	2.21
宁夏	59	4.52	100	3.74	434	2.84	128	3.01	7	1.71	18	1.47
新疆	51	3.91	97	3.63	568	3.72	230	5.40	8	1.96	28	2.29
兵团	21	1.61	17	0.64	138	0.90	57	1.34	4	0.98	9	0.74
合计	1306	100	2672	100	15273	100	4258	100	409	100	1224	100

续表

省份	怀孕或哺乳 人	%	临时性停工或季节性歇业 人	%	学习培训 人	%	其他 人	%	合计 人	%
北京	126	4.78	93	2.82	75	4.83	93	2.44	1307	3.59
天津	47	1.78	54	1.64	79	5.09	57	1.49	864	2.37
河北	45	1.71	145	4.39	65	4.19	193	5.06	1457	4.00
山西	97	3.68	95	2.88	40	2.58	91	2.39	1389	3.81
内蒙古	84	3.18	150	4.55	54	3.48	69	1.81	1709	4.69
辽宁	49	1.86	101	3.06	16	1.03	19	0.50	987	2.71
吉林	31	1.18	105	3.18	67	4.32	100	2.62	1043	2.86
黑龙江	50	1.90	179	5.42	27	1.74	87	2.28	1397	3.83
上海	175	6.63	103	3.12	71	4.57	77	2.02	1544	4.24
江苏	168	6.37	136	4.12	54	3.48	81	2.12	1475	4.05
浙江	168	6.37	143	4.33	39	2.51	97	2.54	1425	3.91
安徽	119	4.51	50	1.52	31	2.00	65	1.70	1069	2.93
福建	131	4.97	61	1.85	25	1.61	17	0.45	744	2.04
江西	19	0.72	54	1.64	52	3.35	90	2.36	517	1.42
山东	128	4.85	46	1.39	12	0.77	21	0.55	829	2.27
河南	9	0.34	63	1.91	20	1.29	60	1.57	446	1.22
湖北	123	4.66	85	2.58	68	4.38	96	2.52	1193	3.27
湖南	45	1.71	36	1.09	31	2.00	45	1.18	501	1.37
广东	222	8.42	110	3.33	59	3.80	161	4.22	1850	5.08
广西	141	5.34	78	2.36	60	3.87	135	3.54	1151	3.16
海南	162	6.14	120	3.64	47	3.03	125	3.28	1286	3.53
重庆	67	2.54	47	1.42	31	2.00	65	1.70	882	2.42
四川	55	2.08	78	2.36	75	4.83	227	5.95	1336	3.67
贵州	34	1.29	153	4.64	39	2.51	114	2.99	905	2.48
云南	23	0.87	115	3.48	63	4.06	128	3.36	624	1.71
西藏	4	0.15	93	2.82	38	2.45	553	14.50	1580	4.34
陕西	76	2.88	119	3.61	48	3.09	107	2.81	1413	3.88
甘肃	51	1.93	129	3.91	75	4.83	219	5.74	1261	3.46
青海	20	0.76	203	6.15	57	3.67	259	6.79	1266	3.47
宁夏	61	2.31	57	1.73	56	3.61	101	2.65	1021	2.80
新疆	87	3.30	233	7.06	69	4.45	231	6.06	1602	4.40
兵团	21	0.80	66	2.00	9	0.58	30	0.79	372	1.02
合计	2638	100	3300	100	1552	100	3813	100	36445	100

表3-1c 中国分省流动人口就业和居住特征数据（2015年）—就业行业

省份	农林牧渔 人	%	采矿 人	%	制造 人	%	电煤水热生产供应 人	%	建筑 人	%	批发零售 人	%	交通运输 仓储 和邮政 人	%	住宿餐饮 人	%
北京	57	1.32	38	1.69	533	1.59	37	4.20	433	3.42	1568	3.60	200	3.22	782	3.31
天津	82	1.90	22	0.98	1441	4.30	13	1.48	540	4.27	1024	2.35	266	4.29	687	2.91
河北	106	2.46	242	10.77	1432	4.28	56	6.36	607	4.80	1875	4.31	283	4.56	1549	6.55
山西	29	0.67	335	14.91	200	0.60	41	4.65	245	1.94	1227	2.82	107	1.72	547	2.31
内蒙古	86	2.00	94	4.18	218	0.65	93	10.56	381	3.01	716	1.65	243	3.92	388	1.64
辽宁	99	2.30	29	1.29	928	2.77	10	1.14	227	1.79	1074	2.47	158	2.55	572	2.42
吉林	77	1.79	71	3.16	173	0.52	15	1.70	170	1.34	812	1.87	143	2.31	490	2.07
黑龙江	632	14.66	69	3.07	194	0.58	8	0.91	163	1.29	876	2.01	204	3.29	554	2.34
上海	82	1.90	1	0.04	1990	5.94	15	1.70	466	3.68	1109	2.55	408	6.58	545	2.31
江苏	119	2.76	44	1.96	4228	12.63	35	3.97	773	6.11	1783	4.10	425	6.85	1194	5.05
浙江	123	2.85	28	1.25	6432	19.21	18	2.04	829	6.55	1847	4.25	306	4.93	1251	5.29
安徽	35	0.81	65	2.89	630	1.88	24	2.72	325	2.57	1155	2.65	187	3.01	547	2.31
福建	64	1.48	7	0.31	2399	7.17	30	3.41	569	4.50	1251	2.88	182	2.93	695	2.94
江西	10	0.23	42	1.87	881	2.63	11	1.25	238	1.88	1332	3.06	74	1.19	759	3.21
山东	63	1.46	46	2.05	1096	3.27	21	2.38	225	1.78	1528	3.51	217	3.50	734	3.11
河南	10	0.23	21	0.93	414	1.24	7	0.79	111	0.88	2184	5.02	96	1.55	1271	5.38
湖北	56	1.30	5	0.22	396	1.18	13	1.48	403	3.18	1652	3.80	185	2.98	842	3.56
湖南	55	1.28	89	3.96	366	1.09	12	1.36	297	2.35	2655	6.10	113	1.82	1251	5.29
广东	176	4.08	6	0.27	6078	18.16	32	3.63	475	3.75	2548	5.86	358	5.77	1063	4.50
广西	147	3.41	44	1.96	600	1.79	29	3.29	532	4.20	1375	3.16	243	3.92	427	1.81
海南	230	5.34	5	0.22	87	0.26	23	2.61	494	3.90	904	2.08	242	3.90	519	2.20
重庆	14	0.32	32	1.42	670	2.00	51	5.79	380	3.00	1216	2.80	220	3.55	616	2.61
四川	84	1.95	35	1.56	652	1.95	16	1.82	520	4.11	2017	4.64	196	3.16	1148	4.86
贵州	32	0.74	37	1.65	121	0.36	13	1.48	416	3.29	1086	2.50	124	2.00	372	1.57
云南	291	6.75	116	5.16	147	0.44	7	0.79	383	3.03	1633	3.75	94	1.52	700	2.96
西藏	112	2.60	3	0.13	41	0.12	11	1.25	332	2.62	796	1.83	71	1.14	435	1.84
陕西	14	0.32	271	12.06	221	0.66	38	4.31	393	3.11	1227	2.82	149	2.40	1056	4.47
甘肃	130	3.02	112	4.98	110	0.33	10	1.14	315	2.49	1620	3.72	204	3.29	939	3.97
青海	50	1.16	140	6.23	167	0.50	50	5.68	258	2.04	1428	3.28	121	1.95	700	2.96
宁夏	576	13.36	79	3.52	222	0.66	79	8.97	318	2.51	692	1.59	126	2.03	320	1.35
新疆	304	7.05	77	3.43	216	0.65	35	3.97	563	4.45	1043	2.40	213	3.43	535	2.26
兵团	365	8.47	42	1.87	195	0.58	28	3.18	275	2.17	253	0.58	45	0.73	147	0.62
合计	4310	100	2247	100	33478	100	881	100	12656	100	43506	100	6203	100	23635	100

续表

省份	信息传输、软件和信息技术服务		金融		房地产		租赁和商务服务		科研和科技术服务		水利、环境和公共设施管理		居民服务、修理和其他服务业	
	人	%	人	%	人	%	人	%	人	%	人	%	人	%
北京	642	18.58	156	11.72	102	6.83	124	9.75	214	18.31	50	8.87	1 242	4.70
天津	68	1.97	30	2.25	37	2.48	27	2.12	51	4.36	19	3.37	701	2.65
河北	133	3.85	72	5.41	83	5.56	37	2.91	60	5.13	28	4.96	1 609	6.09
山西	50	1.45	19	1.43	24	1.61	5	0.39	15	1.28	21	3.72	584	2.21
内蒙古	61	1.77	40	3.01	19	1.27	15	1.18	14	1.20	20	3.55	695	2.63
辽宁	71	2.05	34	2.55	31	2.07	22	1.73	20	1.71	32	5.67	567	2.15
吉林	39	1.13	26	1.95	23	1.54	14	1.10	14	1.20	13	2.30	720	2.73
黑龙江	42	1.22	26	1.95	31	2.07	13	1.02	11	0.94	11	1.95	634	2.40
上海	315	9.11	116	8.72	97	6.49	84	6.60	109	9.32	28	4.96	830	3.14
江苏	191	5.53	51	3.83	80	5.35	45	3.54	64	5.47	22	3.90	1 234	4.67
浙江	130	3.76	38	2.85	31	2.07	51	4.01	48	4.11	26	4.61	1 130	4.28
安徽	96	2.78	33	2.48	36	2.41	29	2.28	33	2.82	12	2.13	534	2.02
福建	83	2.40	43	3.23	49	3.28	12	0.94	27	2.31	16	2.84	611	2.31
江西	80	2.31	18	1.35	40	2.68	39	3.07	27	2.31	5	0.89	768	2.91
山东	115	3.33	60	4.51	56	3.75	64	5.03	40	3.42	27	4.79	683	2.59
河南	58	1.68	21	1.58	19	1.27	44	3.46	12	1.03	7	1.24	1 115	4.22
湖北	70	2.03	35	2.63	45	3.01	35	2.75	22	1.88	29	5.14	837	3.17
湖南	80	2.31	23	1.73	74	4.95	23	1.81	14	1.20	4	0.71	1 161	4.40
广东	270	7.81	65	4.88	81	5.42	95	7.47	85	7.27	32	5.67	1 293	4.90
广西	112	3.24	46	3.46	72	4.82	64	5.03	36	3.08	11	1.95	847	3.21
海南	61	1.77	37	2.78	81	5.42	51	4.01	35	2.99	12	2.13	715	2.71
重庆	122	3.53	75	5.63	94	6.29	32	2.52	23	1.97	16	2.84	1 134	4.29
四川	89	2.58	48	3.61	66	4.42	57	4.48	34	2.91	31	5.50	1 239	4.69
贵州	46	1.33	19	1.43	39	2.61	33	2.59	14	1.20	9	1.60	592	2.24
云南	51	1.48	9	0.68	25	1.67	22	1.73	5	0.43	4	0.71	748	2.83
西藏	35	1.01	73	5.48	18	1.20	100	7.86	13	1.11	10	1.77	273	1.03
陕西	82	2.37	36	2.70	44	2.95	15	1.18	32	2.74	8	1.42	823	3.12
甘肃	73	2.11	30	2.25	25	1.67	30	2.36	19	1.63	14	2.48	976	3.70
青海	54	1.56	6	0.45	15	1.00	16	1.26	7	0.60	4	0.71	635	2.40
宁夏	46	1.33	19	1.43	15	1.00	19	1.49	10	0.86	9	1.60	367	1.39
新疆	72	2.08	21	1.58	31	2.07	47	3.69	54	4.62	30	5.32	941	3.56
兵团	19	0.55	6	0.45	11	0.74	8	0.63	7	0.60	4	0.71	172	0.65
合计	3 456	100	1 331	100	1 494	100	1 272	100	1 169	100	564	100	26 410	100

续表

省份	教育 人	教育 %	卫生和社会工作 人	卫生和社会工作 %	文体和娱乐 人	文体和娱乐 %	公共管理、社会保障和社会组织 人	公共管理、社会保障和社会组织 %	国际组织 人	国际组织 %	合计 人	合计 %
北京	168	8.20	139	5.88	166	11.36	37	3.51	5	41.67	6 693	3.95
天津	32	1.56	75	3.18	12	0.82	8	0.76	1	8.33	5 136	3.03
河北	97	4.73	146	6.18	76	5.20	49	4.65	1	8.33	8 541	5.04
山西	47	2.29	56	2.37	27	1.85	32	3.04	0	0	3 611	2.13
内蒙古	66	3.22	80	3.39	20	1.37	42	3.98	0	0	3 291	1.94
辽宁	54	2.64	45	1.91	27	1.85	13	1.23	0	0	4 013	2.37
吉林	49	2.39	63	2.67	18	1.23	27	2.56	0	0	2 957	1.74
黑龙江	50	2.44	42	1.78	21	1.44	22	2.09	0	0	3 603	2.13
上海	76	3.71	72	3.05	79	5.41	33	3.13	1	8.33	6 456	3.81
江苏	65	3.17	98	4.15	45	3.08	27	2.56	2	16.67	10 525	6.21
浙江	51	2.49	66	2.79	134	9.17	36	3.42	0	0	12 575	7.42
安徽	68	3.32	57	2.41	41	2.81	23	2.18	0	0	3 930	2.32
福建	64	3.12	62	2.62	69	4.72	23	2.18	0	0	6 256	3.69
江西	44	2.15	45	1.91	45	3.08	25	2.37	0	0	4 483	2.64
山东	74	3.61	72	3.05	31	2.12	19	1.80	0	0	5 171	3.05
河南	72	3.51	51	2.16	30	2.05	10	0.95	0	0	5 553	3.28
湖北	66	3.22	48	2.03	30	2.05	38	3.61	0	0	4 807	2.84
湖南	72	3.51	119	5.04	64	4.38	27	2.56	0	0	6 499	3.83
广东	190	9.27	130	5.50	91	6.23	82	7.78	0	0	13 150	7.76
广西	88	4.29	102	4.32	37	2.53	36	3.42	1	8.33	4 849	2.86
海南	63	3.07	67	2.84	45	3.08	43	4.08	0	0	3 714	2.19
重庆	142	6.93	144	6.10	51	3.49	86	8.16	0	0	5 118	3.02
四川	134	6.54	173	7.32	52	3.56	73	6.93	0	0	6 664	3.93
贵州	37	1.81	52	2.20	24	1.64	29	2.75	0	0	3 095	1.83
云南	29	1.42	34	1.44	51	3.49	27	2.56	1	8.33	4 376	2.58
西藏	3	0.15	21	0.89	58	3.97	14	1.33	0	0	2 420	1.43
陕西	38	1.85	75	3.18	28	1.92	37	3.51	0	0	4 587	2.71
甘肃	24	1.17	58	2.46	32	2.19	18	1.71	0	0	4 739	2.80
青海	8	0.39	49	2.07	12	0.82	14	1.33	0	0	3 734	2.20
宁夏	15	0.73	35	1.48	13	0.89	19	1.80	0	0	2 979	1.76
新疆	42	2.05	78	3.30	25	1.71	70	6.64	0	0	4 397	2.59
兵团	21	1.02	8	0.34	7	0.48	15	1.42	0	0	1 628	0.96
合计	2 049	100	2 362	100	1 461	100	1 054	100	12	100	169 550	100

表3-1d 中国分省流动人口就业和居住特征数据(2015年)-职业类型

省份	国家机关、党群组织、企事业单位负责人		专业技术人员		公务员、办事人员有关人员		经商		商贩		餐饮	
	人	%	人	%	人	%	人	%	人	%	人	%
北京	85	12.32	1 045	8.63	263	8.02	946	3.08	399	4.03	564	3.15
天津	24	3.48	378	3.12	73	2.23	452	1.47	640	6.46	525	2.94
河北	35	5.07	822	6.79	132	4.03	974	3.17	749	7.56	1 310	7.33
山西	7	1.01	272	2.25	83	2.53	1 026	3.34	168	1.70	406	2.27
内蒙古	20	2.90	298	2.46	83	2.53	329	1.07	154	1.55	330	1.85
辽宁	5	0.72	364	3.01	105	3.20	371	1.21	303	3.06	289	1.62
吉林	12	1.74	174	1.44	58	1.77	548	1.78	130	1.31	367	2.05
黑龙江	9	1.30	193	1.59	38	1.16	433	1.41	223	2.25	412	2.30
上海	40	5.80	841	6.94	310	9.46	608	1.98	275	2.78	335	1.87
江苏	51	7.39	952	7.86	166	5.06	1 001	3.26	593	5.99	968	5.41
浙江	21	3.04	554	4.57	106	3.23	1 421	4.63	422	4.26	850	4.75
安徽	23	3.33	387	3.20	120	3.66	768	2.50	204	2.06	440	2.46
福建	23	3.33	317	2.62	223	6.80	665	2.17	333	3.36	498	2.79
江西	22	3.19	282	2.33	59	1.80	1 272	4.14	151	1.52	581	3.25
山东	12	1.74	379	3.13	111	3.39	896	2.92	268	2.71	524	2.93
河南	12	1.74	211	1.74	21	0.64	1 594	5.19	325	3.28	1 028	5.75
湖北	15	2.17	225	1.86	57	1.74	1 162	3.78	500	5.05	713	3.99
湖南	10	1.45	315	2.60	46	1.40	2 623	8.54	191	1.93	887	4.96
广东	24	3.48	1 011	8.35	303	9.24	1 937	6.31	459	4.63	811	4.54
广西	18	2.61	332	2.74	98	2.99	905	2.95	299	3.02	301	1.68
海南	25	3.62	240	1.98	83	2.53	523	1.70	327	3.30	307	1.72
重庆	18	2.61	498	4.11	206	6.28	628	2.05	342	3.45	338	1.89
四川	36	5.22	496	4.10	105	3.20	1 205	3.92	667	6.73	904	5.06
贵州	12	1.74	170	1.40	60	1.83	853	2.78	221	2.23	320	1.79
云南	14	2.03	140	1.16	24	0.73	1 515	4.93	207	2.09	518	2.90
西藏	18	2.61	43	0.36	24	0.73	1 067	3.47	69	0.70	224	1.25
陕西	21	3.04	354	2.92	74	2.26	945	3.08	281	2.84	941	5.26
甘肃	11	1.59	178	1.47	30	0.92	1 314	4.28	309	3.12	769	4.30
青海	25	3.62	123	1.02	47	1.43	1 301	4.24	244	2.46	576	3.22
宁夏	10	1.45	121	1.00	34	1.04	464	1.51	147	1.48	277	1.55
新疆	28	4.06	307	2.53	100	3.05	761	2.48	247	2.49	427	2.39
兵团	4	0.58	89	0.73	36	1.10	199	0.65	59	0.60	137	0.77
合计	690	100	12 111	100	3 278	100	30 706	100	9 906	100	17 877	100

续表

省份	家政 人	%	保洁 人	%	保安 人	%	装修 人	%	其他商业、服务业人员 人	%	农、林、牧、渔、水利业生产人员 人	%
北京	46	6.35	192	7.36	135	6.48	240	4.19	1 758	5.47	34	0.93
天津	45	6.22	152	5.83	44	2.11	198	3.46	573	1.78	67	1.84
河北	34	4.70	115	4.41	132	6.33	336	5.87	1 631	5.08	111	3.04
山西	5	0.69	56	2.15	33	1.58	113	1.97	640	1.99	27	0.74
内蒙古	27	3.73	122	4.68	32	1.54	162	2.83	711	2.21	67	1.84
辽宁	26	3.59	106	4.07	65	3.12	134	2.34	1 090	3.39	102	2.79
吉林	19	2.62	84	3.22	45	2.16	106	1.85	803	2.50	71	1.94
黑龙江	35	4.83	116	4.45	68	3.26	110	1.92	869	2.71	455	12.46
上海	85	11.74	163	6.25	126	6.05	183	3.19	1 338	4.17	80	2.19
江苏	29	4.01	137	5.26	98	4.70	305	5.32	1 550	4.83	100	2.74
浙江	24	3.31	132	5.06	73	3.50	279	4.87	1 594	4.96	85	2.33
安徽	10	1.38	33	1.27	14	0.67	166	2.90	832	2.59	29	0.79
福建	21	2.90	79	3.03	70	3.36	176	3.07	1 071	3.33	57	1.56
江西	25	3.45	27	1.04	33	1.58	167	2.92	809	2.52	5	0.14
山东	8	1.10	64	2.45	24	1.15	120	2.09	1 416	4.41	57	1.56
河南	15	2.07	42	1.61	62	2.98	117	2.04	1 490	4.64	9	0.25
湖北	15	2.07	74	2.84	43	2.06	230	4.02	877	2.73	48	1.31
湖南	10	1.38	72	2.76	59	2.83	140	2.44	1 390	4.33	49	1.34
广东	29	4.01	122	4.68	159	7.63	213	3.72	1 825	5.68	151	4.14
广西	24	3.31	53	2.03	67	3.21	300	5.24	969	3.02	104	2.85
海南	11	1.52	75	2.88	62	2.98	224	3.91	916	2.85	202	5.53
重庆	33	4.56	100	3.84	116	5.57	186	3.25	1 535	4.78	11	0.30
四川	43	5.94	111	4.26	143	6.86	204	3.56	1 425	4.44	64	1.75
贵州	30	4.14	53	2.03	54	2.59	159	2.78	497	1.55	25	0.68
云南	8	1.10	38	1.46	34	1.63	166	2.90	762	2.37	264	7.23
西藏	7	0.97	22	0.84	49	2.35	66	1.15	253	0.79	56	1.53
陕西	16	2.21	48	1.84	68	3.26	203	3.54	839	2.61	11	0.30
甘肃	17	2.35	52	1.99	54	2.59	226	3.95	883	2.75	123	3.37
青海	5	0.69	34	1.30	30	1.44	144	2.51	477	1.48	36	0.99
宁夏	7	0.97	57	2.19	26	1.25	89	1.55	410	1.28	555	15.20
新疆	13	1.80	69	2.65	59	2.83	213	3.72	743	2.31	255	6.98
兵团	2	0.28	7	0.27	7	0.34	53	0.93	146	0.45	341	9.34
合计	724	100	2 607	100	2 084	100	5 728	100	32 122	100	3 651	100

续表

省份	生产 人	%	运输 人	%	建筑 人	%	其他生产、运输设备操作人员及有关人员 人	%	无固定职业 人	%	其他 人	%	合计 人	%
北京	311	1.41	104	2.40	165	2.14	147	1.73	55	2.11	204	7.24	6 693	3.95
天津	903	4.08	160	3.70	356	4.63	364	4.28	51	1.95	131	4.65	5 136	3.03
河北	914	4.13	215	4.97	387	5.03	309	3.63	128	4.90	207	7.35	8 541	5.04
山西	278	1.26	79	1.83	188	2.44	177	2.08	25	0.96	28	0.99	3 611	2.13
内蒙古	95	0.43	195	4.51	239	3.11	235	2.76	177	6.78	15	0.53	3 291	1.94
辽宁	516	2.33	123	2.84	119	1.55	233	2.74	59	2.26	3	0.11	4 013	2.37
吉林	120	0.54	90	2.08	93	1.21	95	1.12	99	3.79	43	1.53	2 957	1.74
黑龙江	139	0.63	148	3.42	99	1.29	86	1.01	137	5.25	33	1.17	3 603	2.13
上海	1 020	4.61	236	5.46	198	2.57	484	5.69	47	1.80	87	3.09	6 456	3.81
江苏	2 677	12.10	348	8.04	430	5.59	918	10.80	66	2.53	136	4.83	10 525	6.21
浙江	4 849	21.93	275	6.36	548	7.12	1 081	12.72	122	4.67	139	4.93	12 575	7.42
安徽	344	1.56	145	3.35	132	1.72	200	2.35	37	1.42	46	1.63	3 930	2.32
福建	1 679	7.59	126	2.91	370	4.81	485	5.71	32	1.23	31	1.10	6 256	3.69
江西	521	2.36	52	1.20	146	1.90	185	2.18	40	1.53	106	3.76	4 483	2.64
山东	710	3.21	134	3.10	120	1.56	262	3.08	39	1.49	27	0.96	5 171	3.05
河南	324	1.47	70	1.62	64	0.83	78	0.92	52	1.99	39	1.38	5 553	3.28
湖北	154	0.70	148	3.42	222	2.89	150	1.76	67	2.57	107	3.80	4 807	2.84
湖南	240	1.09	55	1.27	197	2.56	143	1.68	17	0.65	55	1.95	6 499	3.83
广东	4 130	18.67	260	6.01	258	3.35	947	11.14	107	4.10	404	14.34	13 150	7.76
广西	313	1.42	168	3.88	331	4.30	280	3.29	126	4.82	161	5.72	4 849	2.86
海南	58	0.26	97	2.24	277	3.60	65	0.76	139	5.32	83	2.95	3 714	2.19
重庆	417	1.89	132	3.05	203	2.64	260	3.06	37	1.42	58	2.06	5 118	3.02
四川	413	1.87	133	3.07	332	4.32	181	2.13	77	2.95	125	4.44	6 664	3.93
贵州	97	0.44	81	1.87	274	3.56	69	0.81	85	3.25	35	1.24	3 095	1.83
云南	149	0.67	58	1.34	259	3.37	75	0.88	59	2.26	86	3.05	4 376	2.58
西藏	18	0.08	48	1.11	258	3.35	31	0.36	61	2.34	106	3.76	2 420	1.43
陕西	153	0.69	104	2.40	230	2.99	192	2.26	82	3.14	25	0.89	4 587	2.71
甘肃	88	0.40	165	3.81	155	2.01	165	1.94	84	3.22	116	4.12	4 739	2.80
青海	95	0.43	110	2.54	168	2.18	185	2.18	75	2.87	59	2.09	3 734	2.20
宁夏	148	0.67	100	2.31	238	3.09	194	2.28	82	3.14	20	0.71	2 979	1.76
新疆	91	0.41	131	3.03	389	5.06	150	1.76	319	12.21	95	3.37	4 397	2.59
兵团	152	0.69	36	0.83	249	3.24	75	0.88	29	1.11	7	0.25	1 628	0.96
合计	22 116	100	4 326	100	7 694	100	8 501	100	2 612	100	2 817	100	169 550	100

表 3-1e 中国分省流动人口就业和居住特征数据（2015年）-单位性质

省份	机关、事业单位 人	%	国有及国有控股企业 人	%	集体企业 人	%	股份联营企业 人	%	个体工商户 人	%	私营企业 人	%
北京	187	5.62	461	5.63	161	8.63	687	8.53	2 025	2.94	2 258	4.93
天津	87	2.61	324	3.96	319	17.10	208	2.58	1 676	2.43	1 325	2.89
河北	174	5.23	367	4.48	85	4.56	375	4.65	3 565	5.18	2 646	5.78
山西	85	2.55	350	4.28	19	1.02	163	2.02	1 575	2.29	665	1.45
内蒙古	149	4.47	286	3.50	15	0.80	133	1.65	1 128	1.64	710	1.55
辽宁	88	2.64	175	2.14	27	1.45	318	3.95	1 233	1.79	1 208	2.64
吉林	102	3.06	117	1.43	23	1.23	150	1.86	1 384	2.01	633	1.38
黑龙江	82	2.46	599	7.32	23	1.23	168	2.09	1 327	1.93	730	1.59
上海	97	2.91	372	4.55	120	6.43	429	5.32	1 333	1.94	2 600	5.68
江苏	102	3.06	334	4.08	72	3.86	731	9.07	2 896	4.21	3 846	8.40
浙江	76	2.28	209	2.55	117	6.27	685	8.50	3 730	5.42	5 756	12.57
安徽	115	3.45	302	3.69	17	0.91	187	2.32	1 563	2.27	990	2.16
福建	62	1.86	228	2.79	21	1.13	273	3.39	1 692	2.46	2 367	5.17
江西	74	2.22	47	0.57	15	0.80	178	2.21	2 491	3.62	1 063	2.32
山东	89	2.67	297	3.63	81	4.34	390	4.84	1 960	2.85	1 394	3.04
河南	43	1.29	81	0.99	15	0.80	129	1.60	3 790	5.50	768	1.68
湖北	120	3.60	136	1.66	35	1.88	214	2.66	2 713	3.94	814	1.78
湖南	68	2.04	150	1.83	10	0.54	314	3.90	4 506	6.54	983	2.15
广东	176	5.29	299	3.65	96	5.15	370	4.59	4 077	5.92	4 512	9.86
广西	129	3.87	204	2.49	62	3.32	302	3.75	1 719	2.50	1 248	2.73
海南	115	3.45	142	1.74	88	4.72	182	2.26	1 212	1.76	951	2.08
重庆	223	6.70	334	4.08	26	1.39	353	4.38	1 685	2.45	1 751	3.82
四川	232	6.97	347	4.24	33	1.77	242	3.00	3 130	4.55	1 452	3.17
贵州	97	2.91	167	2.04	18	0.97	145	1.80	1 546	2.25	536	1.17
云南	54	1.62	136	1.66	64	3.43	77	0.96	2 758	4.01	531	1.16
西藏	51	1.53	36	0.44	78	4.18	12	0.15	1 409	2.05	348	0.76
陕西	81	2.43	375	4.58	61	3.27	171	2.12	2 172	3.15	896	1.96
甘肃	49	1.47	255	3.12	30	1.61	55	0.68	2 925	4.25	738	1.61
青海	61	1.83	221	2.70	18	0.97	43	0.53	2 411	3.50	481	1.05
宁夏	55	1.65	269	3.29	43	2.31	164	2.04	1 102	1.60	487	1.06
新疆	166	4.98	195	2.38	57	3.06	160	1.99	1 691	2.46	807	1.76
兵团	41	1.23	368	4.50	16	0.86	49	0.61	432	0.63	288	0.63
合计	3 330	100	8 183	100	1 865	100	8 057	100	68 856	100	45 782	100

续表

省份	港澳台独资企业		外商独资企业		中外合资企业		社团/民办组织		其他		无单位		合计	
	人	%	人	%	人	%	人	%	人	%	人	%	人	%
北京	31	1.03	131	5.01	136	6.50	18	4.02	255	7.22	343	1.57	6693	3.95
天津	20	0.67	250	9.56	98	4.68	5	1.12	153	4.33	671	3.08	5136	3.03
河北	81	2.70	11	0.42	32	1.53	24	5.36	263	7.45	918	4.21	8541	5.04
山西	11	0.37	2	0.08	8	0.38	8	1.79	48	1.36	677	3.11	3611	2.13
内蒙古	2	0.07	3	0.11	4	0.19	5	1.12	32	0.91	824	3.78	3291	1.94
辽宁	4	0.13	172	6.57	58	2.77	22	4.91	15	0.42	693	3.18	4013	2.37
吉林	0	0	13	0.50	29	1.39	10	2.23	74	2.10	422	1.94	2957	1.74
黑龙江	0	0	1	0.04	9	0.43	9	2.01	27	0.76	628	2.88	3603	2.13
上海	217	7.24	314	12.00	374	17.87	21	4.69	73	2.07	506	2.32	6456	3.81
江苏	398	13.28	379	14.49	306	14.62	15	3.35	175	4.95	1271	5.83	10525	6.21
浙江	116	3.87	108	4.13	162	7.74	15	3.35	219	6.20	1382	6.34	12575	7.42
安徽	18	0.60	31	1.19	36	1.72	5	1.12	72	2.04	594	2.73	3930	2.32
福建	381	12.71	160	6.12	138	6.59	13	2.90	45	1.27	876	4.02	6256	3.69
江西	141	4.70	16	0.61	5	0.24	7	1.56	112	3.17	334	1.53	4483	2.64
山东	50	1.67	184	7.03	96	4.59	13	2.90	24	0.68	593	2.72	5171	3.05
河南	250	8.34	7	0.27	23	1.10	26	5.80	46	1.30	375	1.72	5553	3.28
湖北	15	0.50	18	0.69	23	1.10	10	2.23	99	2.80	610	2.80	4807	2.84
湖南	11	0.37	9	0.34	10	0.48	9	2.01	49	1.39	380	1.74	6499	3.83
广东	1124	37.50	705	26.95	367	17.53	36	8.04	234	6.63	1154	5.30	13150	7.76
广西	47	1.57	10	0.38	53	2.53	51	11.38	195	5.52	829	3.80	4849	2.86
海南	8	0.27	11	0.42	16	0.76	7	1.56	137	3.88	845	3.88	3714	2.19
重庆	46	1.53	15	0.57	65	3.11	17	3.79	73	2.07	530	2.43	5118	3.02
四川	9	0.30	44	1.68	14	0.67	56	12.5	183	5.18	922	4.23	6664	3.93
贵州	0	0	4	0.15	2	0.10	3	0.67	66	1.87	511	2.35	3095	1.83
云南	8	0.27	1	0.04	8	0.38	1	0.22	191	5.41	547	2.51	4376	2.58
西藏	1	0.03	2	0.08	0	0	6	1.34	116	3.28	361	1.66	2420	1.43
陕西	0	0	4	0.15	6	0.29	16	3.57	86	2.43	719	3.30	4587	2.71
甘肃	7	0.23	2	0.08	2	0.10	4	0.89	157	4.45	515	2.36	4739	2.80
青海	0	0	2	0.08	0	0	8	1.79	93	2.63	396	1.82	3734	2.20
宁夏	1	0.03	1	0.04	2	0.10	3	0.67	62	1.76	790	3.63	2979	1.76
新疆	0	0	4	0.15	10	0.48	4	0.89	95	2.69	1208	5.54	4397	2.59
兵团	0	0	2	0.08	1	0.05	1	0.22	63	1.78	367	1.68	1628	0.96
合计	2997	100	2616	100	2093	100	448	100	3532	100	21791	100	169550	100

表 3–1f 中国分省流动人口就业和居住特征数据（2015 年）–职业身份

省 份	雇员		雇主		自营劳动者		其他		合计	
	人	%	人	%	人	%	人	%	人	%
北京	4 439	4.60	640	4.97	1 530	2.67	84	3.05	6 693	3.95
天津	3 207	3.32	300	2.33	1 543	2.69	86	3.12	5 136	3.03
河北	5 179	5.37	551	4.28	2 657	4.63	154	5.59	8 541	5.04
山西	1 631	1.69	363	2.82	1 573	2.74	44	1.60	3 611	2.13
内蒙古	1 801	1.87	163	1.27	1 287	2.24	40	1.45	3 291	1.94
辽宁	2 740	2.84	236	1.83	1 007	1.75	30	1.09	4 013	2.37
吉林	1 663	1.72	318	2.47	898	1.56	78	2.83	2 957	1.74
黑龙江	2 063	2.14	289	2.24	1 162	2.02	89	3.23	3 603	2.13
上海	4 933	5.11	453	3.52	1 024	1.78	46	1.67	6 456	3.81
江苏	7 258	7.52	551	4.28	2 634	4.59	82	2.97	10 525	6.21
浙江	8 960	9.28	669	5.20	2 762	4.81	184	6.67	12 575	7.42
安徽	1 969	2.04	304	2.36	1 611	2.81	46	1.67	3 930	2.32
福建	4 246	4.40	247	1.92	1 729	3.01	34	1.23	6 256	3.69
江西	2 098	2.17	415	3.22	1 849	3.22	121	4.39	4 483	2.64
山东	3 288	3.41	490	3.81	1 374	2.39	19	0.69	5 171	3.05
河南	2 512	2.60	475	3.69	2 531	4.41	35	1.27	5 553	3.28
湖北	1 773	1.84	380	2.95	2 544	4.43	110	3.99	4 807	2.84
湖南	2 518	2.61	451	3.50	3 490	6.08	40	1.45	6 499	3.83
广东	9 068	9.40	955	7.42	2 978	5.19	149	5.40	13 150	7.76
广西	2 716	2.81	355	2.76	1 631	2.84	147	5.33	4 849	2.86
海南	2 025	2.10	330	2.56	1 220	2.13	139	5.04	3 714	2.19
重庆	3 567	3.70	398	3.09	1 100	1.92	53	1.92	5 118	3.02
四川	3 493	3.62	493	3.83	2 534	4.41	144	5.22	6 664	3.93
贵州	1 345	1.39	219	1.70	1 434	2.50	97	3.52	3 095	1.83
云南	1 588	1.65	512	3.98	2 171	3.78	105	3.81	4 376	2.58
西藏	915	0.95	529	4.11	860	1.50	116	4.21	2 420	1.43
陕西	2 236	2.32	399	3.10	1 903	3.31	49	1.78	4 587	2.71
甘肃	1 741	1.80	488	3.79	2 418	4.21	92	3.34	4 739	2.80
青海	1 165	1.21	275	2.14	2 173	3.79	121	4.39	3 734	2.20
宁夏	1 308	1.36	182	1.41	1 441	2.51	48	1.74	2 979	1.76
新疆	2 141	2.22	375	2.91	1 742	3.03	139	5.04	4 397	2.59
兵团	923	0.96	71	0.55	598	1.04	36	1.31	1 628	0.96
合计	96 509	100	12 876	100	57 408	100	2 757	100	169 550	100

表 3-1g 中国分省流动人口就业和居住特征数据（2015 年）- 长期居住意愿

省份	打算 人	打算 %	不打算 人	不打算 %	没想好 人	没想好 %	合计 人	合计 %
北京	5 206	4.41	733	2.80	2 061	3.34	8 000	3.88
天津	3 617	3.06	722	2.75	1 661	2.69	6 000	2.91
河北	4 425	3.75	1 718	6.55	3 855	6.25	9 998	4.85
山西	3 031	2.57	660	2.52	1 309	2.12	5 000	2.43
内蒙古	3 649	3.09	374	1.43	977	1.58	5 000	2.43
辽宁	3 419	2.89	507	1.93	1 074	1.74	5 000	2.43
吉林	2 781	2.35	282	1.08	937	1.52	4 000	1.94
黑龙江	3 494	2.96	288	1.10	1 218	1.98	5 000	2.43
上海	5 326	4.51	729	2.78	1 945	3.15	8 000	3.88
江苏	7 110	6.02	1 799	6.86	3 091	5.01	12 000	5.83
浙江	6 420	5.44	2 122	8.09	5 458	8.85	14 000	6.80
安徽	3 487	2.95	536	2.04	976	1.58	4 999	2.43
福建	3 253	2.75	1 315	5.02	2 432	3.94	7 000	3.40
江西	2 467	2.09	645	2.46	1 888	3.06	5 000	2.43
山东	4 497	3.81	463	1.77	1 040	1.69	6 000	2.91
河南	3 470	2.94	626	2.39	1 903	3.09	5 999	2.91
湖北	3 922	3.32	548	2.09	1 530	2.48	6 000	2.91
湖南	3 624	3.07	1 082	4.13	2 294	3.72	7 000	3.40
广东	7 070	5.99	2 153	8.21	5 777	9.37	15 000	7.28
广西	3 607	3.05	688	2.62	1 705	2.76	6 000	2.91
海南	2 657	2.25	499	1.90	1 844	2.99	5 000	2.43
重庆	3 666	3.10	685	2.61	1 649	2.67	6 000	2.91
四川	4 915	4.16	1 008	3.84	2 077	3.37	8 000	3.88
贵州	1 897	1.61	657	2.51	1 446	2.34	4 000	1.94
云南	2 860	2.42	619	2.36	1 521	2.47	5 000	2.43
西藏	1 757	1.49	825	3.15	1 418	2.30	4 000	1.94
陕西	2 883	2.44	924	3.52	2 193	3.56	6 000	2.91
甘肃	2 876	2.43	875	3.34	2 249	3.65	6 000	2.91
青海	2 670	2.26	817	3.12	1 513	2.45	5 000	2.43
宁夏	2 894	2.45	329	1.25	777	1.26	4 000	1.94
新疆	3 929	3.33	623	2.38	1 447	2.35	5 999	2.91
兵团	1 232	1.04	366	1.40	402	0.65	2 000	0.97
合计	118 111	100	26 217	100	61 667	100	205 995	100

表 3-2a 中国分地区流动人口就业和居住特征数据（2015年）- 工作状况

地 区	是		否		合计	
	人	%	人	%	人	%
东部地区	78 217	46.13	12 781	35.07	90 998	44.17
中部地区	28 883	17.04	5 115	14.03	33 998	16.50
西部地区	51 877	30.60	15 122	41.49	66 999	32.52
东北地区	10 573	6.24	3 427	9.40	14 000	6.80
合计	169 550	100	36 445	100	205 995	100

表 3-2b 中国分地区流动人口就业和居住特征数据（2015年）- 未工作原因

地 区	丧失劳动能力		退休		料理家务/带孩子		没找到工作		因单位原因失工作		因本人原因失工作	
	人	%	人	%	人	%	人	%	人	%	人	%
东部地区	248	18.99	1 011	37.84	5 878	38.49	1 208	28.37	142	34.72	463	37.83
中部地区	127	9.72	107	4.00	2 720	17.81	503	11.81	45	11.00	129	10.54
西部地区	695	53.22	1 060	39.67	5 565	36.44	2 055	48.26	155	37.90	435	35.54
东北地区	236	18.07	494	18.49	1 110	7.27	492	11.55	67	16.38	197	16.09
合计	1 306	100	2 672	100	15 273	100	4 258	100	409	100	1 224	100

地 区	怀孕或哺乳		临时性停工或季节性歇业		学习培训		其他		合计	
	人	%	人	%	人	%	人	%	人	%
东部地区	1 372	52.01	1 011	30.64	526	33.89	922	24.18	12 781	35.07
中部地区	412	15.62	383	11.61	242	15.59	447	11.72	5 115	14.03
西部地区	724	27.45	1 521	46.09	674	43.43	2 238	58.69	15 122	41.49
东北地区	130	4.93	385	11.67	110	7.09	206	5.40	3 427	9.40
合计	2 638	100	3 300	100	1 552	100	3 813	100	36 445	100

表 3-2c 中国分地区流动人口就业和居住特征数据（2015 年）- 就业行业

地 区	农林牧渔		采矿		制造		电煤水热生产供应		建筑		批发零售		交通运输、仓储和邮政		住宿餐饮	
	人	%	人	%	人	%	人	%	人	%	人	%	人	%	人	%
东部地区	1 102	25.57	439	19.54	25 716	76.81	280	31.78	5 411	42.75	15 437	35.48	2 887	46.54	9 019	38.16
中部地区	195	4.52	557	24.79	2 887	8.62	108	12.26	1 619	12.79	10 205	23.46	762	12.28	5 217	22.07
西部地区	2 205	51.16	1 082	48.15	3 580	10.69	460	52.21	5 066	40.03	15 102	34.71	2 049	33.03	7 783	32.93
东北地区	808	18.75	169	7.52	1 295	3.87	33	3.75	560	4.42	2 762	6.35	505	8.14	1 616	6.84
合计	4 310	100	2 247	100	33 478	100	881	100	12 656	100	43 506	100	6 203	100	23 635	100

地 区	信息传输、软件和信息技术服务		金融		房地产		租赁和商务服务		科研和技术服务		水利、环境和公共设施管理		居民服务、修理和其他服务业	
	人	%	人	%	人	%	人	%	人	%	人	%	人	%
东部地区	2 008	58.10	668	50.19	697	46.65	590	46.38	733	62.70	260	46.10	10 048	38.05
中部地区	434	12.56	149	11.19	238	15.93	175	13.76	123	10.52	78	13.83	4 999	18.93
西部地区	862	24.94	428	32.16	474	31.73	458	36.01	268	22.93	170	30.14	9 442	35.75
东北地区	152	4.40	86	6.46	85	5.69	49	3.85	45	3.85	56	9.93	1 921	7.27
合计	3 456	100	1 331	100	1 494	100	1 272	100	1 169	100	564	100	26 410	100

地 区	教育		卫生和社会工作		文体和娱乐		公共管理、社会保障和社会组织		国际组织		合计	
	人	%	人	%	人	%	人	%	人	%	人	%
东部地区	880	42.95	927	39.25	748	51.20	357	33.87	10	83.33	78 217	46.13
中部地区	369	18.01	376	15.92	237	16.22	155	14.71	0	0	28 883	17.04
西部地区	647	31.58	909	38.48	410	28.06	480	45.54	2	16.67	51 877	30.60
东北地区	153	7.47	150	6.35	66	4.52	62	5.88	0	0	10 573	6.24
合计	2 049	100	2 362	100	1 461	100	1 054	100	12	100	169 550	100

表3-2d 中国分地区流动人口就业和居住特征数据（2015年）-职业类型

地区	国家机关、党群组织、企事业单位负责人		专业技术人员		公务员、办事人员和有关人员		经商		商贩		餐饮	
	人	%	人	%	人	%	人	%	人	%	人	%
东部地区	340	49.28	6 539	53.99	1 770	54.00	9 423	30.69	4 465	45.07	6 692	37.43
中部地区	89	12.9	1 692	13.97	386	11.78	8 445	27.50	1 539	15.54	4 055	22.68
西部地区	235	34.06	3 149	26.00	921	28.10	11 486	37.41	3 246	32.77	6 062	33.91
东北地区	26	3.77	731	6.04	201	6.13	1 352	4.40	656	6.62	1 068	5.97
合计	690	100	12 111	100	3 278	100	30 706	100	9 906	100	17 877	100

地区	家政		保洁		保安		装修		其他商业、服务业人员		农、林、牧、渔、水利生产人员	
	人	%	人	%	人	%	人	%	人	%	人	%
东部地区	332	45.86	1 231	47.22	923	44.29	2 274	39.70	13 672	42.56	944	25.86
中部地区	80	11.05	304	11.66	244	11.71	933	16.29	6 038	18.80	167	4.57
西部地区	232	32.04	766	29.38	739	35.46	2 171	37.90	9 650	30.04	1 912	52.37
东北地区	80	11.05	306	11.74	178	8.54	350	6.11	2 762	8.60	628	17.20
合计	724	100	2 607	100	2 084	100	5 728	100	32 122	100	3 651	100

地区	生产		运输		建筑		其他生产、运输设备操作人员及有关人员		无固定职业		其他		合计	
	人	%	人	%	人	%	人	%	人	%	人	%	人	%
东部地区	17 251	78.00	1 955	45.19	3 109	40.41	5 062	59.55	786	30.09	1 449	51.44	78 217	46.13
中部地区	1 861	8.41	549	12.69	949	12.33	933	10.98	238	9.11	381	13.53	28 883	17.04
西部地区	2 229	10.08	1 461	33.77	3 325	43.22	2 092	24.61	1 293	49.50	908	32.23	51 877	30.60
东北地区	775	3.50	361	8.34	311	4.04	414	4.87	295	11.29	79	2.8	10 573	6.24
合计	22 116	100	4 326	100	7 694	100	8 501	100	2 612	100	2 817	100	169 550	100

表3-2e 中国分地区流动人口就业和居住特征数据（2015年）-单位性质

地区	机关、事业单位		国有及国有控股企业		集体企业		股份/联营企业		个体工商户		私营企业	
	人	%	人	%	人	%	人	%	人	%	人	%
东部地区	1165	34.98	3033	37.06	1160	62.20	4330	53.74	24166	35.10	27655	60.41
中部地区	505	15.17	1066	13.03	111	5.95	1185	14.71	16638	24.16	5283	11.54
西部地区	1388	41.68	3193	39.02	521	27.94	1906	23.66	24108	35.01	10273	22.44
东北地区	272	8.17	891	10.89	73	3.91	636	7.89	3944	5.73	2571	5.62
合计	3330	100	8183	100	1865	100	8057	100	68856	100	45782	100

地区	港澳台独资企业		外商独资企业		中外合资企业		社团/民办组织		其他		无单位		合计	
	人	%	人	%	人	%	人	%	人	%	人	%	人	%
东部地区	2426	80.95	2253	86.12	1725	82.42	167	37.28	1578	44.68	8559	39.28	78217	46.13
中部地区	446	14.88	83	3.17	105	5.02	65	14.51	426	12.06	2970	13.63	28883	17.04
西部地区	121	4.04	94	3.59	167	7.98	175	39.06	1412	39.98	8519	39.09	51877	30.60
东北地区	4	0.13	186	7.11	96	4.59	41	9.15	116	3.28	1743	8.00	10573	6.24
合计	2997	100	2616	100	2093	100	448	100	3532	100	21791	100	169550	100

表 3-2f 中国分地区流动人口就业和居住特征数据（2015 年）－职业身份

地 区	雇员		雇主		自营劳动者		其他		合计	
	人	%	人	%	人	%	人	%	人	%
东部地区	52 603	54.51	5 186	40.28	19 451	33.88	977	35.44	78 217	46.13
中部地区	12 501	12.95	2 388	18.55	13 598	23.69	396	14.36	28 883	17.04
西部地区	24 939	25.84	4 459	34.63	21 292	37.09	1 187	43.05	51 877	30.60
东北地区	6 466	6.70	843	6.55	3 067	5.34	197	7.15	10 573	6.24
合计	96 509	100	12 876	100	57 408	100	2 757	100	169 550	100

表 3-2g 中国分地区流动人口就业和居住特征数据（2015 年）－长期居住意愿

地 区	打算		不打算		没想好		合计	
	人	%	人	%	人	%	人	%
东部地区	49 581	41.98	12 253	46.74	29 164	47.29	90 998	44.17
中部地区	20 001	16.93	4 097	15.63	9 900	16.05	33 998	16.50
西部地区	38 835	32.88	8 790	33.53	19 374	31.42	66 999	32.52
东北地区	9 694	8.21	1 077	4.11	3 229	5.24	14 000	6.80
合计	118 111	100	26 217	100	61 667	100	205 995	100

表 3-3a 中国分经济区流动人口就业和居住特征数据（2015 年）- 工作状况

经济区	是 人	是 %	否 人	否 %	合计 人	合计 %
珠三角	13 150	7.76	1 850	5.08	15 000	7.28
长三角	29 556	17.43	4 444	12.19	34 000	16.51
环渤海	29 554	17.43	5 444	14.94	34 998	16.99
其他	97 290	57.38	24 707	67.79	121 997	59.22
合计	169 550	100	36 445	100	205 995	100

表 3-3b 中国分经济区流动人口就业和居住特征数据（2015 年）- 未工作原因

经济区	丧失劳动能力 人	%	退休 人	%	料理家务/带孩子 人	%	没找到工作 人	%	因单位原因失工作 人	%	因本人原因失工作 人	%	合计 人	%
珠三角	24	1.84	56	2.10	904	5.92	227	5.33	22	5.38	65	5.31	1 850	5.08
长三角	101	7.73	398	14.90	1 992	13.04	418	9.82	48	11.74	175	14.30	4 444	12.19
环渤海	168	12.86	654	24.48	2 317	15.17	521	12.24	77	18.83	243	19.85	5 444	14.94
其他	1 013	77.57	1 564	58.53	10 060	65.87	3 092	72.62	262	64.06	741	60.54	24 707	67.79
合计	1 306	100	2 672	100	15 273	100	4 258	100	409	100	1 224	100	36 445	100

经济区	怀孕或哺乳 人	%	临时性停工或季节性歇业 人	%	学习培训 人	%	其他 人	%	合计 人	%
珠三角	222	8.42	110	3.33	59	3.80	161	4.22	1 850	5.08
长三角	511	19.37	382	11.58	164	10.57	255	6.69	4 444	12.19
环渤海	395	14.97	439	13.30	247	15.91	383	10.04	5 444	14.94
其他	1 510	57.24	2 369	71.79	1 082	69.72	3 014	79.05	24 707	67.79
合计	2 638	100	3 300	100	1 552	100	3 813	100	36 445	100

表3-3c 中国分经济区流动人口就业和居住特征数据（2015年）-就业行业

经济区	农林牧渔		采矿		制造		电煤水热生产供应		建筑		批发零售		交通运输,仓储和邮政		住宿餐饮	
	人	%	人	%	人	%	人	%	人	%	人	%	人	%	人	%
珠三角	176	4.08	6	0.27	6 078	18.16	32	3.63	475	3.75	2 548	5.86	358	5.77	1 063	4.50
长三角	324	7.52	73	3.25	12 650	37.79	68	7.72	2 068	16.34	4 739	10.89	1 139	18.36	2 990	12.65
环渤海	407	9.44	377	16.78	5 430	16.22	137	15.55	2 032	16.06	7 069	16.25	1 124	18.12	4 324	18.29
其他	3 403	78.96	1 791	79.71	9 320	27.84	644	73.10	8 081	63.85	29 150	67.00	3 582	57.75	15 258	64.56
合计	4 310	100	2 247	100	33 478	100	881	100	12 656	100	43 506	100	6 203	100	23 635	100

经济区	信息传输,软件和信息技术服务		金融		房地产		租赁和商务服务		科研和技术服务		水利,环境和公共设施管理		居民服务,修理和其他服务业	
	人	%	人	%	人	%	人	%	人	%	人	%	人	%
珠三角	270	7.81	65	4.88	81	5.42	95	7.47	85	7.27	32	5.67	1 293	4.90
长三角	636	18.40	205	15.40	208	13.92	180	14.15	221	18.91	76	13.48	3 194	12.09
环渤海	1 029	29.77	352	26.45	309	20.68	274	21.54	385	32.93	156	27.66	4 802	18.18
其他	1 521	44.01	709	53.27	896	59.97	723	56.84	478	40.89	300	53.19	17 121	64.83
合计	3 456	100	1 331	100	1 494	100	1 272	100	1 169	100	564	100	26 410	100

经济区	教育		卫生和社会工作		文体和娱乐		公共管理,社会保障和社会组织		国际组织		合计	
	人	%	人	%	人	%	人	%	人	%	人	%
珠三角	190	9.27	130	5.50	91	6.23	82	7.78	0	0	13 150	7.76
长三角	192	9.37	236	9.99	258	17.66	96	9.11	3	25	29 556	17.43
环渤海	425	20.74	477	20.19	312	21.36	126	11.95	7	58.33	29 554	17.43
其他	1 242	60.61	1 519	64.31	800	54.76	750	71.16	2	16.67	97 290	57.38
合计	2 049	100	2 362	100	1 461	100	1 054	100	12	100	169 550	100

表3-3d 中国分经济区流动人口就业和居住特征数据（2015年）-职业类型

经济区	国家机关、党群组织、企事业单位负责人		专业技术人员		公务员、办事人员和有关人员		经商		商贩		餐饮	
	人	%	人	%	人	%	人	%	人	%	人	%
珠三角	24	3.48	1 011	8.35	303	9.24	1 937	6.31	459	4.63	811	4.54
长三角	112	16.23	2 347	19.38	582	17.75	3 030	9.87	1 290	13.02	2 153	12.04
环渤海	161	23.33	2 988	24.67	684	20.87	3 639	11.85	2 359	23.81	3 212	17.97
其他	393	56.96	5 765	47.60	1 709	52.14	22 100	71.97	5 798	58.53	11 701	65.45
合计	690	100	12 111	100	3 278	100	30 706	100	9 906	100	17 877	100

经济区	家政		保洁		保安		装修		其他商业、服务业人员		农、林、牧、渔、水利业生产人员	
	人	%	人	%	人	%	人	%	人	%	人	%
珠三角	29	4.01	122	4.68	159	7.63	213	3.72	1 825	5.68	151	4.14
长三角	138	19.06	432	16.57	297	14.25	767	13.39	4 482	13.95	265	7.26
环渤海	159	21.96	629	24.13	400	19.19	1 028	17.95	6 468	20.14	371	10.16
其他	398	54.97	1 424	54.62	1 228	58.93	3 720	64.94	19 347	60.23	2 864	78.44
合计	724	100	2 607	100	2 084	100	5 728	100	32 122	100	3 651	100

经济区	生产、运输		运输		建筑		其他生产、运输设备操作人员及有关人员		无固定职业		其他		合计	
	人	%	人	%	人	%	人	%	人	%	人	%	人	%
珠三角	4 130	18.67	260	6.01	258	3.35	947	11.14	107	4.10	404	14.34	13 150	7.76
长三角	8 546	38.64	859	19.86	1 176	15.28	2 483	29.21	235	9.00	362	12.85	29 556	17.43
环渤海	3 354	15.17	736	17.01	1 147	14.91	1 315	15.47	332	12.71	572	20.31	29 554	17.43
其他	6 086	27.52	2 471	57.12	5 113	66.45	3 756	44.18	1 938	74.20	1 479	52.50	97 290	57.38
合计	22 116	100	4 326	100	7 694	100	8 501	100	2 612	100	2 817	100	169 550	100

表3-3e 中国分经济区流动人口就业和居住特征数据(2015年)-单位性质

经济区	机关、事业单位		国有及国有控股企业		集体企业		股份/联营企业		个体工商户		私营企业	
	人	%	人	%	人	%	人	%	人	%	人	%
珠三角	176	5.29	299	3.65	96	5.15	370	4.59	4 077	5.92	4 512	9.86
长三角	275	8.26	915	11.18	309	16.57	1 845	22.90	7 959	11.56	12 202	26.65
环渤海	625	18.77	1 624	19.85	673	36.09	1 978	24.55	10 459	15.19	8 831	19.29
其他	2 254	67.69	5 345	65.32	787	42.20	3 864	47.96	46 361	67.33	20 237	44.20
合计	3 330	100	8 183	100	1 865	100	8 057	100	68 856	100	45 782	100

经济区	港澳台独资企业		外商独资企业		中外合资企业		社团/民办组织		其他		无单位		合计	
	人	%	人	%	人	%	人	%	人	%	人	%	人	%
珠三角	1 124	37.50	705	26.95	367	17.53	36	8.04	234	6.63	1 154	5.30	13 150	7.76
长三角	731	24.39	801	30.62	842	40.23	51	11.38	467	13.22	3 159	14.5	29 556	17.43
环渤海	186	6.21	748	28.59	420	20.07	82	18.30	710	20.10	3 218	14.77	29 554	17.43
其他	956	31.90	362	13.84	464	22.17	279	62.28	2 121	60.05	14 260	65.44	97 290	57.38
合计	2 997	100	2 616	100	2 093	100	448	100	3 532	100	21 791	100	169 550	100

表3-3f 中国分经济区流动人口就业和居住特征数据（2015年）-职业身份

经济区	雇员		雇主		自营劳动者		其他		合计	
	人	%	人	%	人	%	人	%	人	%
珠三角	9 068	9.40	955	7.42	2 978	5.19	149	5.40	13 150	7.76
长三角	21 151	21.92	1 673	12.99	6 420	11.18	312	11.32	29 556	17.43
环渤海	18 853	19.53	2 217	17.22	8 111	14.13	373	13.53	29 554	17.43
其他	47 437	49.15	8 031	62.37	39 899	69.50	1 923	69.75	97 290	57.38
合计	96 509	100	12 876	100	57 408	100	2 757	100	169 550	100

表3-3g 中国分经济区流动人口就业和居住特征数据（2015年）-长期居住意愿

经济区	打算		不打算		没想好		合计	
	人	%	人	%	人	%	人	%
珠三角	7 070	5.99	2 153	8.21	5 777	9.37	15 000	7.28
长三角	18 856	15.96	4 650	17.74	10 494	17.02	34 000	16.51
环渤海	21 164	17.92	4 143	15.80	9 691	15.72	34 998	16.99
其他	71 021	60.13	15 271	58.25	35 705	57.90	121 997	59.22
合计	118 111	100	26 217	100	61 667	100	205 995	100

表 3-4a 中国分城市群流动人口就业和居住特征数据（2015年）- 工作状况

城市群	是 人	是 %	否 人	否 %	合计 人	合计 %
京津冀	18 168	10.72	3 030	8.31	21 198	10.29
珠三角	11 761	6.94	1 679	4.61	13 440	6.52
长三角	24 779	14.61	3 981	10.92	28 760	13.96
长江中游城市群	10 456	6.17	1 344	3.69	11 800	5.73
成渝	9 830	5.80	1 650	4.53	11 480	5.57
海峡西岸	7 814	4.61	826	2.27	8 640	4.19
山东半岛	4 569	2.69	711	1.95	5 280	2.56
哈长城市群	4 560	2.69	1 480	4.06	6 040	2.93
辽中南	4 013	2.37	987	2.71	5 000	2.43
中原城市群	3 882	2.29	277	0.76	4 159	2.02
江淮城市群	3 086	1.82	834	2.29	3 920	1.90
关中城市群	3 084	1.82	516	1.42	3 600	1.75
广西北部湾城市群	2 119	1.25	561	1.54	2 680	1.30
太原城市群	2 482	1.46	798	2.19	3 280	1.59
滇中城市群	2 417	1.43	423	1.16	2 840	1.38
黔中城市群	94	0.06	26	0.07	120	0.06
呼包鄂榆	3 419	2.02	1 981	5.44	5 400	2.62
乌昌石城市群	1 538	0.91	502	1.38	2 040	0.99
宁夏沿黄	2 812	1.66	988	2.71	3 800	1.84
其他地区	48 667	28.70	13 851	38.01	62 518	30.35
合计	169 550	100	36 445	100	205 995	100

表 3-4b 中国分城市群流动人口就业和居住特征数据（2015 年）－未工作原因

城市群	丧失劳动能力		退休		料理家务/带孩子		没找到工作		因单位原因失工作		因本人原因失工作	
	人	%	人	%	人	%	人	%	人	%	人	%
京津冀	51	3.91	364	13.62	1285	8.41	275	6.46	34	8.31	115	9.40
珠三角	19	1.45	55	2.06	848	5.55	189	4.44	21	5.13	63	5.15
长三角	89	6.81	383	14.33	1770	11.59	371	8.71	41	10.02	156	12.75
长江中游城市群	25	1.91	19	0.71	652	4.27	95	2.23	10	2.44	50	4.08
成渝	78	5.97	362	13.55	533	3.49	163	3.83	28	6.85	91	7.43
海峡西岸	11	0.84	26	0.97	427	2.80	72	1.69	4	0.98	17	1.39
山东半岛	12	0.92	9	0.34	409	2.68	48	1.13	9	2.20	41	3.35
哈长城市群	64	4.90	156	5.84	467	3.06	272	6.39	21	5.13	75	6.13
辽中南	69	5.28	224	8.38	288	1.89	126	2.96	22	5.38	73	5.96
中原城市群	2	0.15	3	0.11	156	1.02	18	0.42	1	0.24	6	0.49
江淮城市群	14	1.07	7	0.26	524	3.43	46	1.08	5	1.22	19	1.55
关中城市群	7	0.54	7	0.26	214	1.40	49	1.15	13	3.18	17	1.39
广西北部湾城市群	1	0.08	33	1.24	236	1.55	37	0.87	5	1.22	17	1.39
太原城市群	27	2.07	35	1.31	415	2.72	81	1.90	15	3.67	14	1.14
滇中城市群	4	0.31	5	0.19	145	0.95	14	0.33	0	0	4	0.33
黔中城市群	0	0	1	0.04	4	0.03	1	0.02	1	0.24	0	0
呼包鄂榆	112	8.58	46	1.72	1113	7.29	346	8.13	12	2.93	21	1.72
乌昌石城市群	10	0.77	29	1.09	192	1.26	74	1.74	3	0.73	12	0.98
宁夏沿黄	58	4.44	100	3.74	409	2.68	126	2.96	7	1.71	18	1.47
其他地区	653	50.00	808	30.24	5186	33.96	1855	43.57	157	38.39	415	33.91
合计	1306	100	2672	100	15273	100	4258	100	409	100	1224	100

续表

城市群	怀孕或哺乳		临时性停工或季节性歇业		学习培训		其他		合计	
	人	%	人	%	人	%	人	%	人	%
京津冀	207	7.85	241	7.30	195	12.56	263	6.90	3 030	8.31
珠三角	210	7.96	83	2.52	53	3.41	138	3.62	1 679	4.61
长三角	470	17.82	335	10.15	142	9.15	224	5.87	3 981	10.92
长江中游城市群	115	4.36	110	3.33	86	5.54	182	4.77	1 344	3.69
成渝	108	4.09	76	2.30	72	4.64	139	3.65	1 650	4.53
海峡西岸	136	5.16	81	2.45	26	1.68	26	0.68	826	2.27
山东半岛	114	4.32	40	1.21	10	0.64	19	0.50	711	1.95
哈长城市群	48	1.82	179	5.42	69	4.45	129	3.38	1 480	4.06
辽中南	49	1.86	101	3.06	16	1.03	19	0.50	987	2.71
中原城市群	8	0.30	20	0.61	13	0.84	50	1.31	277	0.76
江淮城市群	103	3.90	34	1.03	28	1.80	54	1.42	834	2.29
关中城市群	60	2.27	51	1.55	30	1.93	68	1.78	516	1.42
广西北部湾城市群	83	3.15	28	0.85	33	2.13	88	2.31	561	1.54
太原城市群	72	2.73	59	1.79	22	1.42	58	1.52	798	2.19
滇中城市群	15	0.57	93	2.82	37	2.38	106	2.78	423	1.16
黔中城市群	0	0	1	0.03	3	0.19	15	0.39	26	0.07
呼包鄂榆	63	2.39	160	4.85	46	2.96	62	1.63	1 981	5.44
乌昌石城市群	21	0.80	56	1.70	30	1.93	75	1.97	502	1.38
宁夏沿黄	60	2.27	55	1.67	56	3.61	99	2.60	988	2.71
其他地区	696	26.38	1 497	45.36	585	37.69	1 999	52.43	13 851	38.01
合计	2 638	100	3 300	100	1 552	100	3 813	100	36 445	100

表 3-4c 中国分城市群流动人口就业和居住特征数据（2015 年）-就业行业

城市群	农林牧渔 人	农林牧渔 %	采矿 人	采矿 %	制造 人	制造 %	电煤水热生产供应 人	电煤水热生产供应 %	建筑 人	建筑 %	批发零售 人	批发零售 %	交通运输仓储邮政 人	交通运输仓储邮政 %	住宿餐饮 人	住宿餐饮 %
京津冀	234	5.43	150	6.68	3 216	9.61	84	9.53	1 370	10.82	3 960	9.10	667	10.75	2 620	11.09
珠三角	146	3.39	3	0.13	5 504	16.44	30	3.41	381	3.01	2 312	5.31	338	5.45	958	4.05
长三角	291	6.75	37	1.65	10 463	31.25	54	6.13	1 774	14.02	3 966	9.12	1 039	16.75	2 395	10.13
长江中游城市群	67	1.55	85	3.78	1 219	3.64	24	2.72	554	4.38	3 565	8.19	221	3.56	1 941	8.21
成渝	48	1.11	40	1.78	1 243	3.71	60	6.81	705	5.57	2 600	5.98	345	5.56	1 412	5.97
海峡西岸	26	0.60	2	0.09	3 560	10.63	35	3.97	567	4.48	1 340	3.08	198	3.19	822	3.48
山东半岛	63	1.46	18	0.80	958	2.86	12	1.36	200	1.58	1 351	3.11	201	3.24	649	2.75
哈长城市群	64	1.48	57	2.54	295	0.88	15	1.70	243	1.92	1 301	2.99	261	4.21	841	3.56
辽中南	99	2.30	29	1.29	928	2.77	10	1.14	227	1.79	1 074	2.47	158	2.55	572	2.42
中原城市群	9	0.21	4	0.18	385	1.15	1	0.11	80	0.63	1 542	3.54	53	0.85	815	3.45
江淮城市群	32	0.74	35	1.56	542	1.62	19	2.16	272	2.15	838	1.93	162	2.61	427	1.81
关中城市群	5	0.12	106	4.72	179	0.53	13	1.48	255	2.01	791	1.82	76	1.23	811	3.43
广西北部湾城市群	114	2.65	0	0	162	0.48	13	1.48	226	1.79	570	1.31	135	2.18	231	0.98
太原城市群	9	0.21	237	10.55	114	0.34	34	3.86	172	1.36	896	2.06	64	1.03	371	1.57
滇中城市群	11	0.26	55	2.45	120	0.36	5	0.57	242	1.91	807	1.85	73	1.18	458	1.94
黔中城市群	2	0.05	27	1.20	0	0	0	0	3	0.02	50	0.11	0	0	3	0.01
呼包鄂榆	45	1.04	193	8.59	193	0.58	59	6.70	407	3.22	770	1.77	245	3.95	417	1.76
乌昌石	14	0.32	6	0.27	67	0.20	17	1.93	167	1.32	451	1.04	69	1.11	252	1.07
宁夏沿黄	575	13.34	79	3.52	218	0.65	78	8.85	300	2.37	622	1.43	116	1.87	284	1.20
其他地区	2 456	56.98	1 084	48.24	4 112	12.28	318	36.10	4 511	35.64	14 700	33.79	1 782	28.73	7 356	31.12
合计	4 310	100	2 247	100	33 478	100	881	100	12 656	100	43 506	100	6 203	100	23 635	100

续表

城市群	信息传输、软件和信息技术服务		金融		房地产		租赁和商务服务		科研和技术服务		水利、环境和公共设施管理		居民服务、修理和其他服务业	
	人	%	人	%	人	%	人	%	人	%	人	%	人	%
京津冀	809	23.41	240	18.03	210	14.06	180	14.15	318	27.20	88	15.60	3 140	11.89
珠三角	263	7.61	63	4.73	75	5.02	91	7.15	83	7.10	30	5.32	1 052	3.98
长三角	599	17.33	188	14.12	167	11.18	162	12.74	211	18.05	65	11.52	2 699	10.22
长江中游城市群	178	5.15	46	3.46	114	7.63	81	6.37	50	4.28	31	5.50	1 853	7.02
成渝	191	5.53	115	8.64	130	8.70	71	5.58	52	4.45	46	8.16	2 029	7.68
海峡西岸	92	2.66	36	2.70	50	3.35	19	1.49	31	2.65	13	2.30	778	2.95
山东半岛	110	3.18	49	3.68	45	3.01	60	4.72	38	3.25	27	4.79	614	2.32
哈长城市群	67	1.94	40	3.01	49	3.28	21	1.65	21	1.80	15	2.66	1 060	4.01
辽中南	71	2.05	34	2.55	31	2.07	22	1.73	20	1.71	32	5.67	567	2.15
中原城市群	40	1.16	20	1.50	15	1.00	24	1.89	10	0.86	4	0.71	769	2.91
江淮城市群	87	2.52	28	2.10	29	1.94	27	2.12	32	2.74	12	2.13	406	1.54
关中城市群	60	1.74	29	2.18	36	2.41	15	1.18	28	2.40	7	1.24	563	2.13
广西北部湾城市群	67	1.94	28	2.10	34	2.28	36	2.83	26	2.22	3	0.53	326	1.23
太原城市群	45	1.30	17	1.28	20	1.34	5	0.39	10	0.86	19	3.37	376	1.42
滇中城市群	41	1.19	7	0.53	15	1.00	4	0.31	4	0.34	1	0.18	482	1.83
黔中城市群	2	0.06	0	0	0	0	1	0.08	0	0	0	0	2	0.01
呼包鄂榆	74	2.14	29	2.18	16	1.07	12	0.94	13	1.11	17	3.01	729	2.76
乌昌石城市群	37	1.07	15	1.13	16	1.07	16	1.26	12	1.03	8	1.42	296	1.12
宁夏沿黄	41	1.19	19	1.43	15	1.00	17	1.34	10	0.86	9	1.60	348	1.32
其他地区	582	16.84	328	24.64	427	28.58	408	32.08	200	17.11	137	24.29	8 321	31.51
合计	3 456	100	1 331	100	1 494	100	1 272	100	1 169	100	564	100	26 410	100

续表

城市群	教育 人	教育 %	卫生和社会工作 人	卫生和社会工作 %	文体和娱乐 人	文体和娱乐 %	公共管理、社会保障和社会组织 人	公共管理、社会保障和社会组织 %	国际组织 人	国际组织 %	合计 人	合计 %
京津冀	268	13.08	296	12.53	234	16.02	78	7.40	6	50.00	18 168	10.72
珠三角	163	7.96	114	4.83	79	5.41	76	7.21	0	0	11 761	6.94
长三角	161	7.86	207	8.76	220	15.06	78	7.40	3	25.00	24 779	14.61
长江中游城市群	133	6.49	134	5.67	109	7.46	51	4.84	0	0	10 456	6.17
成渝	242	11.81	273	11.56	91	6.23	137	13.00	0	0	9 830	5.80
海峡西岸	72	3.51	67	2.84	83	5.68	23	2.18	0	0	7 814	4.61
山东半岛	61	2.98	69	2.92	28	1.92	16	1.52	0	0	4 569	2.69
哈长城市群	72	3.51	75	3.18	33	2.26	30	2.85	0	0	4 560	2.69
辽中南	54	2.64	45	1.91	27	1.85	13	1.23	0	0	4 013	2.37
中原城市群	51	2.49	30	1.27	21	1.44	9	0.85	0	0	3 882	2.29
江淮城市群	51	2.49	35	1.48	38	2.60	14	1.33	0	0	3 086	1.82
关中城市群	24	1.17	49	2.07	16	1.10	21	1.99	0	0	3 084	1.82
广西北部湾城市群	53	2.59	55	2.33	22	1.51	17	1.61	1	8.33	2 119	1.25
太原城市群	29	1.42	26	1.10	17	1.16	21	1.99	0	0	2 482	1.46
滇中城市群	25	1.22	19	0.80	26	1.78	22	2.09	0	0	2 417	1.43
黔中城市群	1	0.05	2	0.08	0	0	1	0.09	0	0	94	0.06
呼包鄂榆	58	2.83	78	3.30	21	1.44	43	4.08	0	0	3 419	2.02
乌昌石城市群	27	1.32	34	1.44	11	0.75	23	2.18	0	0	1 538	0.91
宁夏沿黄	15	0.73	35	1.48	12	0.82	19	1.80	0	0	2 812	1.66
其他地区	489	23.87	719	30.44	373	25.53	362	34.35	2	16.67	48 667	28.70
合计	2 049	100	2 362	100	1 461	100	1 054	100	12	100	169 550	100

表3-4d 中国分城市群流动人口就业和居住特征数据（2015年）-职业类型

城市群	国家机关党群组织企事业单位负责人		专业技术人员		公务员办事人员和有关人员		经商		商贩		餐饮	
	人	%	人	%	人	%	人	%	人	%	人	%
京津冀	132	19.13	2 056	16.98	417	12.72	2 067	6.73	1 622	16.37	2 049	11.46
珠三角	24	3.48	879	7.26	280	8.54	1 724	5.61	424	4.28	726	4.06
长三角	99	14.35	2 108	17.41	535	16.32	2 401	7.82	1 119	11.30	1 727	9.66
长江中游城市群	31	4.49	590	4.87	114	3.48	3 298	10.74	518	5.23	1 413	7.90
成渝	39	5.65	861	7.11	287	8.76	1 349	4.39	817	8.25	939	5.25
海峡西岸	15	2.17	372	3.07	226	6.89	831	2.71	377	3.81	546	3.05
山东半岛	12	1.74	355	2.93	100	3.05	778	2.53	249	2.51	446	2.49
哈长城市群	13	1.88	295	2.44	57	1.74	657	2.14	269	2.72	600	3.36
辽中南	5	0.72	364	3.01	105	3.20	371	1.21	303	3.06	289	1.62
中原城市群	8	1.16	160	1.32	18	0.55	1 017	3.31	265	2.68	657	3.68
江淮城市群	17	2.46	302	2.49	88	2.68	514	1.67	182	1.84	333	1.86
关中城市群	16	2.32	266	2.20	45	1.37	513	1.67	253	2.55	714	3.99
广西北部湾城市群	11	1.59	169	1.40	55	1.68	341	1.11	144	1.45	171	0.96
太原城市群	6	0.87	201	1.66	68	2.07	732	2.38	99	1.00	289	1.62
滇中城市群	12	1.74	99	0.82	13	0.40	692	2.25	125	1.26	351	1.96
黔中城市群	0	0	4	0.03	2	0.06	53	0.17	1	0.01	3	0.02
呼包鄂榆	13	1.88	304	2.51	83	2.53	466	1.52	134	1.35	382	2.14
乌昌石城市群	13	1.88	106	0.88	31	0.95	277	0.90	0103	1.04	186	1.04
宁夏沿黄	10	1.45	116	0.96	34	1.04	396	1.29	142	1.43	250	1.40
其他地区	214	31.01	2 504	20.68	720	21.96	12 229	39.83	2 760	27.86	5 806	32.48
合计	690	100	12 111	100	3 278	100	30 706	100	9 906	100	17 877	100

续表

城市群	家政 人	家政 %	保洁 人	保洁 %	保安 人	保安 %	装修 人	装修 %	其他商业、服务业人员 人	其他商业、服务业人员 %	农、林、牧、渔、水利业生产人员 人	农、林、牧、渔、水利业生产人员 %
京津冀	118	16.30	429	16.46	286	13.72	686	11.98	3 568	11.11	203	5.56
珠三角	27	3.73	101	3.87	148	7.10	188	3.28	1 635	5.09	132	3.62
长三角	131	18.09	365	14.00	257	12.33	691	12.06	3 833	11.93	241	6.6
长江中游城市群	33	4.56	130	4.99	95	4.56	324	5.66	2 103	6.55	58	1.59
成渝	59	8.15	191	7.33	241	11.56	328	5.73	2 670	8.31	36	0.99
海峡西岸	23	3.18	100	3.84	77	3.69	175	3.06	1 208	3.76	19	0.52
山东半岛	7	0.97	63	2.42	23	1.10	104	1.82	1 251	3.89	56	1.53
哈长城市群	47	6.49	168	6.44	101	4.85	167	2.92	1 347	4.19	56	1.53
辽中南	26	3.59	106	4.07	65	3.12	134	2.34	1 090	3.39	102	2.79
中原城市群	10	1.38	27	1.04	47	2.26	80	1.40	1 075	3.35	8	0.22
江淮城市群	7	0.97	28	1.07	12	0.58	145	2.53	684	2.13	27	0.74
关中城市群	16	2.21	33	1.27	56	2.69	144	2.51	615	1.91	5	0.14
广西北部湾城市群	9	1.24	22	0.84	32	1.54	121	2.11	453	1.41	82	2.25
太原城市群	2	0.28	35	1.34	15	0.72	77	1.34	459	1.43	6	0.16
滇中城市群	6	0.83	22	0.84	30	1.44	112	1.96	536	1.67	13	0.36
黔中城市群	0	0	0	0	0	0	2	0.03	1	0	2	0.05
呼包鄂榆	20	2.76	114	4.37	35	1.68	175	3.06	695	2.16	38	1.04
乌昌石城市群	5	0.69	27	1.04	29	1.39	71	1.24	347	1.08	9	0.25
宁夏沿黄	6	0.83	53	2.03	26	1.25	84	1.47	393	1.22	555	15.20
其他地区	172	23.76	593	22.75	509	24.42	1 920	33.52	8 159	25.40	2 003	54.86
合计	724	100	2 607	100	2 084	100	5 728	100	32 122	100	3 651	100

续表

城市群	生产 人	生产 %	运输 人	运输 %	建筑 人	建筑 %	其他生产、运输设备操作人员及有关人员 人	其他生产、运输设备操作人员及有关人员 %	无固定职业 人	无固定职业 %	其他 人	其他 %	合计 人	合计 %
京津冀	1 947	8.80	405	9.36	752	9.77	733	8.62	209	8.00	489	17.36	18 168	10.72
珠三角	3 700	16.73	241	5.57	188	2.44	899	10.58	78	2.99	367	13.03	11 761	6.94
长三角	7 052	31.89	773	17.87	982	12.76	1 979	23.28	201	7.70	285	10.12	24 779	14.61
长江中游城市群	726	3.28	151	3.49	348	4.52	272	3.20	63	2.41	189	6.71	10 456	6.17
成渝	787	3.56	221	5.11	374	4.86	401	4.72	83	3.18	147	5.22	9 830	5.80
海峡西岸	2 541	11.49	151	3.49	361	4.69	686	8.07	43	1.65	63	2.24	7 814	4.61
山东半岛	600	2.71	122	2.82	110	1.43	237	2.79	34	1.30	22	0.78	4 569	2.69
哈长城市群	163	0.74	184	4.25	137	1.78	116	1.36	135	5.17	48	1.70	4 560	2.69
辽中南	516	2.33	123	2.84	119	1.55	233	2.74	59	2.26	3	0.11	4 013	2.37
中原城市群	311	1.41	40	0.92	50	0.65	54	0.64	39	1.49	16	0.57	3 882	2.29
江淮城市群	271	1.23	130	3.01	111	1.44	168	1.98	27	1.03	40	1.42	3 086	1.82
关中城市群	92	0.42	55	1.27	140	1.82	67	0.79	33	1.26	21	0.75	3 084	1.82
广西北部湾城市群	59	0.27	93	2.15	111	1.44	100	1.18	44	1.68	102	3.62	2 119	1.25
太原城市群	178	0.80	47	1.09	124	1.61	119	1.40	7	0.27	18	0.64	2 482	1.46
滇中城市群	81	0.37	37	0.86	153	1.99	57	0.67	44	1.68	34	1.21	2 417	1.43
黔中城市群	19	0.09	0	0	0	0	1	0.01	1	0.04	5	0.18	94	0.06
呼包鄂榆	73	0.33	191	4.42	251	3.26	267	3.14	164	6.28	14	0.50	3 419	2.02
乌昌石奎输	28	0.13	40	0.92	98	1.27	48	0.56	70	2.68	50	1.77	1 538	0.91
宁夏沿黄	147	0.66	89	2.06	226	2.94	191	2.25	78	2.99	16	0.57	2 812	1.66
其他地区	2 825	12.77	1 233	28.50	3 059	39.76	1 873	22.03	1 200	45.94	888	31.52	48 667	28.70
合计	22 116	100	4 326	100	7 694	100	8 501	100	2 612	100	2 817	100	169 550	100

表 3-4e 中国分城市群流动人口就业和居住特征数据（2015 年）-单位性质

城市群	机关、事业单位 人	%	国有及国有控股企业 人	%	集体企业 人	%	股份/联营企业 人	%	个体工商户 人	%	私营企业 人	%
京津冀	367	11.02	975	11.91	521	27.94	1 226	15.22	6 277	9.12	5 698	12.45
珠三角	145	4.35	245	2.99	81	4.34	290	3.60	3 569	5.18	4 125	9.01
长三角	222	6.67	778	9.51	283	15.17	1 639	20.34	6 339	9.21	10 139	22.15
长江中游城市群	174	5.23	246	3.01	47	2.52	478	5.93	6 373	9.26	2 020	4.41
成渝	393	11.8	571	6.98	51	2.73	570	7.07	3 744	5.44	2 884	6.30
海峡西岸	62	1.86	232	2.84	27	1.45	304	3.77	2 101	3.05	3 207	7.00
山东半岛	81	2.43	256	3.13	77	4.13	286	3.55	1 676	2.43	1 288	2.81
哈长城市群	123	3.69	171	2.09	37	1.98	261	3.24	1 980	2.88	1 099	2.40
辽中南	88	2.64	175	2.14	27	1.45	318	3.95	1 233	1.79	1 208	2.64
中原城市群	31	0.93	51	0.62	11	0.59	83	1.03	2 488	3.61	601	1.31
江淮城市群	83	2.49	227	2.77	11	0.59	150	1.86	1 096	1.59	870	1.90
关中城市群	45	1.35	253	3.09	58	3.11	124	1.54	1 415	2.06	616	1.35
广西北部湾跨城市群	48	1.44	94	1.15	30	1.61	140	1.74	701	1.02	568	1.24
太原城市群	57	1.71	269	3.29	12	0.64	137	1.70	1 145	1.66	432	0.94
滇中城市群	40	1.20	124	1.52	16	0.86	57	0.71	1 462	2.12	300	0.66
黔中城市群	3	0.09	0	0	0	0	0	0	58	0.08	29	0.06
呼包鄂榆	134	4.02	273	3.34	13	0.70	147	1.82	1 239	1.80	728	1.59
乌昌石城市群	67	2.01	63	0.77	22	1.18	39	0.48	719	1.04	303	0.66
宁夏沿黄	54	1.62	268	3.28	43	2.31	162	2.01	977	1.42	470	1.03
其他地区	1 113	33.42	2 912	35.59	498	26.70	1 646	20.43	24 264	35.24	9 197	20.09
合计	3 330	100	8 183	100	1 865	100	8 057	100	68 856	100	45 782	100

续表

城市群	港澳合独资企业 人	%	外商独资企业 人	%	中外合资企业 人	%	社团/民办组织 人	%	其他 人	%	无单位 人	%	合计 人	%
京津冀	132	4.40	391	14.95	264	12.61	39	8.71	607	17.19	1671	7.67	18168	10.72
珠三角	1059	35.34	663	25.34	365	17.44	30	6.70	179	5.07	1010	4.63	11761	6.94
长三角	731	24.39	793	30.31	825	39.42	44	9.82	357	10.11	2629	12.06	24779	14.61
长江中游城市群	118	3.94	33	1.26	27	1.29	16	3.57	162	4.59	762	3.50	10456	6.17
成渝	55	1.84	59	2.26	78	3.73	62	13.84	183	5.18	1180	5.42	9830	5.80
海峡西岸	364	12.15	162	6.19	148	7.07	16	3.57	131	3.71	1060	4.86	7814	4.61
山东半岛	49	1.63	182	6.96	94	4.49	12	2.68	20	0.57	548	2.51	4569	2.69
哈长城市群	0	0	13	0.50	37	1.77	15	3.35	83	2.35	741	3.40	4560	2.69
辽中南	4	0.13	172	6.57	58	2.77	22	4.91	15	0.42	693	3.18	4013	2.37
中原城市群	248	8.27	7	0.27	18	0.86	21	4.69	27	0.76	296	1.36	3882	2.29
江淮城市群	16	0.53	30	1.15	36	1.72	3	0.67	54	1.53	510	2.34	3086	1.82
关中城市群	0	0	3	0.11	6	0.29	13	2.90	70	1.98	481	2.21	3084	1.82
广西北部湾城市群	46	1.53	5	0.19	47	2.25	33	7.37	118	3.34	289	1.33	2119	1.25
太原城市群	7	0.23	1	0.04	6	0.29	1	0.22	23	0.65	392	1.80	2482	1.46
滇中城市群	0	0	0	0	8	0.38	1	0.22	61	1.73	348	1.60	2417	1.43
黔中城市群	0	0	0	0	0	0	0	0	1	0.03	3	0.01	94	0.06
呼包鄂榆	1	0.03	4	0.15	4	0.19	6	1.34	32	0.91	838	3.85	3419	2.02
乌昌石城市群	0	0	4	0.15	10	0.48	3	0.67	24	0.68	284	1.30	1538	0.91
宁夏沿黄	1	0.03	1	0.04	2	0.10	2	0.45	57	1.61	775	3.56	2812	1.66
其他地区	166	5.54	93	3.56	60	2.87	109	24.33	1328	37.60	7281	33.41	48667	28.70
合计	2997	100	2616	100	2093	100	448	100	3532	100	21791	100	169550	100

表 3-4f 中国分城市群流动人口就业和居住特征数据（2015 年）- 职业身份

城市群	雇员		雇主		自营劳动者		其他		合计	
	人	%	人	%	人	%	人	%	人	%
京津冀	11 589	12.01	1 262	9.80	5 047	8.79	270	9.79	18 168	10.72
珠三角	8 129	8.42	838	6.51	2 667	4.65	127	4.61	11 761	6.94
长三角	17 869	18.52	1 478	11.48	5 170	9.01	262	9.50	24 779	14.61
长江中游城市群	4 454	4.62	727	5.65	5 110	8.90	165	5.98	10 456	6.17
成渝	6 242	6.47	745	5.79	2 701	4.70	142	5.15	9 830	5.80
海峡西岸	5 456	5.65	279	2.17	2 016	3.51	63	2.29	7 814	4.61
山东半岛	2 971	3.08	453	3.52	1 128	1.96	17	0.62	4 569	2.69
哈长城市群	2 729	2.83	443	3.44	1 292	2.25	96	3.48	4 560	2.69
辽中南	2 740	2.84	236	1.83	1 007	1.75	30	1.09	4 013	2.37
中原城市群	1 930	2.00	293	2.28	1 637	2.85	22	0.80	3 882	2.29
江淮城市群	1 628	1.69	234	1.82	1 190	2.07	34	1.23	3 086	1.82
关中城市群	1 566	1.62	329	2.56	1 151	2.00	38	1.38	3 084	1.82
广西北部湾城市群	1 301	1.35	138	1.07	611	1.06	69	2.50	2 119	1.25
太原城市群	1 128	1.17	298	2.31	1 038	1.81	18	0.65	2 482	1.46
滇中城市群	972	1.01	309	2.40	1 071	1.87	65	2.36	2 417	1.43
黔中城市群	33	0.03	9	0.07	50	0.09	2	0.07	94	0.06
呼包鄂榆	1 795	1.86	140	1.09	1 452	2.53	32	1.16	3 419	2.02
乌昌石城市群	777	0.81	163	1.27	526	0.92	72	2.61	1 538	0.91
宁夏沿黄	1 247	1.29	160	1.24	1 360	2.37	45	1.63	2 812	1.66
其他地区	21 953	22.75	4 342	33.72	21 184	36.90	1 188	43.09	48 667	28.70
合计	96 509	100	12 876	100	57 408	100	2 757	100	169 550	100

表 3-4g 中国分城市群流动人口就业和居住特征数据（2015年）-长期居住意愿

城市群	打算		不打算		没想好		合计	
	人	%	人	%	人	%	人	%
京津冀	11 759	9.96	2 707	10.33	6 732	10.92	21 198	10.29
珠三角	6 376	5.40	1 911	7.29	5 153	8.36	13 440	6.52
长三角	16 282	13.79	3 763	14.35	8 715	14.13	28 760	13.96
长江中游城市群	6 225	5.27	1 507	5.75	4 068	6.60	11 800	5.73
成渝	7 269	6.15	1 264	4.82	2 947	4.78	11 480	5.57
海峡西岸	3 932	3.33	1 495	5.70	3 213	5.21	8 640	4.19
山东半岛	4 003	3.39	374	1.43	903	1.46	5 280	2.56
哈长城市群	3 915	3.31	404	1.54	1 721	2.79	6 040	2.93
辽中南	3 419	2.89	507	1.93	1 074	1.74	5 000	2.43
中原城市群	2 298	1.95	491	1.87	1 370	2.22	4 159	2.02
江淮城市群	2 796	2.37	357	1.36	767	1.24	3 920	1.90
关中城市群	1 723	1.46	583	2.22	1 294	2.10	3 600	1.75
广西北部湾城市群	1 474	1.25	285	1.09	921	1.49	2 680	1.30
太原城市群	2 092	1.77	400	1.53	788	1.28	3 280	1.59
滇中城市群	1 525	1.29	403	1.54	912	1.48	2 840	1.38
黔中城市群	39	0.03	15	0.06	66	0.11	120	0.06
呼包鄂榆	3 425	2.90	534	2.04	1 441	2.34	5 400	2.62
乌昌石城市群	1 333	1.13	161	0.61	546	0.89	2 040	0.99
宁夏沿黄	2 759	2.34	322	1.23	719	1.17	3 800	1.84
其他地区	35 467	30.03	8 734	33.31	18 317	29.70	62 518	30.35
合计	118 111	100	26 217	100	61 667	100	205 995	100

表 3-5a 中国分特殊地区流动人口就业和居住特征数据（2015年）-工作状况

特殊地区	是		否		合计	
	人	%	人	%	人	%
生态脆弱地区	1340	62.04	820	37.96	2160	100
陆地边境区	717	64.02	403	35.98	1120	100
少数民族区	1780	63.57	1020	36.43	2800	100

表 3-5b 中国分特殊地区流动人口就业和居住特征数据（2015年）-未工作原因

特殊地区	丧失劳动能力		退休		料理家务/带孩子		没找到工作		因单位原因失工作		因本人原因失工作	
	人	%	人	%	人	%	人	%	人	%	人	%
生态脆弱地区	24	2.93	6	0.73	317	38.66	71	8.66	2	0.24	17	2.07
陆地边境区	47	11.66	48	11.91	106	26.30	34	8.44	15	3.72	26	6.45
少数民族区	55	5.39	45	4.41	381	37.35	73	7.16	6	0.59	30	2.94

特殊地区	怀孕或哺乳		临时性停工或季节性歇业		学习培训		其他		合计	
	人	%	人	%	人	%	人	%	人	%
生态脆弱地区	9	1.10	74	9.02	38	4.63	262	31.95	820	100
陆地边境区	18	4.47	68	16.87	20	4.96	21	5.21	403	100
少数民族区	22	2.16	87	8.53	49	4.80	272	26.67	1020	100

表3-5c 中国分特殊地区流动人口就业和居住特征数据（2015年）-就业行业

特殊地区	农林牧渔		采矿		制造		房地产		电煤水生产供应		建筑		批发零售		交通运输、仓储邮政		住宿餐饮	
	人	%	人	%	人	%	人	%	人	%	人	%	人	%	人	%	人	%
生态脆弱地区	37	2.76	75	5.60	73	5.45	7	0.52	9	0.67	136	10.15	457	34.10	91	6.79	133	9.93
陆地边境区	80	11.16	16	2.23	16	2.23	5	0.70	4	0.56	41	5.72	206	28.73	48	6.69	99	13.81
少数民族区	119	6.69	71	3.99	88	4.94	12	0.67	13	0.73	164	9.21	537	30.17	126	7.08	204	11.46

特殊地区	信息传输、软件和信息技术服务		金融		租赁和商务服务		科研和技术服务		水利、环境和公共设施管理		居民服务、修理和其他服务业	
	人	%	人	%	人	%	人	%	人	%	人	%
生态脆弱地区	24	1.79	3	0.22	10	0.75	2	0.15	2	0.15	253	18.88
陆地边境区	7	0.98	6	0.84	2	0.28	4	0.56	4	0.56	143	19.94
少数民族区	26	1.46	7	0.39	10	0.56	6	0.34	6	0.34	347	19.49

特殊地区	教育		卫生和社会工作		文体和娱乐		公共管理、社会保障和社会组织		国际组织		合计	
	人	%	人	%	人	%	人	%	人	%	人	%
生态脆弱地区	5	0.37	11	0.82	7	0.52	5	0.37	0	0	1340	100
陆地边境区	15	2.09	13	1.81	2	0.28	6	0.84	0	0	717	100
少数民族区	11	0.62	15	0.84	9	0.51	9	0.51	0	0	1780	100

表 3-5d 中国分特殊地区流动人口就业和居住特征数据（2015年）－职业类型

特殊地区	国家机关、党群组织、企业事业单位负责人		专业技术人员		公务员、办事人员和有关人员		经商		商贩		餐饮	
	人	%	人	%	人	%	人	%	人	%	人	%
生态脆弱地区	18	1.34	43	3.21	7	0.52	400	29.85	64	4.78	111	8.28
陆地边境区	3	0.42	18	2.51	14	1.95	153	21.34	32	4.46	82	11.44
少数民族区	20	1.12	57	3.2	12	0.67	438	24.61	87	4.89	169	9.49

特殊地区	家政		保洁		保安		装修		建筑		农、林、牧、渔、水利业生产人员	
	人	%	人	%	人	%	人	%	人	%	人	%
生态脆弱地区	0	0	10	0.75	9	0.67	25	1.87	98	7.31	32	2.39
陆地边境区	3	0.42	11	1.53	5	0.70	28	3.91	26	3.63	74	10.32
少数民族区	4	0.22	20	1.12	12	0.67	46	2.58	114	6.40	113	6.35

特殊地区	生产、运输设备操作人员及有关人员		其他生产、运输设备操作人员及有关人员		其他商业、服务业人员		无固定职业		其他		合计	
	人	%	人	%	人	%	人	%	人	%	人	%
生态脆弱地区	44	3.28	68	5.07	114	8.51	110	8.21	35	2.61	1340	100
陆地边境区	16	2.23	26	3.63	25	3.49	48	6.69	3	0.42	717	100
少数民族区	39	2.19	90	5.06	139	7.81	122	6.85	38	2.13	1780	100

表3-5e 中国分特殊地区流动人口就业和居住特征数据(2015年)-单位性质

特殊地区	机关、事业单位		国有及国有控股企业		集体企业		股份/联营企业		个体工商户		私营企业	
	人	%	人	%	人	%	人	%	人	%	人	%
生态脆弱地区	23	1.72	56	4.18	1	0.07	27	2.01	604	45.07	232	17.31
陆地边境区	22	3.07	16	2.23	3	0.42	24	3.35	357	49.79	103	14.37
少数民族区	34	1.91	66	3.71	4	0.22	46	2.58	797	44.78	298	16.74

特殊地区	港澳台独资企业		外商独资企业		中外合资企业		社团/民办组织		其他		无单位		合计	
	人	%	人	%	人	%	人	%	人	%	人	%	人	%
生态脆弱地区	0	0	1	0.07	0	0	2	0.15	61	4.55	333	24.85	1340	100
陆地边境区	0	0	1	0.14	0	0	1	0.14	1	0.14	189	26.36	717	100
少数民族区	0	0	2	0.11	0	0	3	0.17	62	3.48	468	26.29	1780	100

表 3-5f 中国分特殊地区流动人口就业和居住特征数据（2015 年）－职业身份

特殊地区	雇员		雇主		自营劳动者		其他		合计	
	人	%	人	%	人	%	人	%	人	%
生态脆弱地区	544	40.60	87	6.49	662	49.4	47	3.51	1 340	100
陆地边境区	334	46.58	55	7.67	300	41.84	28	3.91	717	100
少数民族区	763	42.87	90	5.06	877	49.27	50	2.81	1 780	100

表 3-5g 中国分特殊地区流动人口就业和居住特征数据（2015 年）－长期居住意愿

特殊地区	打算		不打算		没想好		合计	
	人	%	人	%	人	%	人	%
生态脆弱地区	1 067	49.40	382	17.69	711	32.92	2 160	100
陆地边境区	880	78.57	75	6.70	165	14.73	1 120	100
少数民族区	1 641	58.61	423	15.11	736	26.29	2 800	100

四、家庭成员与收支特征

表4 中国流动人口家庭成员与收支特征数据(2015年) − 数据文档

项目	内容
1 数据集名称	中国流动人口家庭成员与收支特征数据(2015年)
2 数据集内容说明	
2.1 数据集内容一般描述	a. 数据内容(数据文件/表名称,包含的观测指标内容): 　　数据来源于国家卫生计生委2015年流动人口动态监测调查数据,后期使用STATA统计软件进行加工处理,生成Excel属性数据表。数据反映了2015年中国分省、分地区、分经济区、分城市群、分特殊地区流动人口家庭成员与收支特征,包括:家庭成员数量、家庭成员现居住地、家庭本地食物支出、家庭本地房租支出、家庭本地月均支出、家庭本地月均收入在各数量区间的人数和列百分比分布等指标各分类区间的人数和列百分比分布(分特殊地区计算行百分比)。 b. 建设目的: 　　为相关研究人员提供基础统计数据。 c. 服务对象: 　　面向科研,主要用于流动人口相关科学研究。 d. 数据的时间范围: 　　2015年。 e. 数据的空间范围: 　　分省包括中国31个省(区、市)及新疆生产建设兵团。 样本中所包含的各省如下: 北京市、天津市、河北省、山西省、内蒙古自治区、辽宁省、吉林省、黑龙江省、上海市、江苏省、浙江省、安徽省、福建省、江西省、山东省、河南省、湖北省、湖南省、广东省、广西壮族自治区、海南省、重庆市、四川省、贵州省、云南省、西藏自治区、陕西省、甘肃省、青海省、宁夏回族自治区、新疆维吾尔自治区、新疆生产建设兵团。 分地区包括东北地区、东部地区、中部地区和西部地区。 东北地区:黑龙江省、吉林省、辽宁省。 东部地区:北京市、天津市、上海市、河北省、山东省、江苏省、浙江省、福建省、广东省、海南省。 中部地区:山西省、河南省、湖北省、安徽省、湖南省、江西省。 西部地区:内蒙古自治区、新疆维吾尔自治区、宁夏回族自治区、陕西省、甘肃省、青海省、重庆市、四川省、西藏自治区、广西壮族自治区、贵州省、云南省。 分经济区包括:珠三角地区、长三角地区、环渤海地区、其他地区。 珠三角地区:广东省。 长三角地区:上海市、江苏省和浙江省。 环渤海地区:北京市、天津市、河北省、辽宁省、山东省。 分城市群包括中国19个城市群: 京津冀:北京、天津、石家庄、保定、廊坊、唐山、秦皇岛、沧州。

项目	内容
	珠三角:广州、深圳、珠海、佛山、东莞、中山、江门、惠州、肇庆。 长三角:上海、南京、苏州、无锡、常州、镇江、扬州、泰州、南通、杭州、宁波、嘉兴、湖州、绍兴、台州、舟山。 长江中游城市群:武汉、长沙、南昌、黄石、黄冈、鄂州、孝感、咸宁、仙桃、潜江、天门、株洲、湘潭、衡阳、岳阳、益阳、常德娄底、九江、景德镇、鹰潭、新余、抚州、宜春、萍乡。 成渝:重庆、成都、德阳、绵阳、眉山、资阳、乐山、自贡、泸州、内江、宜宾。 海峡西岸:福州、厦门、泉州、漳州、福田、宁德、汕头、潮州、揭阳、汕尾、温州。 山东半岛:济南、青岛、淄博、东营、烟台、潍坊、威海、日照、聊城。 哈长城市群:哈尔滨、齐齐哈尔、大庆、牡丹江、绥化、长春、吉林、四平、辽源、松原。 辽中南:沈阳、大连、鞍山、抚顺、本溪、丹东、锦州、营口、辽阳、盘锦、铁岭、葫芦岛。 中原城市群:郑州、开封、洛阳、许昌、新乡、焦作、平顶山、漯河、济源。 江淮城市群:合肥、芜湖、蚌埠、淮南、马鞍山、铜陵、安庆、池州、滁州、宣城。 关中城市群:西安、铜川、宝鸡、咸阳、渭南、商洛。 广西北部湾城市群:南宁、北海、钦州、防城港。 太原城市群:太原、阳泉、晋中、忻州、长治、临汾、孝义、汾阳。 滇中城市群:昆明、曲靖、玉溪、楚雄。 黔中城市群:贵阳、遵义、安顺、毕节、都匀、凯里。 呼包鄂榆:呼和浩特、包头、鄂尔多斯、乌兰察布、巴彦淖尔、乌海、榆林。 乌昌石城市群:乌鲁木齐、石河子、昌吉、五家渠。 宁夏沿黄:银川、石嘴山、吴忠、中卫。 分特殊地区包括:生态脆弱区、陆地边境区、少数民族区。 生态脆弱区:阿克苏市、宣威市、格尔木市、大方县、鄂托克旗、孙吴县、隆林各族自治县、黔西县、临洮县。 陆地边境区:二连浩特市、延吉市、珲春市、龙井市、浑江区、孙吴县、东宁县、密山市、萝北县、饶河县、漠河县、呼玛县。 少数民族区:鄂托克旗、延吉市、珲春市、龙井市、隆林各族自治县、盐边县、共和县、格尔木市、阿克苏市。 f. 数据的学科范围: 　人口学、公共政策范畴。 g. 数据类型(文献、属性、矢量、栅格、文本等): 　Excel 属性数据。 h. 数据更新的频度: 　每年更新一次。 i. 其他需要说明的内容: 　1.2015 年流动人口动态监测调查数据中流动人口是指:在本地居住一个月及以上,非本区(县、市)户口的 15 周岁以上男性和女性流动人口。 　2. 表中"空格"表示不详或无该项数据。

续表

项目	内容
	3.分特殊地区中,因某些城市同时属于不同的特殊地区类别(比如延吉市同属于陆地边境区与少数民族区),导致纵向的加总没有意义,故在表中省略,计算行百分比。
2.2 字段(要素)名称解释	名称解释与量纲: 表:中国流动人口家庭成员与收支特征数据(2015年)-家庭成员数量 变量名:家庭成员数量 数据类型:数值型 量纲:个 释义:指被访者所有家庭成员数量。 类别1:家庭成员数量_样本数量 数据类型:数值型 量纲:人 释义:指各地不同的家庭成员数量类别所包含的样本数量。 类别2:家庭成员数量_百分比 数据类型:数值型 量纲:% 释义:指各地不同家庭成员数量的样本数量占该分类下所有样本数量的百分比(特殊地区:指不同家庭成员数量的样本人数占该特殊地区样本总人数的百分比)。 表:中国流动人口家庭成员与收支特征数据(2015年)-家庭成员现居住地 变量名:家庭成员现居住地 数据类型:字符型 量纲:无 释义:指被访者所有家庭成员现居住地,分为本地、户籍地和其他。 类别1:家庭成员现居住地_样本数量 数据类型:数值型 量纲:人 释义:指各地不同类别的家庭成员现居住地包含的样本数量。 类别2:家庭成员现居住地_百分比 数据类型:数值型 量纲:% 释义:指各地不同家庭成员现居住地的样本数量占该分类下所有样本数量的百分比(特殊地区:指不同家庭成员现居住地的样本人数占该特殊地区样本总人数的百分比)。 表:中国流动人口家庭成员与收支特征数据(2015年)-家庭本地食物支出 变量名:家庭本地食物支出

续表

项目	内容
	数据类型:数值型 量纲:元 释义:指被访者所有家庭成员在现居住地每月的食品总支出数量。 类别1:家庭本地食物支出_样本数量 数据类型:数值型 量纲:人 释义:指各地不同食品总支出数量分组所包含的样本数量。 类别2:家庭本地食物支出_百分比 数据类型:数值型 量纲:% 释义:指各地方不同食品总支出数量类别的样本数量占该分类下所有样本数量的百分比(特殊地区:指不同食品总支出数量的样本人数占该特殊地区样本总人数的百分比)。 表:中国流动人口家庭成员与收支特征数据(2015年)-家庭本地房租支出 变量名:家庭本地房租支出 数据类型:数值型 量纲:元 释义:指被访者家庭在现居住地每月的房租总支出数量。 类别1:家庭本地房租支出_样本数量 数据类型:数值型 量纲:人 释义:指各地不同类别房租总支出数量所包含的样本数量。 类别2:家庭本地房租支出_百分比 数据类型:数值型 量纲:% 释义:指各地不同房租总支出数量下的样本人数占该分类下所有样本数量的百分比(特殊地区:指不同家庭本地房租支出的样本人数占该特殊地区样本总人数的百分比)。 表:中国流动人口家庭成员与收支特征数据(2015年)-家庭本地月均支出 变量名:家庭本地月均支出 数据类型:数值型 量纲:元 释义:指被访者所有家庭成员在现居住地每月总支出数量。 类别1:家庭本地月均支出_样本数量 数据类型:数值型 量纲:人

续表

项目	内容
	释义:指各地不同家庭本地月均支出分组所包含的样本数量。 类别2:家庭本地月均支出_百分比 数据类型:数值型 量纲:% 释义:指各地不同家庭本地月均支出分组的样本数量占该分类下所有样本数量的百分比(特殊地区:指不同家庭月均支出的样本人数占该特殊地区样本总人数的百分比)。 表:中国流动人口家庭成员与收支特征数据(2015年)-家庭本地月均收入 变量名:家庭本地月均收入 数据类型:数值型 量纲:元 释义:指被访者所有家庭成员在现居住地每月的总收入数量,包括工资收入、经营收入、财产收入和转移收入。 类别1:家庭本地月均收入_样本数量 数据类型:数值型 量纲:人 释义:指各地不同家庭本地月均收入分组所包含的样本人数。 类别2:家庭本地月均收入_百分比 数据类型:数值型 量纲:% 释义:指各地不同家庭本地月均收入数量下的样本数量占该分类下所有样本数量的百分比(特殊地区:指不同家庭月均收入的样本人数占该特殊地区样本总人数的百分比)。
3 数据源描述	考察调查数据,来源于国家卫生计生委2015年流动人口动态监测调查。
4 数据加工方法	根据国家卫生计生委2015年流动人口动态监测调查得来的原始数据,用STATA计算家庭成员数量、家庭成员现居住地的人数和百分比分布,使用STATA计算家庭本地食物支出、家庭本地房租支出、家庭本地月均支出、家庭本地月均收入在各数量区间的人数和百分比分布。
5 数据质量描述	数据经过了三次质量检验:一次是中国人口发展研究中心的专家进行了数据质量检查和清理;二次是流动人口服务中心组织人员进行二次质量检查并进行清理;三是专题数据委托大学数据处理专业专家进行再次质量检查。
6 数据应用成果	主要应用领域 本数据集主要应用于流动人口和公共政策相关科学研究。

续表

项目	内容
7 知识产权	a. 标注知识产权说明（数据使用引用方式规定等） b. 数据标注参考以下规范： 数据来源参考以下规范： 中文表达方式：国家卫生计生委流动人口数据平台－中国流动人口动态监测调查数据库（http://www.chinaldrk.org.cn）； 英文表达方式：The Migrant Population Data Platform of National Health and Family Planning Commission of P.R.C, The Migrant Population Dynamic Monitoring Survey Data Archive of China（http://www.chinaldrk.org.cn）. 致谢方式参考以下规范： 中文致谢方式："感谢国家卫生计生委流动人口数据平台－中国流动人口动态监测调查数据库（http://www.chinaldrk.org.cn）提供数据支撑。" 英文致谢方式：Acknowledgement for the data support from " The Migrant Population Data Platform of National Health and Family Planning Commission of P.R.C, The Migrant Population Dynamic Monitoring Survey Data Archive of China（http://www.chinaldrk.org.cn）". c. 注明使用数据的联系人 由于本数据集测定时间不尽一致，指标繁杂，如需要详细原始数据者，请联系数据管理者。 联系信息： 联系人姓名：信息服务处 Email：ldrkzxsj@163.com Tel：010－68791297

表 4-1a 中国分省流动人口家庭成员与收支特征数据（2015年）-家庭成员数量

省 份	3人及以下		4~6人		7~10人		合计	
	人	%	人	%	人	%	人	%
北京	5 929	4.39	2 056	2.94	15	1.88	8 000	3.88
天津	4 277	3.16	1 714	2.45	9	1.13	6 000	2.91
河北	7 407	5.48	2 576	3.68	15	1.88	9 998	4.85
山西	2 974	2.20	2 021	2.89	5	0.63	5 000	2.43
内蒙古	3 708	2.74	1 291	1.84	1	0.13	5 000	2.43
辽宁	4 337	3.21	659	0.94	4	0.50	5 000	2.43
吉林	3 364	2.49	635	0.91	1	0.13	4 000	1.94
黑龙江	4 366	3.23	633	0.90	1	0.13	5 000	2.43
上海	5 339	3.95	2 637	3.77	24	3.02	8 000	3.88
江苏	7 915	5.86	4 031	5.76	54	6.78	12 000	5.83
浙江	8 292	6.13	5 632	8.04	76	9.55	14 000	6.8
安徽	3 734	2.76	1 258	1.80	8	1.01	5 000	2.43
福建	4 179	3.09	2 803	4.00	18	2.26	7 000	3.40
江西	2 554	1.89	2 414	3.45	32	4.02	5 000	2.43
山东	4 818	3.56	1 177	1.68	5	0.63	6 000	2.91
河南	3 792	2.81	2 202	3.14	6	0.75	6 000	2.91
湖北	3 783	2.80	2 211	3.16	6	0.75	6 000	2.91
湖南	4 248	3.14	2 733	3.90	19	2.39	7 000	3.40
广东	8 670	6.41	6 250	8.92	80	10.05	15 000	7.28
广西	3 641	2.69	2 334	3.33	25	3.14	6 000	2.91
海南	2 857	2.11	2 125	3.03	18	2.26	5 000	2.43
重庆	4 447	3.29	1 540	2.20	13	1.63	6 000	2.91
四川	5 473	4.05	2 499	3.57	28	3.52	8 000	3.88
贵州	2 210	1.63	1 736	2.48	54	6.78	4 000	1.94
云南	2 724	2.02	2 227	3.18	49	6.16	5 000	2.43
西藏	2 977	2.20	995	1.42	28	3.52	4 000	1.94
陕西	3 938	2.91	2 058	2.94	4	0.50	6 000	2.91
甘肃	3 719	2.75	2 263	3.23	18	2.26	6 000	2.91
青海	2 561	1.89	2 370	3.38	69	8.67	5 000	2.43
宁夏	1 877	1.39	2 048	2.92	75	9.42	4 000	1.94
新疆	3 826	2.83	2 151	3.07	23	2.89	6 000	2.91
兵团	1 233	0.91	754	1.08	13	1.63	2 000	0.97
合计	135 169	100	70 033	100	796	100	205 998	100

表 4–1b 中国分省流动人口家庭成员与收支特征数据（2015 年）- 家庭成员现居住地

省 份	本地 人	%	户籍地 人	%	其他 人	%	合计 人	%
北京	12 151	3.72	2 688	3.05	150	1.49	14 989	3.53
天津	9 534	2.92	2 747	3.11	114	1.13	12 395	2.92
河北	11 278	3.45	5 663	6.42	423	4.20	17 364	4.08
山西	9 475	2.90	1 606	1.82	198	1.96	11 279	2.65
内蒙古	9 641	2.95	394	0.45	180	1.79	10 215	2.40
辽宁	6 700	2.05	1 058	1.20	165	1.64	7 923	1.86
吉林	6 066	1.86	687	0.78	158	1.57	6 911	1.63
黑龙江	7 281	2.23	779	0.88	185	1.84	8 245	1.94
上海	12 789	3.91	3 548	4.02	270	2.68	16 607	3.91
江苏	17 825	5.45	6 512	7.38	767	7.61	25 104	5.91
浙江	19 633	6.01	9 497	10.77	1 017	10.09	30 147	7.09
安徽	9 513	2.91	1 134	1.29	258	2.56	10 905	2.57
福建	9 908	3.03	3 894	4.41	743	7.37	14 545	3.42
江西	8 024	2.46	3 060	3.47	291	2.89	11 375	2.68
山东	10 340	3.16	1 554	1.76	119	1.18	12 013	2.83
河南	7 968	2.44	3 046	3.45	236	2.34	11 250	2.65
湖北	12 298	3.76	1 185	1.34	342	3.39	13 825	3.25
湖南	9 533	2.92	4 702	5.33	659	6.54	14 894	3.50
广东	22 885	7.00	7 470	8.47	675	6.70	31 030	7.30
广西	10 818	3.31	1 925	2.18	208	2.06	12 951	3.05
海南	9 802	3.00	1 379	1.56	126	1.25	11 307	2.66
重庆	7 779	2.38	3 026	3.43	343	3.40	11 148	2.62
四川	11 937	3.65	3 262	3.70	717	7.11	15 916	3.74
贵州	7 826	2.39	1 248	1.41	170	1.69	9 244	2.17
云南	8 290	2.54	2 554	2.90	322	3.19	11 166	2.63
西藏	3 661	1.12	3 608	4.09	59	0.59	7 328	1.72
陕西	9 843	3.01	2 484	2.82	314	3.12	12 641	2.97
甘肃	10 024	3.07	2 363	2.68	265	2.63	12 652	2.98
青海	9 616	2.94	2 559	2.90	126	1.25	12 301	2.89
宁夏	9 778	2.99	501	0.57	209	2.07	10 488	2.47
新疆	11 119	3.40	1 410	1.60	188	1.87	12 717	2.99
兵团	3 448	1.06	669	0.76	83	0.82	4 200	0.99
合计	326 783	100	88 212	100	10 080	100	425 075	100

表 4-1c 中国分省流动人口家庭成员与收支特征数据（2015 年）－家庭本地月均食物支出

省份	0~999 元		1 000~1 999 元		2 000~2 999 元		3 000~3 999 元		4 000~4 999 元		5 000 元及以上		合计	
	人	%	人	%	人	%	人	%	人	%	人	%	人	%
北京	2 217	3.23	2 798	3.25	1 683	4.65	871	7.55	220	11.47	202	15.28	7 991	3.88
天津	2 141	3.12	2 435	2.83	1 073	2.96	304	2.63	36	1.88	11	0.83	6 000	2.92
河北	5 261	7.66	3 653	4.24	903	2.49	153	1.33	17	0.89	11	0.83	9 998	4.86
山西	1 899	2.76	2 237	2.60	696	1.92	132	1.14	16	0.83	10	0.76	4 990	2.43
内蒙古	1 428	2.08	2 416	2.81	886	2.45	227	1.97	30	1.56	13	0.98	5 000	2.43
辽宁	1 682	2.45	2 202	2.56	864	2.39	217	1.88	25	1.30	9	0.68	4 999	2.43
吉林	1 288	1.87	1 912	2.22	613	1.69	156	1.35	21	1.09	10	0.76	4 000	1.94
黑龙江	2 205	3.21	2 138	2.48	554	1.53	87	0.75	11	0.57	4	0.30	4 999	2.43
上海	1 886	2.75	2 996	3.48	1 817	5.02	907	7.86	211	11.00	183	13.84	8 000	3.89
江苏	4 016	5.85	4 762	5.53	2 312	6.39	710	6.15	108	5.63	73	5.52	11 981	5.82
浙江	4 030	5.87	5 835	6.78	2 819	7.79	963	8.34	172	8.97	136	10.29	13 955	6.78
安徽	939	1.37	2 550	2.96	1 148	3.17	295	2.56	41	2.14	24	1.82	4 997	2.43
福建	1 697	2.47	2 852	3.31	1 587	4.38	692	6.00	102	5.32	67	5.07	6 997	3.4
江西	1 832	2.67	2 051	2.38	844	2.33	217	1.88	27	1.41	23	1.74	4 994	2.43
山东	1 266	1.84	2 970	3.45	1 361	3.76	340	2.95	43	2.24	15	1.13	5 995	2.91
河南	2 841	4.14	2 430	2.82	596	1.65	111	0.96	11	0.57	8	0.61	5 997	2.91
湖北	1 227	1.79	2 839	3.30	1 393	3.85	424	3.67	63	3.28	48	3.63	5 994	2.91
湖南	2 533	3.69	2 961	3.44	1 074	2.97	285	2.47	46	2.40	25	1.89	6 924	3.37
广东	4 512	6.57	5 583	6.49	3 193	8.82	1 307	11.33	221	11.52	165	12.48	14 981	7.28
广西	1 585	2.31	2 830	3.29	1 195	3.30	316	2.74	45	2.35	27	2.04	5 998	2.92
海南	937	1.36	2 103	2.44	1 249	3.45	550	4.77	87	4.54	72	5.45	4 998	2.43
重庆	2 160	3.14	2 425	2.82	998	2.76	309	2.68	76	3.96	32	2.42	6 000	2.92
四川	2 923	4.25	3 404	3.95	1 276	3.52	324	2.81	48	2.50	23	1.74	7 998	3.89
贵州	1 104	1.61	1 889	2.19	730	2.02	221	1.92	30	1.56	17	1.29	3 991	1.94
云南	1 830	2.66	2 073	2.41	800	2.21	232	2.01	35	1.82	26	1.97	4 996	2.43
西藏	2 219	3.23	1 228	1.43	379	1.05	135	1.17	14	0.73	17	1.29	3 992	1.94
陕西	2 741	3.99	2 354	2.73	684	1.89	182	1.58	27	1.41	10	0.76	5 998	2.92
甘肃	2 301	3.35	2 610	3.03	838	2.31	198	1.72	30	1.56	19	1.44	5 996	2.91
青海	1 977	2.88	2 122	2.47	689	1.90	174	1.51	28	1.46	10	0.76	5 000	2.43
宁夏	1 488	2.17	1 798	2.09	577	1.59	112	0.97	19	0.99	6	0.45	4 000	1.94
新疆	1 767	2.57	2 773	3.22	1 066	2.94	324	2.81	48	2.50	20	1.51	5 998	2.92
兵团	765	1.11	843	0.98	302	0.83	65	0.56	10	0.52	6	0.45	1 991	0.97
合计	68 697	100	86 072	100	36 199	100	11 540	100	1 918	100	1 322	100	205 748	100

表4-1d 中国分省流动人口家庭成员与收支特征数据(2015年)-家庭本地月均房租支出

省份	0~999元 人	0~999元 %	1000~1999元 人	1000~1999元 %	2000~2999元 人	2000~2999元 %	3000~3999元 人	3000~3999元 %	4000~4999元 人	4000~4999元 %	5000~5999元 人	5000~5999元 %
北京	4464	2.90	1259	3.82	814	7.54	740	16.79	365	22.22	158	17.36
天津	4163	2.70	1225	3.72	445	4.12	91	2.06	29	1.77	20	2.20
河北	7701	4.99	1753	5.32	371	3.43	94	2.13	34	2.07	27	2.97
山西	4055	2.63	754	2.29	137	1.27	36	0.82	9	0.55	4	0.44
内蒙古	3911	2.54	778	2.36	200	1.85	67	1.52	27	1.64	8	0.88
辽宁	3691	2.39	1011	3.07	214	1.98	57	1.29	18	1.10	6	0.66
吉林	2885	1.87	883	2.68	155	1.43	54	1.23	11	0.67	6	0.66
黑龙江	3836	2.49	1004	3.05	112	1.04	37	0.84	6	0.37	1	0.11
上海	5012	3.25	1370	4.16	841	7.79	358	8.12	158	9.62	107	11.76
江苏	9553	6.20	1509	4.58	520	4.81	227	5.15	101	6.15	48	5.27
浙江	12205	7.92	1150	3.49	337	3.12	147	3.33	59	3.59	38	4.18
安徽	3030	1.97	1087	3.30	541	5.01	209	4.74	72	4.38	37	4.07
福建	5640	3.66	845	2.56	281	2.60	119	2.70	46	2.80	23	2.53
江西	3639	2.36	846	2.57	308	2.85	114	2.59	48	2.92	18	1.98
山东	3568	2.31	1674	5.08	527	4.88	164	3.72	33	2.01	22	2.42
河南	4607	2.99	947	2.87	304	2.81	81	1.84	27	1.64	15	1.65
湖北	4100	2.66	1180	3.58	446	4.13	167	3.79	51	3.10	24	2.64
湖南	4946	3.21	1297	3.93	432	4.00	187	4.24	63	3.83	42	4.62
广东	11962	7.76	1719	5.22	711	6.58	338	7.67	123	7.49	69	7.58
广西	4756	3.08	778	2.36	294	2.72	104	2.36	29	1.77	25	2.75
海南	3716	2.41	838	2.54	278	2.57	98	2.22	39	2.37	13	1.43
重庆	4209	2.73	1232	3.74	380	3.52	122	2.77	37	2.25	9	0.99
四川	6115	3.97	1286	3.90	393	3.64	136	3.09	34	2.07	23	2.53
贵州	3061	1.99	575	1.74	261	2.42	62	1.41	19	1.16	8	0.88
云南	3929	2.55	592	1.80	195	1.81	120	2.72	53	3.23	43	4.73
西藏	3037	1.97	599	1.82	170	1.57	101	2.29	32	1.95	15	1.65
陕西	4626	30	990	3.00	252	2.33	77	1.75	29	1.77	11	1.21
甘肃	4325	2.81	1150	3.49	313	2.90	103	2.34	31	1.89	35	3.85
青海	3780	2.45	830	2.52	205	1.90	83	1.88	38	2.31	37	4.07
宁夏	3075	1.99	707	2.14	129	1.19	56	1.27	11	0.67	10	1.10
新疆	4795	3.11	937	2.84	197	1.82	49	1.11	9	0.55	8	0.88
兵团	1792	1.16	157	0.48	39	0.36	10	0.23	2	0.12	0	0
合计	154184	100	32962	100	10802	100	4408	100	1643	100	910	100

续表

省份	6 000~6 999 元 人	%	7 000~7 999 元 人	%	8 000~8 999 元 人	%	9 000~9 999 元 人	%	10 000~50 000 元 人	%	合计 人	%
北京	71	16.99	34	17.62	33	18.64	10	21.74	52	20.39	8 000	3.88
天津	19	4.55	3	1.55	3	1.69	1	2.17	1	0.39	6 000	2.91
河北	8	1.91	3	1.55	2	1.13	1	2.17	4	1.57	9 998	4.85
山西	2	0.48	2	1.04	0	0	0	0	1	0.39	5 000	2.43
内蒙古	6	1.44	1	0.52	1	0.56	0	0	1	0.39	5 000	2.43
辽宁	1	0.24	0	0	0	0	1	2.17	1	0.39	5 000	2.43
吉林	0	0	2	1.04	3	1.69	0	0	1	0.39	4 000	1.94
黑龙江	1	0.24	0	0	2	1.13	0	0	1	0.39	5 000	2.43
上海	61	14.59	33	17.1	30	16.95	8	17.39	22	8.63	8 000	3.88
江苏	19	4.55	9	4.66	6	3.39	0	0	8	3.14	12 000	5.83
浙江	26	6.22	12	6.22	12	6.78	4	8.70	10	3.92	14 000	6.80
安徽	12	2.87	3	1.55	3	1.69	1	2.17	5	1.96	5 000	2.43
福建	18	4.31	3	1.55	8	4.52	1	2.17	16	6.27	7 000	3.40
江西	11	2.63	4	2.07	2	1.13	3	6.52	7	2.75	5 000	2.43
山东	3	0.72	5	2.59	0	0	0	0	4	1.57	6 000	2.91
河南	7	1.67	6	3.11	4	2.26	0	0	2	0.78	6 000	2.91
湖北	14	3.35	5	2.59	5	2.82	1	2.17	7	2.75	6 000	2.91
湖南	14	3.35	7	3.63	6	3.39	0	0	6	2.35	7 000	3.40
广东	27	6.46	20	10.36	11	6.21	4	8.70	16	6.27	15 000	7.28
广西	7	1.67	1	0.52	1	0.56	0	0	5	1.96	6 000	2.91
海南	6	1.44	1	0.52	2	1.13	2	4.35	7	2.75	5 000	2.43
重庆	7	1.67	1	0.52	2	1.13	0	0	1	0.39	6 000	2.91
四川	4	0.96	0	0	5	2.82	0	0	4	1.57	8 000	3.88
贵州	5	1.20	2	1.04	2	1.13	0	0	5	1.96	4 000	1.94
云南	18	4.31	12	6.22	11	6.21	3	6.52	24	9.41	5 000	2.43
西藏	19	4.55	10	5.18	5	2.82	1	2.17	11	4.31	4 000	1.94
陕西	5	1.20	2	1.04	2	1.13	0	0	6	2.35	6 000	2.91
甘肃	13	3.11	2	1.04	7	3.95	3	6.52	18	7.06	6 000	2.91
青海	7	1.67	5	2.59	7	3.95	2	4.35	6	2.35	5 000	2.43
宁夏	6	1.44	3	1.55	2	1.13	0	0	1	0.39	4 000	1.94
新疆	1	0.24	2	1.04	0	0	0	0	2	0.78	6 000	2.91
兵团	0	0	0	0	0	0	0	0	0	0	2 000	0.97
合计	418	100	193	100	177	100	46	100	255	100	205 998	100

表4-1e 中国分省流动人口家庭成员与收支特征数据(2015年)-家庭本地月均支出

省份	0~999元 人	%	1000~1999元 人	%	2000~2999元 人	%	3000~3999元 人	%	4000~4999元 人	%	5000~5999元 人	%	6000~6999元 人	%	7000~7999元 人	%
北京	339	4.49	1 096	2.73	1 429	2.59	1 320	2.80	804	3.42	904	5.92	517	7.85	285	9.96
天津	317	4.19	1 290	3.21	1 592	2.88	1 244	2.64	679	2.88	468	3.07	180	2.73	78	2.73
河北	755	9.99	2 823	7.03	3 114	5.64	1 938	4.11	690	2.93	397	2.60	123	1.87	52	1.82
山西	184	2.43	1 042	2.59	1 686	3.05	1 166	2.47	413	1.75	281	1.84	123	1.87	42	1.47
内蒙古	78	1.03	736	1.83	1 465	2.65	1 433	3.04	653	2.77	391	2.56	126	1.91	50	1.75
辽宁	180	2.38	979	2.44	1 429	2.59	1 191	2.52	597	2.54	341	2.23	149	2.26	58	2.03
吉林	90	1.19	717	1.79	1 185	2.15	1 143	2.42	467	1.98	243	1.59	77	1.17	36	1.26
黑龙江	189	2.50	1 298	3.23	1 685	3.05	1 182	2.50	394	1.67	159	1.04	57	0.87	8	0.28
上海	92	1.22	1 027	2.56	1 625	2.94	1 666	3.53	1 082	4.60	877	5.75	475	7.22	245	8.56
江苏	536	7.09	2 269	5.65	3 260	5.91	2 781	5.89	1 306	5.55	900	5.90	367	5.58	179	6.26
浙江	491	6.50	2 667	6.64	3 816	6.91	3 443	7.29	1 595	6.78	946	6.20	415	6.31	159	5.56
安徽	42	0.56	381	0.95	1 067	1.93	1 464	3.10	851	3.62	632	4.14	241	3.66	117	4.09
福建	117	1.55	1 222	3.04	1 605	2.91	1 631	3.46	989	4.20	637	4.17	334	5.07	125	4.37
江西	145	1.92	892	2.22	1 304	2.36	1 289	2.73	617	2.62	374	2.45	146	2.22	71	2.48
山东	124	1.64	618	1.54	1 426	2.58	1 693	3.59	1 012	4.30	650	4.26	240	3.65	90	3.15
河南	358	4.74	1 791	4.46	1 737	3.15	1 081	2.29	484	2.06	292	1.91	111	1.69	44	1.54
湖北	57	0.75	686	1.71	1 608	2.91	1 540	3.26	905	3.85	616	4.04	257	3.90	113	3.95
湖南	200	2.65	1 149	2.86	1 653	3.00	1 686	3.57	958	4.07	629	4.12	313	4.76	119	4.16
广东	717	9.49	2 794	6.96	3 435	6.22	3 235	6.85	1 863	7.92	1 276	8.36	587	8.92	267	9.33
广西	136	1.80	1 195	2.98	1 827	3.31	1 460	3.09	652	2.77	367	2.40	160	2.43	53	1.85
海南	98	1.30	658	1.64	1 212	2.20	1 339	2.84	729	3.10	446	2.92	200	3.04	94	3.29
重庆	139	1.84	1 037	2.58	691	3.06	1 339	2.84	744	3.16	497	3.26	241	3.66	94	3.29
四川	347	4.59	1 675	4.17	2 178	3.95	1 840	3.90	946	4.02	540	3.54	221	3.36	90	3.15
贵州	94	1.24	703	1.75	1 092	1.98	994	2.11	474	2.01	333	2.18	137	2.08	46	1.61
云南	248	3.28	1 331	3.31	1 313	2.38	945	2.00	471	2.00	272	1.78	128	1.94	71	2.48
西藏	524	6.93	1 274	3.17	954	1.73	651	1.38	266	1.13	143	0.94	46	0.70	43	1.50
陕西	192	2.54	1 270	3.16	1 758	3.19	1 449	3.07	678	2.88	349	2.29	139	2.11	57	1.99
甘肃	190	2.51	1 471	3.66	1 736	3.15	1 380	2.92	603	2.56	301	1.97	135	2.05	50	1.75
青海	183	2.42	1 231	3.06	1 555	2.82	967	2.05	439	1.87	339	2.22	109	1.66	58	2.03
宁夏	168	2.22	883	2.20	1 332	2.41	932	1.97	345	1.47	195	1.28	73	1.11	17	0.59
新疆	125	1.65	1 387	3.45	1 792	3.25	1 381	2.93	655	2.78	398	2.61	129	1.96	44	1.54
兵团	103	1.36	575	1.43	630	1.14	401	0.85	176	0.75	68	0.45	26	0.40	6	0.21
合计	7 558	100	40 167	100	55 191	100	47 204	100	23 537	100	15 261	100	6 582	100	2 861	100

续表

省份	8 000~8 999元 人	%	9 000~9 999元 人	%	10 000~19 999元 人	%	20 000~29 999元 人	%	30 000~39 999元 人	%	40 000~49 999元 人	%	50 000元及以上 人	%	合计 人	%
北京	394	14.57	109	16.39	684	18.39	91	22.86	14	16.87	3	10.71	11	28.21	8 000	3.88
天津	54	2.00	14	2.11	76	2.04	5	1.26	1	1.20	0	0	2	5.13	6 000	2.91
河北	45	1.66	7	1.05	47	1.26	6	1.51	1	1.20	0	0	0	0	9 998	4.85
山西	23	0.85	5	0.75	28	0.75	3	0.75	3	3.61	1	3.57	0	0	5 000	2.43
内蒙古	24	0.89	11	1.65	32	0.86	1	0.25	0	0	0	0	0	0	5 000	2.43
辽宁	28	1.04	6	0.90	39	1.05	3	0.75	0	0	0	0	0	0	5 000	2.43
吉林	21	0.78	4	0.60	17	0.46	0	0	0	0	0	0	0	0	4 000	1.94
黑龙江	9	0.33	2	0.30	17	0.46	0	0	0	0	0	0	0	0	5 000	2.43
上海	272	10.06	69	10.38	504	13.55	49	12.31	9	10.84	4	14.29	4	10.26	8 000	3.88
江苏	147	5.43	37	5.56	201	5.40	13	3.27	0	0	0	0	4	10.26	12 000	5.83
浙江	160	5.91	41	6.17	233	6.27	27	6.78	5	6.02	1	3.57	1	2.56	14 000	6.80
安徽	82	3.03	20	3.01	91	2.45	11	2.76	1	1.20	0	0	0	0	5 000	2.43
福建	130	4.81	32	4.81	154	4.14	19	4.77	3	3.61	2	7.14	0	0	7 000	3.40
江西	61	2.26	17	2.56	65	1.75	15	3.77	2	2.41	1	3.57	1	2.56	5 000	2.43
山东	70	2.59	11	1.65	61	1.64	4	1.01	0	0	1	3.57	0	0	6 000	2.91
河南	41	1.52	23	3.46	37	0.99	1	0.25	0	0	0	0	0	0	6 000	2.91
湖北	98	3.62	25	3.76	84	2.26	9	2.26	1	1.20	1	3.57	1	2.56	6 000	2.91
湖南	118	4.36	28	4.21	136	3.66	9	2.26	1	1.20	2	7.14	0	0	7 000	3.40
广东	253	9.35	61	9.17	447	12.02	47	11.81	13	15.66	2	7.14	3	7.69	15 000	7.28
广西	70	2.59	8	1.20	58	1.56	5	1.26	6	7.23	0	0	3	7.69	6 000	2.91
海南	87	3.22	15	2.26	107	2.88	13	3.27	2	2.41	0	0	0	0	5 000	2.43
重庆	101	3.73	18	2.71	82	2.20	12	3.02	1	1.20	0	0	4	10.26	6 000	2.91
四川	71	2.62	12	1.80	73	1.96	4	1.01	1	1.20	2	7.14	0	0	8 000	3.88
贵州	47	1.74	9	1.35	59	1.59	9	2.26	2	2.41	1	3.57	0	0	4 000	1.94
云南	73	2.70	22	3.31	99	2.66	17	4.27	7	8.43	1	3.57	2	5.13	5 000	2.43
西藏	25	0.92	16	2.41	48	1.29	3	0.75	5	6.02	2	7.14	0	0	4 000	1.94
陕西	44	1.63	10	1.50	48	1.29	4	1.01	0	0	2	7.14	0	0	6 000	2.91
甘肃	41	1.52	14	2.11	64	1.72	7	1.76	4	4.82	1	3.57	3	7.69	6 000	2.91
青海	48	1.77	9	1.35	57	1.53	3	0.75	0	0	2	7.14	0	0	5 000	2.43
宁夏	24	0.89	5	0.75	21	0.56	5	1.26	0	0	0	0	0	0	4 000	1.94
新疆	39	1.44	3	0.45	42	1.13	3	0.75	1	1.20	1	3.57	0	0	6 000	2.91
兵团	5	0.18	2	0.30	8	0.22	0	0	0	0	0	0	0	0	2 000	0.97
合计	2 705	100	665	100	3 719	100	398	100	83	100	28	100	39	100	205 998	100

表4-1f 中国分省流动人口家庭成员与收支特征数据(2015年)－家庭本地月均收入

省份	0~999元 人	%	1000~1999元 人	%	2000~2999元 人	%	3000~3999元 人	%	4000~4999元 人	%	5000~5999元 人	%	6000~6999元 人	%	7000~7999元 人	%	8000~8999元 人	%
北京	30	5.41	39	1.03	366	2.08	796	2.51	715	2.31	964	2.88	879	3.34	547	3.59	757	4.73
天津	6	1.08	41	1.09	316	1.80	780	2.46	1035	3.35	1111	3.32	867	3.29	540	3.54	543	3.40
河北	58	10.45	219	5.80	1381	7.85	2121	6.68	1788	5.78	1772	5.30	1126	4.28	522	3.42	449	2.81
山西	19	3.42	189	5.01	527	2.99	1130	3.56	917	2.97	906	2.71	464	1.76	263	1.73	226	1.41
内蒙古	60	10.81	142	3.76	401	2.28	966	3.04	1039	3.36	991	2.97	597	2.27	266	1.75	211	1.32
辽宁	14	2.52	100	2.65	543	3.09	908	2.86	818	2.65	903	2.70	653	2.48	342	2.24	292	1.83
吉林	13	2.34	120	3.18	435	2.47	775	2.44	769	2.49	740	2.21	419	1.59	257	1.69	209	1.31
黑龙江	33	5.95	243	6.44	712	4.05	1080	3.40	949	3.07	862	2.58	477	1.81	200	1.31	205	1.28
上海	10	1.80	16	0.42	150	0.85	663	2.09	755	2.44	898	2.69	898	3.41	751	4.93	956	5.98
江苏	16	2.88	49	1.30	543	3.09	1346	4.24	1510	4.88	1821	5.45	1810	6.87	1179	7.74	1367	8.55
浙江	24	4.32	70	1.86	707	4.02	1561	4.92	1442	4.66	2093	6.26	2115	8.03	1496	9.82	1672	10.46
安徽	5	0.90	26	0.69	138	0.78	432	1.36	662	2.14	980	2.93	811	3.08	521	3.42	518	3.24
福建	7	1.26	35	0.93	385	2.19	909	2.86	816	2.64	1052	3.15	971	3.69	725	4.76	745	4.66
江西	8	1.44	65	1.72	354	2.01	636	2.00	653	2.11	869	2.60	733	2.78	402	2.64	488	3.05
山东	6	1.08	24	0.64	198	1.13	505	1.59	804	2.60	1153	3.45	1178	4.47	719	4.72	592	3.70
河南	20	3.60	233	6.18	1004	5.71	1146	3.61	878	2.84	979	2.93	651	2.47	312	2.05	280	1.75
湖北	9	1.62	61	1.62	290	1.65	823	2.59	1038	3.36	1129	3.38	876	3.33	430	2.82	512	3.20
湖南	11	1.98	160	4.24	620	3.52	942	2.97	1018	3.29	1152	3.45	987	3.75	448	2.94	579	3.62
广东	15	2.70	106	2.81	1288	7.32	2183	6.88	1785	5.77	2198	6.58	2119	8.05	1402	9.20	1270	7.94
广西	10	1.80	169	4.48	791	4.50	1249	3.93	1160	3.75	941	2.82	585	2.22	306	2.01	243	1.52
海南	5	0.90	56	1.48	317	1.80	847	2.67	888	2.87	875	2.62	668	2.54	333	2.18	339	2.12
重庆	10	1.80	87	2.31	532	3.02	836	2.63	839	2.71	954	2.85	892	3.39	475	3.12	476	2.98
四川	28	5.05	325	8.61	917	5.21	1272	4.01	1322	4.28	1290	3.86	997	3.79	481	3.16	551	3.45
贵州	10	1.80	62	1.64	391	2.22	718	2.26	723	2.34	613	1.83	460	1.75	193	1.27	279	1.75
云南	16	2.88	195	5.17	721	4.10	988	3.11	822	2.66	670	2.00	512	1.94	254	1.67	229	1.43
西藏	9	1.62	140	3.71	486	2.76	726	2.29	595	1.92	508	1.52	337	1.28	286	1.88	271	1.70
陕西	31	5.59	124	3.29	527	2.99	1044	3.29	1128	3.65	1113	3.33	740	2.81	368	2.41	381	2.38
甘肃	16	2.88	174	4.61	778	4.42	1160	3.65	1168	3.78	1002	3.00	574	2.18	280	1.84	269	1.68
青海	14	2.52	78	2.07	407	2.31	830	2.61	840	2.72	895	2.68	604	2.29	289	1.90	347	2.17
宁夏	9	1.62	214	5.67	549	3.12	840	2.65	702	2.27	629	1.88	405	1.54	171	1.12	200	1.25
新疆	20	3.60	146	3.87	580	3.30	1152	3.63	1021	3.30	1018	3.05	710	2.70	351	2.30	403	2.52
兵团	13	2.34	65	1.72	242	1.38	382	1.2	324	1.05	342	1.02	213	0.81	132	0.87	129	0.81
合计	555	100	3773	100	17596	100	31746	100	30923	100	33423	100	26328	100	15241	100	15988	100

续表

省 份	9 000~9 999元		10 000~19 999元		20 000~29 999元		30 000~39 999元		40 000~49 999元		50 000~99 999元		100 000元及以上		合计	
	人	%	人	%	人	%	人	%	人	%	人	%	人	%	人	%
北京	213	4.43	1 792	8.74	582	18.28	176	17.96	53	17.79	67	12.81	24	18.75	8 000	3.88
天津	143	2.97	508	2.48	76	2.39	15	1.53	5	1.68	12	2.29	2	1.56	6 000	2.91
河北	106	2.20	404	1.97	33	1.04	9	0.92	1	0.34	6	1.15	3	2.34	9 998	4.85
山西	63	1.31	258	1.26	21	0.66	9	0.92	2	0.67	6	1.15	0	0	5 000	2.43
内蒙古	68	1.41	225	1.10	25	0.79	6	0.61	2	0.67	1	0.19	0	0	5 000	2.43
辽宁	73	1.52	299	1.46	33	1.04	13	1.33	1	0.34	7	1.34	1	0.78	5 000	2.43
吉林	54	1.12	186	0.91	17	0.53	3	0.31	1	0.34	2	0.38	0	0	4 000	1.94
黑龙江	55	1.14	166	0.81	11	0.35	2	0.20	1	0.34	4	0.76	0	0	5 000	2.43
上海	307	6.38	1 860	9.07	471	14.79	151	15.41	38	12.75	58	11.09	18	14.06	8 000	3.88
江苏	424	8.82	1 643	8.01	190	5.97	47	4.80	15	5.03	27	5.16	13	10.16	12 000	5.83
浙江	553	11.50	1 900	9.27	231	7.26	69	7.04	22	7.38	29	5.54	16	12.50	14 000	6.80
安徽	157	3.26	647	3.16	71	2.23	19	1.94	6	2.01	7	1.34	0	0	5 000	2.43
福建	216	4.49	983	4.79	109	3.42	31	3.16	6	2.01	10	1.91	0	0	7 000	3.40
江西	150	3.12	530	2.58	55	1.73	22	2.24	11	3.69	24	4.59	0	0	5 000	2.43
山东	163	3.39	588	2.87	43	1.35	20	2.04	3	1.01	3	0.57	1	0.78	6 000	2.91
河南	109	2.27	338	1.65	33	1.04	10	1.02	2	0.67	5	0.96	0	0	6 000	2.91
湖北	124	2.58	607	2.96	68	2.14	17	1.73	3	1.01	8	1.53	5	3.91	6 000	2.91
湖南	175	3.64	787	3.84	81	2.54	26	2.65	6	2.01	8	1.53	0	0	7 000	3.40
广东	432	8.98	1 746	8.52	289	9.08	88	8.98	24	8.05	45	8.60	10	7.81	15 000	7.28
广西	81	1.68	354	1.73	57	1.79	23	2.35	9	3.02	19	3.63	3	2.34	6 000	2.91
海南	104	2.16	467	2.28	67	2.10	14	1.43	2	0.67	17	3.25	1	0.78	5 000	2.43
重庆	152	3.16	618	3.01	73	2.29	30	3.06	5	1.68	17	3.25	4	3.13	6 000	2.91
四川	151	3.14	583	2.84	60	1.88	16	1.63	4	1.34	1	0.19	2	1.56	8 000	3.88
贵州	95	1.98	364	1.78	58	1.82	15	1.53	6	2.01	12	2.29	1	0.78	4 000	1.94
云南	55	1.14	413	2.01	72	2.26	21	2.14	12	4.03	16	3.06	4	3.13	5 000	2.43
西藏	139	2.89	307	1.50	86	2.70	49	5.00	22	7.38	38	7.27	1	0.78	4 000	1.94
陕西	113	2.35	364	1.78	37	1.16	13	1.33	5	1.68	11	2.10	1	0.78	6 000	2.91
甘肃	80	1.66	365	1.78	78	2.45	22	2.24	10	3.36	22	4.21	2	1.56	6 000	2.91
青海	104	2.16	483	2.36	65	2.04	20	2.04	12	4.03	10	1.91	2	1.56	5 000	2.43
宁夏	42	0.87	195	0.95	25	0.79	11	1.12	2	0.67	4	0.76	2	1.56	4 000	1.94
新疆	84	1.75	422	2.06	58	1.82	9	0.92	6	2.01	15	2.87	5	3.91	6 000	2.91
兵团	24	0.50	101	0.49	9	0.28	4	0.41	1	0.34	12	2.29	7	5.47	2 000	0.97
合计	4 809	100	20 503	100	3 184	100	980	100	298	100	523	100	128	100	205 998	100

表4-2a 中国分地区流动人口家庭成员与收支特征数据（2015年）-家庭成员数量

地区	3人及以下		4~6人		7~10人		合计	
	人	%	人	%	人	%	人	%
东部地区	59 683	44.15	31 001	44.27	314	39.45	90 998	44.17
中部地区	21 085	15.60	12 839	18.33	76	9.55	34 000	16.51
西部地区	42 334	31.32	24 266	34.65	400	50.25	67 000	32.52
东北地区	12 067	8.93	1 927	2.75	6	0.75	14 000	6.80
合计	135 169	100	70 033	100	796	100	205 998	100

表4-2b 中国分地区流动人口家庭成员与收支特征数据（2015年）-家庭成员现居住地

地区	本地		户籍地		其他		合计	
	人	%	人	%	人	%	人	%
东部地区	136 145	41.66	44 952	50.96	4 404	43.69	185 501	43.64
中部地区	56 811	17.38	14 733	16.70	1 984	19.68	73 528	17.30
西部地区	113 780	34.82	26 003	29.48	3 184	31.59	142 967	33.63
东北地区	20 047	6.13	2 524	2.86	508	5.04	23 079	5.43
合计	326 783	100	88 212	100	10 080	100	425 075	100

表 4-2c 中国分地区流动人口家庭成员与收支特征数据（2015年）—家庭本地月均食物支出

地 区	0~999元		1 000~1 999元		2 000~2 999元		3 000~3 999元		4 000~4 999元		5 000元及以上		合计	
	人	%	人	%	人	%	人	%	人	%	人	%	人	%
东部地区	27 963	40.70	35 987	41.81	17 997	49.72	6 797	58.90	1 217	63.45	935	70.73	90 896	44.18
中部地区	11 271	16.41	15 068	17.51	5 751	15.89	1 464	12.69	204	10.64	138	10.44	33 896	16.47
西部地区	24 288	35.36	28 765	33.42	10 420	28.79	2 819	24.43	440	22.94	226	17.10	66 958	32.54
东北地区	5 175	7.53	6 252	7.26	2 031	5.61	460	3.99	57	2.97	23	1.74	13 998	6.80
合计	68 697	100	86 072	100	36 199	100	11 540	100	1 918	100	1 322	100	205 748	100

表 4-2d 中国分地区流动人口家庭成员与收支特征数据（2015年）—家庭本地月均房租支出

地 区	0~999元		1 000~1 999元		2 000~2 999元		3 000~3 999元		4 000~4 999元		5 000~5 999元	
	人	%	人	%	人	%	人	%	人	%	人	%
东部地区	67 984	44.09	13 342	40.48	5 125	47.44	2 376	53.90	987	60.07	525	57.69
中部地区	24 377	15.81	6 111	18.54	2 168	20.07	794	18.01	270	16.43	140	15.38
西部地区	51 411	33.34	10 611	32.19	3 028	28.03	1 090	24.73	351	21.36	232	25.49
东北地区	10 412	6.75	2 898	8.79	481	4.45	148	3.36	35	2.13	13	1.43
合计	154 184	100	32 962	100	10 802	100	4 408	100	1 643	100	910	100

地 区	6 000~6 999元		7 000~7 999元		8 000~8 999元		9 000~9 999元		10 000~50 000元		合计	
	人	%	人	%	人	%	人	%	人	%	人	%
东部地区	258	61.72	123	63.73	107	60.45	31	67.39	140	54.90	90 998	44.17
中部地区	60	14.35	27	13.99	20	11.30	5	10.87	28	10.98	34 000	16.51
西部地区	98	23.44	41	21.24	45	25.42	9	19.57	84	32.94	67 000	32.52
东北地区	2	0.48	2	1.04	5	2.82	1	2.17	3	1.18	14 000	6.80
合计	418	100	193	100	177	100	46	100	255	100	205 998	100

表4-2e 中国分地区流动人口家庭成员与收支特征数据(2015年)-家庭本地月均支出

地区	0~999元		1000~1999元		2000~2999元		3000~3999元		4000~4999元		5000~5999元		6000~6999元		7000~7999元	
	人	%	人	%	人	%	人	%	人	%	人	%	人	%	人	%
东部地区	3586	47.45	16464	40.99	22514	40.79	20290	42.98	10749	45.67	7501	49.15	3438	52.23	1574	55.02
中部地区	986	13.05	5941	14.79	9055	16.41	8226	17.43	4228	17.96	2824	18.50	1191	18.09	506	17.69
西部地区	2527	33.43	14768	36.77	19323	35.01	15172	32.14	7102	30.17	4193	27.48	1670	25.37	679	23.73
东北地区	459	6.07	2994	7.45	4299	7.79	3516	7.45	1458	6.19	743	4.87	283	4.30	102	3.57
合计	7558	100	40167	100	55191	100	47204	100	23537	100	15261	100	6582	100	2861	100

地区	8000~8999元		9000~9999元		10000~19999元		20000~29999元		30000~39999元		40000~49999元		50000元及以上		合计	
	人	%	人	%	人	%	人	%	人	%	人	%	人	%	人	%
东部地区	1612	59.59	396	59.55	2514	67.60	274	68.84	48	57.83	13	46.43	25	64.10	90998	44.17
中部地区	423	15.64	118	17.74	441	11.86	48	12.06	8	9.64	3	10.71	2	5.13	34000	16.51
西部地区	612	22.62	139	20.90	691	18.58	73	18.34	27	32.53	12	42.86	12	30.77	67000	32.52
东北地区	58	2.14	12	1.80	73	1.96	3	0.75	0	0	0	0	0	0	14000	6.80
合计	2705	100	665	100	3719	100	398	100	83	100	28	100	39	100	205998	100

表4-2f 中国分地区流动人口家庭成员与收支特征数据(2015年)-家庭本地月均收入

地区	0~999元 人	%	1000~1999元 人	%	2000~2999元 人	%	3000~3999元 人	%	4000~4999元 人	%	5000~5999元 人	%	6000~6999元 人	%	7000~7999元 人	%	8000~8999元 人	%
东部地区	177	31.89	655	17.36	5651	32.12	11711	36.89	11538	37.31	13937	41.70	12631	47.98	8214	53.89	8690	54.35
中部地区	72	12.97	734	19.45	2933	16.67	5109	16.09	5166	16.71	6015	18.00	4522	17.18	2376	15.59	2603	16.28
西部地区	246	44.32	1921	50.91	7322	41.61	12163	38.31	11683	37.78	10966	32.81	7626	28.97	3852	25.27	3989	24.95
东北地区	60	10.81	463	12.27	1690	9.60	2763	8.70	2536	8.20	2505	7.49	1549	5.88	799	5.24	706	4.42
合计	555	100	3773	100	17596	100	31746	100	30923	100	33423	100	26328	100	15241	100	15988	100

地区	9000~9999元 人	%	10000~19999元 人	%	20000~29999元 人	%	30000~39999元 人	%	40000~49999元 人	%	50000~99999元 人	%	100000元以上 人	%	合计 人	%
东部地区	2661	55.33	11891	58.00	2091	65.67	620	63.27	169	56.71	274	52.39	88	68.75	90998	44.17
中部地区	778	16.18	3167	15.45	329	10.33	103	10.51	30	10.07	58	11.09	5	3.91	34000	16.51
西部地区	1188	24.70	4794	23.38	703	22.08	239	24.39	96	32.21	178	34.03	34	26.56	67000	32.52
东北地区	182	3.78	651	3.18	61	1.92	18	1.84	3	1.01	13	2.49	1	0.78	14000	6.80
合计	4809	100	20503	100	3184	100	980	100	298	100	523	100	128	100	205998	100

表4-3a 中国分经济区流动人口家庭成员与收支特征数据（2015年）-家庭成员数量

经济区	3人及以下		4~6人		7~10人		合计	
	人	%	人	%	人	%	人	%
珠三角	8 670	6.41	6 250	8.92	80	10.05	15 000	7.28
长三角	21 546	15.94	12 300	17.56	154	19.35	34 000	16.51
环渤海	26 768	19.80	8 182	11.68	48	6.03	34 998	16.99
其他	78 185	57.84	43 301	61.83	514	64.57	122 000	59.22
合计	135 169	100	70 033	100	796	100	205 998	100

表4-3b 中国分经济区流动人口家庭成员与收支特征数据（2015年）-家庭成员现居住地

经济区	本地		户籍地		其他		合计	
	人	%	人	%	人	%	人	%
珠三角	22 885	7.00	7 470	8.47	675	6.70	31 030	7.30
长三角	50 247	15.38	19 557	22.17	2 054	20.38	71 858	16.90
环渤海	50 003	15.30	13 710	15.54	971	9.63	64 684	15.22
其他	203 648	62.32	47 475	53.82	6 380	63.29	257 503	60.58
合计	326 783	100	88 212	100	10 080	100	425 075	100

表4-3c 中国分经济区流动人口家庭成员与收支特征数据（2015年）-家庭本地月均食物支出

经济区	0~999元		1 000~1 999元		2 000~2 999元		3 000~3 999元		4 000~4 999元		5 000元及以上		合计	
	人	%	人	%	人	%	人	%	人	%	人	%	人	%
珠三角	4 512	6.57	5 583	6.49	3 193	8.82	1 307	11.33	221	11.52	165	12.48	14 981	7.28
长三角	9 932	14.46	13 593	15.79	6 948	19.19	2 580	22.36	491	25.60	392	29.65	33 936	16.49
环渤海	12 567	18.29	14 058	16.33	5 884	16.25	1 885	16.33	341	17.78	248	18.76	34 983	17.00
其他	41 686	60.68	52 838	61.39	20 174	55.73	5 768	49.98	865	45.1	517	39.11	121 848	59.22
合计	68 697	100	86 072	100	36 199	100	11 540	100	1 918	100	1 322	100	205 748	100

表4-3d 中国分经济区流动人口家庭成员与收支特征数据（2015年）-家庭本地月均房租支出

经济区	0~999元		1 000~1 999元		2 000~2 999元		3 000~3 999元		4 000~4 999元		5 000~5 999元	
	人	%	人	%	人	%	人	%	人	%	人	%
珠三角	11 962	7.76	1 719	5.22	711	6.58	338	7.67	123	7.49	69	7.58
长三角	26 770	17.36	4 029	12.22	1 698	15.72	732	16.61	318	19.35	193	21.21
环渤海	23 587	15.30	6 922	21.00	2 371	21.95	1 146	26.00	479	29.15	233	25.60
其他	91 865	59.58	20 292	61.56	6 022	55.75	2 192	49.73	723	44.00	415	45.60
合计	154 184	100	32 962	100	10 802	100	4 408	100	1 643	100	910	100

经济区	6 000~6 999元		7 000~7 999元		8 000~8 999元		9 000~9 999元		10 000~50000元		合计	
	人	%	人	%	人	%	人	%	人	%	人	%
珠三角	27	6.46	20	10.36	11	6.21	4	8.70	16	6.27	15 000	7.28
长三角	106	25.36	54	27.98	48	27.12	12	26.09	40	15.69	34 000	16.51
环渤海	102	24.40	45	23.32	38	21.47	13	28.26	62	24.31	34 998	16.99
其他	183	43.78	74	38.34	80	45.20	17	36.96	137	53.73	122 000	59.22
合计	418	100	193	100	177	100	46	100	255	100	205 998	100

表4-3e 中国分经济区流动人口家庭成员与收支特征数据（2015年）-家庭本地月均支出

经济区	0~999元		1000~1999元		2000~2999元		3000~3999元		4000~4999元		5000~5999元		6000~6999元		7000~7999元	
	人	%	人	%	人	%	人	%	人	%	人	%	人	%	人	%
珠三角	717	9.49	2794	6.96	3435	6.22	3235	6.85	1863	7.92	1276	8.36	587	8.92	267	9.33
长三角	1119	14.81	5963	14.85	8701	15.77	7890	16.71	3983	16.92	2723	17.84	1257	19.10	583	20.38
环渤海	1715	22.69	6806	16.94	8990	16.29	7386	15.65	3782	16.07	2760	18.09	1209	18.37	563	19.68
其他	4007	53.02	24604	61.25	34065	61.72	28693	60.79	13909	59.09	8502	55.71	3529	53.62	1448	50.61
合计	7558	100	40167	100	55191	100	47204	100	23537	100	15261	100	6582	100	2861	100

经济区	8000~8999元		9000~9999元		10000~19999元		20000~29999元		30000~39999元		40000~49999元		50000元及以上		合计	
	人	%	人	%	人	%	人	%	人	%	人	%	人	%	人	%
珠三角	253	9.35	61	9.17	447	12.02	47	11.81	13	15.66	2	7.14	3	7.69	15000	7.28
长三角	579	21.40	147	22.11	938	25.22	89	22.36	14	16.87	5	17.86	9	23.08	34000	16.51
环渤海	591	21.85	147	22.11	907	24.39	109	27.39	16	19.28	4	14.29	13	33.33	34998	16.99
其他	1282	47.39	310	46.62	1427	38.37	153	38.44	40	48.19	17	60.71	14	35.90	122000	59.22
合计	2705	100	665	100	3719	100	398	100	83	100	28	100	39	100	205998	100

表4-3f 中国分经济区流动人口家庭成员与收支特征数据（2015年）－家庭本地月均收入

经济区	0~999元		1 000~1 999元		2 000~2 999元		3 000~3 999元		4 000~4 999元		5 000~5 999元		6 000~6 999元		7 000~7 999元		8 000~8 999元	
	人	%	人	%	人	%	人	%	人	%	人	%	人	%	人	%	人	%
珠三角	15	2.70	106	2.81	1 288	7.32	2 183	6.88	1 785	5.77	2 198	6.58	2 119	8.05	1 402	9.20	1 270	7.94
长三角	50	9.01	135	3.58	1 400	7.96	3 570	11.25	3 707	11.99	4 812	14.40	4 823	18.32	3 426	22.48	3 995	24.99
环渤海	114	20.54	423	11.21	2 804	15.94	5 110	16.10	5 160	16.69	5 903	17.66	4 703	17.86	2 670	17.52	2 633	16.47
其他	376	67.75	3 109	82.4	12 104	68.79	20 883	65.78	20 271	65.55	20 510	61.36	14 683	55.77	7 743	50.8	8 090	50.60
合计	555	100	3 773	100	17 596	100	31 746	100	30 923	100	33 423	100	26 328	100	15 241	100	15 988	100

经济区	9 000~9 999元		10 000~19 999元		20 000~29 999元		30 000~39 999元		40 000~49 999元		50 000~99 999元		100000元及以上		合计	
	人	%	人	%	人	%	人	%	人	%	人	%	人	%	人	%
珠三角	432	8.98	1 746	8.52	289	9.08	88	8.98	24	8.05	45	8.60	10	7.81	15 000	7.28
长三角	1 284	26.70	5 403	26.35	892	28.02	267	27.24	75	25.17	114	21.80	47	36.72	34 000	16.51
环渤海	698	14.51	3 591	17.51	767	24.09	233	23.78	63	21.14	95	18.16	31	24.22	34 998	16.99
其他	2 395	49.8	9 763	47.62	1 236	38.82	392	40.00	136	45.64	269	51.43	40	31.25	122 000	59.22
合计	4 809	100	20 503	100	3 184	100	980	100	298	100	523	100	128	100	205 998	100

表 4-4a 中国分城市群流动人口家庭成员与收支特征数据（2015 年）- 家庭成员数量

城市群	3 人及以下		4~6 人		7~10 人		合计	
	人	%	人	%	人	%	人	%
京津冀	15 770	11.67	5 393	7.70	35	4.40	21 198	10.29
珠三角	7 932	5.87	5 453	7.79	55	6.91	13 440	6.52
长三角	18 291	13.53	10 339	14.76	130	16.33	28 760	13.96
长江中游城市群	7 117	5.27	4 647	6.64	36	4.52	11 800	5.73
成渝	8 328	6.16	3 124	4.46	28	3.52	11 480	5.57
海峡西岸	5 016	3.71	3 586	5.12	38	4.77	8 640	4.19
山东半岛	4 321	3.20	955	1.36	4	0.50	5 280	2.56
哈长城市群	5 354	3.96	686	0.98	0	0	6 040	2.93
辽中南	4 337	3.21	659	0.94	4	0.50	5 000	2.43
中原城市群	2 753	2.04	1 405	2.01	2	0.25	4 160	2.02
江淮城市群	3 035	2.25	878	1.25	7	0.88	3 920	1.90
关中城市群	2 615	1.93	984	1.41	1	0.13	3 600	1.75
广西北部湾城市群	1 781	1.32	886	1.27	13	1.63	2 680	1.30
太原城市群	1 985	1.47	1 291	1.84	4	0.50	3 280	1.59
滇中城市群	1 676	1.24	1 143	1.63	21	2.64	2 840	1.38
黔中城市群	58	0.04	61	0.09	1	0.13	120	0.06
呼包鄂榆	3 626	2.68	1 772	2.53	2	0.25	5 400	2.62
乌昌石城市群	1 392	1.03	640	0.91	8	1.01	2 040	0.99
宁夏沿黄	1 792	1.33	1 935	2.76	73	9.17	3 800	1.84
其他地区	37 990	28.11	24 196	34.55	334	41.96	62 520	30.35
合计	135 169	100	70 033	100	796	100	205 998	100

表 4－4b 中国分城市群流动人口家庭成员与收支特征数据（2015年）－家庭成员现居住地

城市群	本地 人	%	户籍地 人	%	其他 人	%	合计 人	%
京津冀	28 943	8.86	9 492	10.76	497	4.93	38 932	9.16
珠三角	20 290	6.21	6 483	7.35	555	5.51	27 328	6.43
长三角	43 478	13.30	15 804	17.92	1 627	16.14	60 909	14.33
长江中游城市群	18 473	5.65	6 404	7.26	773	7.67	25 650	6.03
成渝	15 778	4.83	5 102	5.78	858	8.51	21 738	5.11
海峡西岸	12 184	3.73	5 270	5.97	889	8.82	18 343	4.32
山东半岛	8 973	2.75	1 358	1.54	92	0.91	10 423	2.45
哈长城市群	8 366	2.56	1 104	1.25	120	1.19	9 590	2.26
辽中南	6 700	2.05	1 058	1.20	165	1.64	7 923	1.86
中原城市群	5 081	1.55	2 144	2.43	111	1.10	7 336	1.73
江淮城市群	7 516	2.30	769	0.87	139	1.38	8 424	1.98
关中城市群	4 933	1.51	1 859	2.11	140	1.39	6 932	1.63
广西北部湾城市群	4 548	1.39	712	0.81	61	0.61	5 321	1.25
太原城市群	6 222	1.90	1 094	1.24	117	1.16	7 433	1.75
滇中城市群	4 375	1.34	1 316	1.49	134	1.33	5 825	1.37
黔中城市群	158	0.05	127	0.14	8	0.08	293	0.07
呼包鄂榆	10 947	3.35	589	0.67	237	2.35	11 773	2.77
乌昌石城市群	3 399	1.04	384	0.44	56	0.56	3 839	0.90
宁夏沿黄	9 348	2.86	460	0.52	193	1.91	10 001	2.35
其他地区	107 071	32.77	26 683	30.25	3 308	32.82	137 062	32.24
合计	326 783	100	88 212	100	10 080	100	425 075	100

表4-4c 中国分城市群流动人口家庭成员与收支特征数据（2015年）-家庭本地月均食物支出

城市群	0~999元		1 000~1 999元		2 000~2 999元		3 000~3 999元		4 000~4 999元		5 000元及以上		合计	
	人	%	人	%	人	%	人	%	人	%	人	%	人	%
京津冀	8 255	12.02	7 786	9.05	3 388	9.36	1 273	11.03	266	13.87	221	16.72	21 189	10.30
珠三角	4 015	5.84	5 004	5.81	2 851	7.88	1 183	10.25	207	10.79	161	12.18	13 421	6.52
长三角	8 209	11.95	11 397	13.24	6 000	16.58	2 289	19.84	447	23.31	360	27.23	28 702	13.95
长江中游城市群	3 801	5.53	5 100	5.93	2 121	5.86	584	5.06	94	4.90	60	4.54	11 760	5.72
成渝	4 141	6.03	4 789	5.56	1 862	5.14	527	4.57	112	5.84	47	3.56	11 478	5.58
海峡西岸	2 128	3.10	3 622	4.21	1 914	5.29	781	6.77	112	5.84	79	5.98	8 636	4.20
山东半岛	1 104	1.61	2 587	3.01	1 237	3.42	304	2.63	37	1.93	11	0.83	5 280	2.57
哈长城市群	2 435	3.54	2 678	3.11	746	2.06	152	1.32	19	0.99	9	0.68	6 039	2.94
辽中南	1 682	2.45	2 202	2.56	864	2.39	217	1.88	25	1.30	9	0.68	4 999	2.43
中原城市群	2 004	2.92	1 653	1.92	417	1.15	74	0.64	5	0.26	5	0.38	4 158	2.02
江淮城市群	704	1.02	2 021	2.35	912	2.52	234	2.03	31	1.62	18	1.36	3 920	1.91
关中城市群	1 509	2.20	1 511	1.76	453	1.25	105	0.91	16	0.83	6	0.45	3 600	1.75
广西北部湾城市群	773	1.13	1 233	1.43	487	1.35	151	1.31	19	0.99	17	1.29	2 680	1.30
太原城市群	1 165	1.70	1 472	1.71	505	1.40	115	1.00	15	0.78	8	0.61	3 280	1.59
滇中城市群	1 094	1.59	1 126	1.31	457	1.26	123	1.07	24	1.25	15	1.13	2 839	1.38
黔中城市群	57	0.08	45	0.05	16	0.04	2	0.02	0	0	0	0	120	0.06
呼包鄂榆	2 010	2.93	2 349	2.73	799	2.21	200	1.73	27	1.41	13	0.98	5 398	2.62
乌昌石城市群	674	0.98	841	0.98	380	1.05	113	0.98	22	1.15	10	0.76	2 040	0.99
宁夏沿黄	1 406	2.05	1 726	2.01	536	1.48	107	0.93	19	0.99	6	0.45	3 800	1.85
其他地区	21 531	31.34	26 930	31.29	10 254	28.33	3 006	26.05	421	21.95	267	20.20	62 409	30.33
合计	68 697	100	86 072	100	36 199	100	11 540	100	1 918	100	1 322	100	205 748	100

表4-4d 中国分城市群流动人口家庭成员与收支特征数据(2015年)—家庭本地月均房租支出

城市群	0~999元		1 000~1 999元		2 000~2 999元		3 000~3 999元		4 000~4 999元		5 000~5 999元	
	人	%	人	%	人	%	人	%	人	%	人	%
京津冀	14 136	9.17	3 805	11.54	1 517	14.04	896	20.33	415	25.26	195	21.43
珠三角	10 600	6.87	1 607	4.88	672	6.22	307	6.96	115	7.00	68	7.47
长三角	22 132	14.35	3 623	10.99	1 591	14.73	678	15.38	299	18.2	182	20.00
长江中游城市群	7 890	5.12	2 522	7.65	847	7.84	317	7.19	106	6.45	63	6.92
成渝	8 208	5.32	2 252	6.83	687	6.36	230	5.22	62	3.77	24	2.64
海峡西岸	7 127	4.62	933	2.83	315	2.92	143	3.24	49	2.98	26	2.86
山东半岛	3 078	2.00	1 512	4.59	473	4.38	153	3.47	30	1.83	22	2.42
哈长城市群	4 029	2.61	1 692	5.13	221	2.05	73	1.66	11	0.67	6	0.66
辽中南	3 691	2.39	1 011	3.07	214	1.98	57	1.29	18	1.10	6	0.66
中原城市群	3 122	2.02	727	2.21	227	2.10	60	1.36	15	0.91	7	0.77
江淮城市群	2 285	1.48	900	2.73	451	4.18	174	3.95	59	3.59	32	3.52
关中城市群	2 683	1.74	669	2.03	175	1.62	47	1.07	14	0.85	4	0.44
广西北部湾城市群	2 016	1.31	443	1.34	143	1.32	51	1.16	10	0.61	5	0.55
太原城市群	2 500	1.62	643	1.95	92	0.85	29	0.66	7	0.43	4	0.44
滇中城市群	2 249	1.46	367	1.11	93	0.86	69	1.57	21	1.28	18	1.98
黔中城市群	98	0.06	11	0.03	6	0.06	3	0.07	0	0	1	0.11
呼包鄂榆	4 244	2.75	831	2.52	187	1.73	75	1.70	36	2.19	15	1.65
乌昌石城市群	1 436	0.93	462	1.40	103	0.95	26	0.59	5	0.30	6	0.66
宁夏沿黄	2 929	1.90	676	2.05	121	1.12	48	1.09	9	0.55	7	0.77
其他地区	49 731	32.25	8 276	25.11	2 667	24.69	972	22.05	362	22.03	219	24.07
合计	154 184	100	32 962	100	10 802	100	4 408	100	1 643	100	910	100

续表

城市群	6 000~6 999 元 人	%	7 000~7 999 元 人	%	8 000~8 999 元 人	%	9 000~9 999 元 人	%	10 000~50 000 元 人	%	合计 人	%
京津冀	92	22.01	39	20.21	37	20.90	12	26.09	54	21.18	21 198	10.29
珠三角	24	5.74	16	8.29	11	6.21	4	8.70	16	6.27	13 440	6.52
长三角	103	24.64	54	27.98	47	26.55	11	23.91	40	15.69	28 760	13.96
长江中游城市群	25	5.98	10	5.18	5	2.82	3	6.52	12	4.71	11 800	5.73
成渝	10	2.39	1	0.52	5	2.82	0	0	1	0.39	11 480	5.57
海峡西岸	18	4.31	4	2.07	8	4.52	1	2.17	16	6.27	8 640	4.19
山东半岛	3	0.72	5	2.59	0	0	0	0	4	1.57	5 280	2.56
哈长城市群	1	0.24	1	0.52	5	2.82	0	0	1	0.39	6 040	2.93
辽中南	1	0.24	0	0	0	0	1	2.17	1	0.39	5 000	2.43
中原城市群	0	0	0	0	1	0.56	0	0	1	0.39	4 160	2.02
江淮城市群	10	2.39	3	1.55	3	1.69	0	0	3	1.18	3 920	1.90
关中城市群	2	0.48	1	0.52	0	0	0	0	5	1.96	3 600	1.75
广西北部湾城市群	7	1.67	1	0.52	1	0.56	0	0	3	1.18	2 680	1.30
太原城市群	2	0.48	2	1.04	0	0	0	0	1	0.39	3 280	1.59
滇中城市群	6	1.44	4	2.07	1	0.56	2	4.35	10	3.92	2 840	1.38
黔中城市群	0	0	0	0	0	0	0	0	1	0.39	120	0.06
呼包鄂榆	6	1.44	2	1.04	3	1.69	0	0	1	0.39	5 400	2.62
乌昌石鄂黄	0	0	2	1.04	0	0	0	0	0	0	2 040	0.99
宁夏沿黄	5	1.20	2	1.04	2	1.13	0	0	1	0.39	3 800	1.84
其他地区	103	24.64	46	23.83	48	27.12	12	26.09	84	32.94	62 520	30.35
合计	418	100	193	100	177	100	46	100	255	100	205 998	100

表 4-4e 中国分城市群流动人口家庭成员与收支特征数据（2015年）-家庭本地月均支出

城市群	0~999元 人	%	1000~1999元 人	%	2000~2999元 人	%	3000~3999元 人	%	4000~4999元 人	%	5000~5999元 人	%	6000~6999元 人	%	7000~7999元 人	%
京津冀	1210	16.01	4500	11.20	5241	9.50	3889	8.24	1995	8.48	1651	10.82	787	11.96	398	13.91
珠三角	629	8.32	2510	6.25	3015	5.46	2854	6.05	1662	7.06	1184	7.76	550	8.36	249	8.70
长三角	870	11.51	4848	12.07	7281	13.19	6667	14.12	3405	14.47	2394	15.69	1111	16.88	531	18.56
长江中游城市群	299	3.96	1758	4.38	2818	5.11	2976	6.30	1672	7.10	1081	7.08	508	7.72	228	7.97
成渝	352	4.66	2100	5.23	3125	5.66	2605	5.52	1447	6.15	913	5.98	426	6.47	168	5.87
海峡西岸	162	2.14	1510	3.76	2114	3.83	2048	4.34	1210	5.14	720	4.72	371	5.64	143	5.00
山东半岛	118	1.56	542	1.35	1212	2.20	1493	3.16	898	3.82	579	3.79	217	3.30	84	2.94
哈长城市群	144	1.91	1279	3.18	1979	3.59	1612	3.41	600	2.55	259	1.70	86	1.31	32	1.12
辽中南	180	2.38	979	2.44	1429	2.59	1191	2.52	597	2.54	341	2.23	149	2.26	58	2.03
中原城市群	246	3.25	1299	3.23	1176	2.13	715	1.51	355	1.51	195	1.28	90	1.37	29	1.01
江淮城市群	36	0.48	262	0.65	788	1.43	1165	2.47	691	2.94	518	3.39	197	2.99	99	3.46
关中城市群	132	1.75	880	2.19	993	1.80	833	1.76	402	1.71	189	1.24	82	1.25	31	1.08
广西北部湾城市群	68	0.90	566	1.41	808	1.46	631	1.34	264	1.12	172	1.13	71	1.08	21	0.73
太原城市群	68	0.90	569	1.42	1064	1.93	818	1.73	326	1.39	237	1.55	108	1.64	35	1.22
滇中城市群	148	1.96	817	2.03	705	1.28	555	1.18	271	1.15	151	0.99	74	1.12	37	1.29
黔中鄂渝	1	0.01	23	0.06	42	0.08	26	0.06	11	0.05	10	0.07	1	0.02	1	0.03
呼包鄂榆	97	1.28	806	2.01	1690	3.06	1479	3.13	648	2.75	395	2.59	134	2.04	61	2.13
乌昌石城市群	42	0.56	423	1.05	555	1.01	460	0.97	246	1.05	180	1.18	61	0.93	26	0.91
宁夏沿黄	157	2.08	840	2.09	1264	2.29	878	1.86	336	1.43	190	1.25	70	1.06	16	0.56
其他地区	2599	34.39	13656	34	17892	32.42	14309	30.31	6501	27.62	3902	25.57	1489	22.62	614	21.46
合计	7558	100	40167	100	55191	100	47204	100	23537	100	15261	100	6582	100	2861	100

续表

城市群	8 000~8 999元 人	%	9 000~9 999元 人	%	10 000~19 999元 人	%	20 000~29 999元 人	%	30 000~39 999元 人	%	40 000~49 999元 人	%	50 000元及以上 人	%	合计 人	%
京津冀	480	17.74	129	19.40	788	21.19	98	24.62	16	19.28	3	10.71	13	33.33	21 198	10.29
珠三角	240	8.87	55	8.27	430	11.56	45	11.31	12	14.46	2	7.14	3	7.69	13 440	6.52
长三角	525	19.41	132	19.85	887	23.85	81	20.35	14	16.87	5	17.86	9	23.08	28 760	13.96
长江中游城市群	193	7.13	52	7.82	190	5.11	22	5.53	0	0	1	3.57	2	5.13	11 800	5.73
成渝	162	5.99	27	4.06	135	3.63	14	3.52	1	1.20	1	3.57	4	10.26	11 480	5.57
海峡西岸	140	5.18	38	5.71	156	4.19	24	6.03	2	2.41	2	7.14	0	0	8 640	4.19
山东半岛	65	2.40	10	1.50	57	1.53	4	1.01	0	0	1	3.57	0	0	5 280	2.56
哈长城市群	20	0.74	6	0.90	23	0.62	0	0	0	0	0	0	0	0	6 040	2.93
辽中南	28	1.04	6	0.90	39	1.05	3	0.75	0	0	0	0	0	0	5 000	2.43
中原城市群	29	1.07	8	1.20	18	0.48	0	0	0	0	0	0	0	0	4 160	2.02
江淮城市群	69	2.55	18	2.71	68	1.83	9	2.26	0	0	0	0	0	0	3 920	1.90
关中城市群	26	0.96	5	0.75	23	0.62	2	0.50	0	0	2	7.14	0	0	3 600	1.75
广西北部湾城市群	27	1	5	0.75	40	1.08	4	1.01	1	1.20	0	0	2	5.13	2 680	1.30
太原城市群	19	0.70	3	0.45	26	0.70	3	0.75	3	3.61	1	3.57	0	0	3 280	1.59
滇中城市群	25	0.92	8	1.20	40	1.08	7	1.76	1	1.20	0	0	1	2.56	2 840	1.38
黔中城市群	3	0.11	0	0	1	0.03	1	0.25	0	0	0	0	0	0	120	0.06
呼包鄂榆	32	1.18	15	2.26	41	1.10	2	0.50	0	0	0	0	0	0	5 400	2.62
乌昌石鄂黄	25	0.92	2	0.30	17	0.46	2	0.50	0	0	1	3.57	0	0	2 040	0.99
宁夏沿黄	21	0.78	4	0.60	20	0.54	4	1.01	0	0	0	0	0	0	3 800	1.84
其他地区	576	21.29	142	21.35	720	19.36	73	18.34	33	39.76	9	32.14	5	12.82	62 520	30.35
合计	2 705	100	665	100	3 719	100	398	100	83	100	28	100	39	100	205 998	100

表 4-4f 中国分城市群流动人口家庭成员与收支特征数据（2015 年）－家庭本地月均收入

城市群	0~999元		1 000~1 999元		2 000~2 999元		3 000~3 999元		4 000~4 999元		5 000~5 999元		6 000~6 999元		7 000~7 999元		8 000~8 999元	
	人	%	人	%	人	%	人	%	人	%	人	%	人	%	人	%	人	%
京津冀	63	11.35	203	5.38	1 685	9.58	3 075	9.69	2 984	9.65	3 337	9.98	2 579	9.80	1 512	9.92	1 662	10.40
珠三角	13	2.34	76	2.01	1 164	6.62	1 957	6.16	1 550	5.01	1 921	5.75	1 887	7.17	1 253	8.22	1 165	7.29
长三角	33	5.95	97	2.57	1 054	5.99	2 893	9.11	3 092	10.00	4 026	12.05	4 025	15.29	2 917	19.14	3 406	21.30
长江中游城市群	19	3.42	175	4.64	805	4.57	1 442	4.54	1 646	5.32	2 026	6.06	1 765	6.70	891	5.85	1 129	7.06
成渝	22	3.96	291	7.71	1 117	6.35	1 652	5.20	1 683	5.44	1 851	5.54	1 612	6.12	812	5.33	905	5.66
海峡西岸	9	1.62	35	0.93	450	2.56	1 098	3.46	941	3.04	1 265	3.78	1 256	4.77	971	6.37	996	6.23
山东半岛	5	0.90	21	0.56	177	1.01	416	1.31	679	2.20	1 001	2.99	1 057	4.01	637	4.18	521	3.26
哈长城市群	15	2.70	153	4.06	718	4.08	1 256	3.96	1 208	3.91	1 155	3.46	649	2.47	314	2.06	255	1.59
辽中南	14	2.52	100	2.65	543	3.09	908	2.86	818	2.65	903	2.70	653	2.48	342	2.24	292	1.83
中原城市群	6	1.08	141	3.74	738	4.19	808	2.55	584	1.89	635	1.90	457	1.74	220	1.44	211	1.32
江淮城市群	2	0.36	17	0.45	99	0.56	309	0.97	490	1.58	745	2.23	647	2.46	427	2.80	429	2.68
关中城市群	6	1.08	75	1.99	326	1.85	569	1.79	606	1.96	671	2.01	487	1.85	239	1.57	254	1.59
广西北部湾城市群	3	0.54	71	1.88	391	2.22	585	1.84	499	1.61	400	1.20	241	0.92	140	0.92	108	0.68
太原城市群	10	1.80	84	2.23	259	1.47	627	1.98	574	1.86	660	1.97	350	1.33	219	1.44	189	1.18
滇中城市群	10	1.80	118	3.13	430	2.44	557	1.75	503	1.63	418	1.25	298	1.13	140	0.92	121	0.76
黔中城市群	0	0	1	0.03	5	0.03	14	0.04	14	0.05	21	0.06	23	0.09	10	0.07	8	0.05
呼包鄂榆	65	11.71	121	3.21	428	2.43	1 125	3.54	1 196	3.87	1 022	3.06	570	2.16	297	1.95	246	1.54
乌昌石城市群	6	1.08	41	1.09	185	1.05	407	1.28	327	1.06	278	0.83	237	0.90	146	0.96	159	0.99
宁夏沿黄	9	1.62	205	5.43	513	2.92	790	2.49	664	2.15	609	1.82	386	1.47	170	1.12	191	1.19
其他地区	245	44.14	1 748	46.33	6 509	36.99	11 258	35.46	10 865	35.14	10 479	31.35	7 149	27.15	3 584	23.52	3 741	23.40
合计	555	100	3 773	100	17 596	100	31 746	100	30 923	100	33 423	100	26 328	100	15 241	100	15 988	100

续表

城市群	9 000~9 999元		10 000~19 999元		20 000~29 999元		30 000~39 999元		40 000~49 999元		50 000~99 999元		100 000元及以上		合计	
	人	%	人	%	人	%	人	%	人	%	人	%	人	%	人	%
京津冀	442	9.19	2 607	12.72	679	21.33	200	20.41	58	19.46	83	15.87	29	22.66	21 198	10.29
珠三角	389	8.09	1 628	7.94	277	8.70	85	8.67	22	7.38	43	8.22	10	7.81	13 440	6.52
长三角	1 077	22.40	4 818	23.50	844	26.51	254	25.92	72	24.16	108	20.65	44	34.38	28 760	13.96
长江中游城市群	347	7.22	1 345	6.56	127	3.99	43	4.39	11	3.69	27	5.16	2	1.56	11 800	5.73
成渝	272	5.66	1 072	5.23	118	3.71	42	4.29	8	2.68	17	3.25	6	4.69	11 480	5.57
海峡西岸	308	6.40	1 148	5.60	114	3.58	33	3.37	5	1.68	10	1.91	1	0.78	8 640	4.19
山东半岛	153	3.18	549	2.68	41	1.29	16	1.63	3	1.01	3	0.57	1	0.78	5 280	2.56
哈长城市群	72	1.50	220	1.07	20	0.63	2	0.20	1	0.34	2	0.38	0	0	6 040	2.93
辽中南	73	1.52	299	1.46	33	1.04	13	1.33	1	0.34	7	1.34	1	0.78	5 000	2.43
中原城市群	85	1.77	250	1.22	15	0.47	5	0.51	2	0.67	3	0.57	0	0	4 160	2.02
江淮城市群	133	2.77	540	2.63	56	1.76	15	1.53	5	1.68	6	1.15	0	0	3 920	1.90
关中城市群	83	1.73	242	1.18	22	0.69	6	0.61	5	1.68	9	1.72	0	0	3 600	1.75
广西北部湾城市群	36	0.75	158	0.77	32	1.01	8	0.82	2	0.67	5	0.96	1	0.78	2 680	1.30
太原城市群	49	1.02	223	1.09	19	0.60	9	0.92	2	0.67	6	1.15	0	0	3 280	1.59
滇中城市群	27	0.56	177	0.86	22	0.69	6	0.61	4	1.34	7	1.34	2	1.56	2 840	1.38
黔中城市群	6	0.12	15	0.07	3	0.09	0	0	0	0	0	0	0	0	120	0.06
呼包鄂榆	69	1.43	221	1.08	27	0.85	9	0.92	2	0.67	1	0.19	1	0.78	5 400	2.62
乌昌石沿黄	40	0.83	171	0.83	25	0.79	5	0.51	4	1.34	5	0.96	4	3.13	2 040	0.99
宁夏沿黄	41	0.85	186	0.91	22	0.69	7	0.71	2	0.67	3	0.57	2	1.56	3 800	1.84
其他地区	1 107	23.02	4 634	22.60	688	21.61	222	22.65	89	29.87	178	34.03	24	18.75	62 520	30.35
合计	4 809	100	20 503	100	3 184	100	980	100	298	100	523	100	128	100	205 998	100

表 4－5a　中国分特殊地区流动人口家庭成员与收支特征数据（2015 年）－家庭成员数量

特殊地区	3 人及以下		4~6 人		7~10 人		合计	
	人	%	人	%	人	%	人	%
生态脆弱地区	1 118	51.76	1 007	46.62	35	1.62	2 160	100
陆地边境区	896	80.00	223	19.91	1	0.09	1 120	100
少数民族区	1 629	58.18	1 133	40.46	38	1.36	2 800	100

表 4－5b　中国分特殊地区流动人口家庭成员与收支特征数据（2015 年）－家庭成员现居住地

特殊地区	本地		户籍地		其他		合计	
	人	%	人	%	人	%	人	%
生态脆弱地区	4 540	85.24	735	13.80	51	0.96	5 326	100
陆地边境区	1 890	91.17	78	3.76	105	5.07	2 073	100
少数民族区	5 718	87.59	713	10.92	97	1.49	6 528	100

表4-5c 中国分特殊地区流动人口家庭成员与收支特征数据(2015年)－家庭本地月均食物支出

特殊地区	0~999元		1000~1999元		2000~2999元		3000~3999元		4000~4999元		5000元及以上		合计	
	人	%	人	%	人	%	人	%	人	%	人	%	人	%
生态脆弱地区	859	39.77	985	45.6	260	12.04	49	2.27	3	0.14	4	0.19	2160	100
陆地边境区	362	32.32	524	46.79	181	16.16	46	4.11	6	0.54	1	0.09	1120	100
少数民族区	1072	38.29	1271	45.39	362	12.93	78	2.79	11	0.39	6	0.21	2800	100

表4-5d 中国分特殊地区流动人口家庭成员与收支特征数据(2015年)－家庭本地月均房租支出

特殊地区	0~999元		1000~1999元		2000~2999元		3000~3999元		4000~4999元		5000~5999元	
	人	%	人	%	人	%	人	%	人	%	人	%
生态脆弱地区	1913	88.56	185	8.56	32	1.48	16	0.74	6	0.28	6	0.28
陆地边境区	992	88.57	84	7.50	27	2.41	11	0.98	5	0.45	1	0.09
少数民族区	2425	86.61	250	8.93	62	2.21	31	1.11	13	0.46	11	0.39

特殊地区	6000~6999元		7000~7999元		8000~8999元		9000~9999元		10000~50000元		合计	
	人	%	人	%	人	%	人	%	人	%	人	%
生态脆弱地区	1	0.05	0	0	1	0.05	0	0	0	0	2160	100
陆地边境区	0	0	0	0	0	0	0	0	0	0	1120	100
少数民族区	1	0.04	0	0	3	0.11	1	0.04	3	0.11	2800	100

表4-5e 中国分特殊地区流动人口家庭成员与收支特征数据（2015年）-家庭本地月均支出

特殊地区	0~999元		1000~1999元		2000~2999元		3000~3999元		4000~4999元		5000~5999元		6000~6999元		7000~7999元	
	人	%	人	%	人	%	人	%	人	%	人	%	人	%	人	%
生态脆弱地区	44	2.04	714	33.06	760	35.19	374	17.31	130	6.02	81	3.75	32	1.48	9	0.42
陆地边境区	41	3.66	263	23.48	333	29.73	285	25.45	103	9.20	56	5.00	27	2.41	7	0.63
少数民族区	67	2.39	829	29.61	942	33.64	551	19.68	203	7.25	116	4.14	49	1.75	17	0.61

特殊地区	8000~8999元		9000~9999元		10000~19999元		20000~29999元		30000~39999元		40000~49999元		50000元及以上		合计	
	人	%	人	%	人	%	人	%	人	%	人	%	人	%	人	%
生态脆弱地区	3	0.14	2	0.09	11	0.51	0	0	0	0	0	0	0	0	2160	100
陆地边境区	3	0.27	0	0	2	0.18	0	0	0	0	0	0	0	0	1120	100
少数民族区	6	0.21	4	0.14	16	0.57	0	0	0	0	0	0	0	0	2800	100

表4-5f 中国分特殊地区流动人口家庭成员与收支特征数据（2015年）-家庭本地月均收入

特殊地区	0~999元		1 000~1 999元		2 000~2 999元		3 000~3 999元		4 000~4 999元		5 000~5 999元		6 000~6 999元		7 000~7 999元		8 000~8 999元	
	人	%	人	%	人	%	人	%	人	%	人	%	人	%	人	%	人	%
生态脆弱地区	7	0.32	47	2.18	251	11.62	535	24.77	487	22.55	360	16.67	206	9.54	84	3.89	63	2.92
陆地边境区	10	0.89	71	6.34	190	16.96	238	21.25	191	17.05	152	13.57	95	8.48	39	3.48	51	4.55
少数民族区	16	0.57	84	3.00	342	12.21	681	24.32	615	21.96	448	16.00	245	8.75	104	3.71	102	3.64

特殊地区	9 000~9 999元		10 000~19 999元		20 000~29 999元		30 000~39 999元		40 000~49 999元		50 000~99 999元		100 000元及以上		合计	
	人	%	人	%	人	%	人	%	人	%	人	%	人	%	人	%
生态脆弱地区	16	0.74	90	4.17	6	0.28	2	0.09	2	0.09	4	0.19	0	0	2 160	100
陆地边境区	18	1.61	59	5.27	6	0.54	0	0	0	0	0	0	0	0	1 120	100
少数民族区	27	0.96	113	4.04	12	0.43	5	0.18	2	0.07	4	0.14	0	0	2 800	100

五、基本公共卫生和计划生育服务特征

表5　中国流动人口基本公共卫生和计划生育服务特征数据(2015年)－数据文档

项目	内容
1 数据集名称	中国流动人口基本公共卫生和计划生育服务特征数据(2015年)
2 数据集内容说明	
2.1 数据集内容一般描述	a. 数据内容(数据文件/表名称,包含的观测指标内容): 数据来源于国家卫生计生委2015年流动人口动态监测调查数据,后期使用STATA统计软件进行加工处理,生成Excel属性数据表。数据反映了2015年中国分省、分地区、分经济区、分城市群、分特殊地区流动人口基本公共卫生和计划生育服务情况,包括:健康教育方式、健康教育内容、医疗保险、初婚时间、分娩场所、子女数量、子女性别、子女年龄、子女现居住地等指标各分类区间的人数和列百分比分布(分特殊地区计算行百分比)。 b. 建设目的: 为相关研究人员提供基础统计数据。 c. 服务对象: 面向科研,主要用于流动人口相关科学研究。 d. 数据的时间范围: 2015年。 e. 数据的空间范围: 分省包括中国31个省(区、市)及新疆生产建设兵团。 样本中所包含的各省如下: 北京市、天津市、河北省、山西省、内蒙古自治区、辽宁省、吉林省、黑龙江省、上海市、江苏省、浙江省、安徽省、福建省、江西省、山东省、河南省、湖北省、湖南省、广东省、广西壮族自治区、海南省、重庆市、四川省、贵州省、云南省、西藏自治区、陕西省、甘肃省、青海省、宁夏回族自治区、新疆维吾尔自治区、新疆生产建设兵团。 分地区包括东北地区、东部地区、中部地区和西部地区。 东北地区:黑龙江省、吉林省、辽宁省。 东部地区:北京市、天津市、上海市、河北省、山东省、江苏省、浙江省、福建省、广东省、海南省。 中部地区:山西省、河南省、湖北省、安徽省、湖南省、江西省。 西部地区:内蒙古自治区、新疆维吾尔自治区、宁夏回族自治区、陕西省、甘肃省、青海省、重庆市、四川省、西藏自治区、广西壮族自治区、贵州省、云南省。 分经济区包括:珠三角地区、长三角地区、环渤海地区、其他地区。 珠三角地区:广东省。 长三角地区:上海市、江苏省和浙江省。 环渤海地区:北京市、天津市、河北省、辽宁省、山东省。

项目	内容

	分城市群包括中国19个城市群:
	京津冀:北京、天津、石家庄、保定、廊坊、唐山、秦皇岛、沧州。
	珠三角:广州、深圳、珠海、佛山、东莞、中山、江门、惠州、肇庆。
	长三角:上海、南京、苏州、无锡、常州、镇江、扬州、泰州、南通、杭州、宁波、嘉兴、湖州、绍兴、台州、舟山。
	长江中游城市群:武汉、长沙、南昌、黄石、黄冈、鄂州、孝感、咸宁、仙桃、潜江、天门、株洲、湘潭、衡阳、岳阳、益阳、常德娄底、九江、景德镇、鹰潭、新余、抚州、宜春、萍乡。
	成渝:重庆、成都、德阳、绵阳、眉山、资阳、乐山、自贡、泸州、内江、宜宾。
	海峡西岸:福州、厦门、泉州、漳州、福田、宁德、汕头、潮州、揭阳、汕尾、温州。
	山东半岛:济南、青岛、淄博、东营、烟台、潍坊、威海、日照、聊城。
	哈长城市群:哈尔滨、齐齐哈尔、大庆、牡丹江、绥化、长春、吉林、四平、辽源、松原。
	辽中南:沈阳、大连、鞍山、抚顺、本溪、丹东、锦州、营口、辽阳、盘锦、铁岭、葫芦岛。
	中原城市群:郑州、开封、洛阳、许昌、新乡、焦作、平顶山、漯河、济源。
	江淮城市群:合肥、芜湖、蚌埠、淮南、马鞍山、铜陵、安庆、池州、滁州、宣城。
	关中城市群:西安、铜川、宝鸡、咸阳、渭南、商洛。
	广西北部湾城市群:南宁、北海、钦州、防城港。
	太原城市群:太原、阳泉、晋中、忻州、长治、临汾、孝义、汾阳。
	滇中城市群:昆明、曲靖、玉溪、楚雄。
	黔中城市群:贵阳、遵义、安顺、毕节、都匀、凯里。
	呼包鄂榆:呼和浩特、包头、鄂尔多斯、乌兰察布、巴彦淖尔、乌海、榆林。
	乌昌石城市群:乌鲁木齐、石河子、昌吉、五家渠。
	宁夏沿黄:银川、石嘴山、吴忠、中卫。
	
	分特殊地区包括:生态脆弱区、陆地边境区、少数民族区。
	生态脆弱区:阿克苏市、宣威市、格尔木市、大方县、鄂托克旗、孙吴县、隆林各族自治县、黔西县、临洮县。
	陆地边境区:二连浩特市、延吉市、珲春市、龙井市、浑江区、孙吴县、东宁县、密山市、萝北县、饶河县、漠河县、呼玛县。
	少数民族区:鄂托克旗、延吉市、珲春市、龙井市、隆林各族自治县、盐边县、共和县、格尔木市、阿克苏市。
	
	f. 数据的学科范围:
	   人口学、公共政策范畴。
	g. 数据类型(文献、属性、矢量、栅格、文本等):
	   Excel属性数据。
	h. 数据更新的频度:
	   每年更新一次。
	i. 其他需要说明的内容:
	   1.2015年流动人口动态监测调查数据中流动人口是指:在本地居住一个月及以上,非本区(县、市)户口的15周岁及以上男性和女性流动人口。

续表

项目	内容
	2.表中"空格"表示不详或无该项数据。 3.分特殊地区中,因某些城市同时属于不同的特殊地区类别(比如延吉市同属于陆地边境区与少数民族区),导致纵向的加总没有意义,故在表中省略,计算行百分比。
2.2 字段(要素)名称解释	名称解释与量纲: 表:中国流动人口基本公共卫生和计划生育服务特征数据(2015年)-健康教育方式 变量名:健康教育方式 数据类型:字符型 量纲:无 释义:指接受健康教育的方式,具体包括:健康知识讲座、书/刊/光盘等、广播/电视节目、面对面咨询、网上咨询、公众健康咨询活动、宣传栏、手机短信/微信(因数据录入方式,以上分类在元数据库中为二分变量,而在数据实体中,我们重新将所有类型纳入"健康教育方式"字段之中)。 类别1: 健康教育方式_人数 数据类型:数值型 量纲:人 释义:各地不同健康教育方式类别包含的样本人数。 类别2: 健康教育方式_比重 数据类型:数值型 量纲:% 释义:该健康教育方式类别下,各地样本人数占该类别下所有样本人数的百分比(特殊地区:不同健康教育方式的样本人数占该该特殊地区样本总人数的百分比)。 表:中国流动人口基本公共卫生和计划生育服务特征数据(2015年)-健康教育内容 变量名:健康教育内容 数据类型:字符型 量纲:无 释义:指是否接受过以下类型的健康教育:职业病防治、艾滋病防治、生殖避孕、结核病防治、性病防治、精神障碍防治、慢性病防治、营养健康知识、其他传染病防治(因数据录入方式,以上分类在元数据库中为二分变量,而在数据实体中,我们重新将所有类型纳入"健康教育内容"字段之中)。 类别1: 健康教育内容_人数 数据类型:数值型 量纲:人 释义:各地不同健康教育内容类别包含的样本人数。 类别2: 健康教育内容_比重

项目	内容
	数据类型:数值型 量纲:% 释义:该健康教育内容类别下,各地样本人数占该类别下所有样本人数的百分比(特殊地区:不同健康教育内容的样本人数占该特殊地区样本总人数的百分比)。 表:中国流动人口基本公共卫生和计划生育服务特征数据(2015年)-新型农村合作医疗保险 变量名:新型农村合作医疗保险 数据类型:字符型 量纲:无 释义:指目前在流入地享有新农村合作医疗保险的状况,包含享有、不享有和不清楚新农村合作医疗保险三种状况。 类别1: 新型农村合作医疗保险_人数 数据类型:数值型 量纲:人 释义:不同地区医保状况类别包含的样本人数。 类别2: 新型农村合作医疗保险_比重 数据类型:数值型 量纲:% 释义:不同医保状况类别下,各地样本人数所占百分比(特殊地区:不同医保状况的样本人数占该特殊地区样本总人数的百分比)。 表:中国流动人口基本公共卫生和计划生育服务特征数据(2015年)-城乡居民合作医疗保险 变量名:城乡居民合作医疗保险 数据类型:字符型 量纲:无 释义:指目前在流入地享有城乡居民合作医疗保险的状况,包含享有、不享有和不清楚城乡居民合作医疗保险三种状况。 类别1: 城乡居民合作医疗保险_人数 数据类型:数值型 量纲:人 释义:各地不同医保状况类别包含的样本人数。 类别2: 城乡居民合作医疗保险_比重 数据类型:数值型 量纲:% 释义:不同医保状况类别下,各地包含的样本人数占该类别下样本总人数的百分比(特殊地区:不同医保状况的样本人数占该特殊地区样本总人数的百分比)。

续表

项目	内容
	表:中国流动人口基本公共卫生和计划生育服务特征数据(2015年)-城镇居民医疗保险 　　变量名:城镇居民医疗保险 　　数据类型:字符型 　　量纲:无 　　释义:指目前在流入地享有城镇居民医疗保险的状况,包含享有、不享有和不清楚新城镇居民医疗保险三种状况。 　　类别1: 城镇居民医疗保险_人数 　　数据类型:数值型 　　量纲:人 　　释义:各地不同医保状况类别包含的样本人数。 　　类别2: 城镇居民医疗保险_比重 　　数据类型:数值型 　　量纲:% 　　释义:不同医保状况类别下,各地样本人数占该类别下样本总人数的百分比(特殊地区:不同医保状况的样本人数占该特殊地区样本总人数的百分比)。 表:中国流动人口基本公共卫生和计划生育服务特征数据(2015年)-城镇职工医疗保险 　　变量名:城镇职工医疗保险 　　数据类型:字符型 　　量纲:无 　　释义:指目前在流入地享有城镇职工医疗保险的状况,包含享有、不享有和不清楚新城镇职工医疗保险三种状况。 　　类别1: 城镇职工医疗保险_人数 　　数据类型:数值型 　　量纲:人 　　释义:各地不同医保状况类别包含的样本人数。 　　类别2: 城镇职工医疗保险_比重 　　数据类型:数值型 　　量纲:% 　　释义:不同医保状况类别下,各地样本人数占该类别下样本总人数的百分比(特殊地区:不同医保状况的样本人数占该特殊地区样本总人数的百分比)。 表:中国流动人口基本公共卫生和计划生育服务特征数据(2015年)-初婚时间 　　变量名:初婚时间 　　数据类型:数值型 　　量纲:岁

续表

项目	内容
	释义:指首次婚姻年龄(法律意义上婚姻以登记为准,事实婚姻为开始同居时间)。 类别1: 初婚时间_人数 数据类型:数值型 量纲:人 释义:各地不同初婚时间段类别包含的样本人数。 类别2: 初婚时间_比重 数据类型:数值型 量纲:% 释义:该初婚时间类别下,各地样本人数占该类别下所有样本人数的百分比(特殊地区:不同初婚时间的样本人数占该特殊地区样本总人数的百分比)。 表:中国流动人口基本公共卫生和计划生育服务特征数据(2015年)-分娩场所 变量名:分娩场所 数据类型:字符型 量纲:无 释义:指被访者本人各个子女的分娩场所,具体分为:医院、私人诊所、在家、其他地方。 类别1: 分娩场所_人数 数据类型:数值型 量纲:人 释义:各地不同类型分娩场所包含的样本人数。 类别2: 分娩场所_比重 数据类型:数值型 量纲:% 释义:该分娩场所类别下,各地样本人数占该类别下所有样本人数的百分比(特殊地区:不同分娩场所类别的样本人数占该特殊地区样本总人数的百分比)。 表:中国流动人口基本公共卫生和计划生育服务特征数据(2015年)-子女数量 变量名:子女数量 数据类型:数值型 量纲:人 释义:指被访者本人亲生的所有子女数量。 类别1: 子女数量_人数 数据类型:数值型 量纲:人

续表

项目	内容
	释义:各地不同类别子女数量包含的样本人数。 类别2: 子女数量_比重 数据类型:数值型 量纲:% 释义:该子女数量类别下,各地样本人数占该类别下所有样本人数的百分比(特殊地区:不同子女数量的样本人数占该特殊地区样本总人数的百分比)。 表:中国流动人口基本公共卫生和计划生育服务特征数据(2015年)–子女性别 变量名:子女性别 数据类型:字符型 量纲:无 释义:指被访者本人亲生的子女性别。 类别1: 子女性别_人数 数据类型:数值型 量纲:人 释义:各地不同子女性别的样本人数。 类别2: 子女性别_比重 数据类型:数值型 量纲:% 释义:该子女性别类别下,各地样本人数占该类别下所有样本人数的百分比(特殊地区:不同子女性别的样本人数占该特殊地区样本总人数的百分比)。 表:中国流动人口基本公共卫生和计划生育服务特征数据(2015年)–子女年龄 变量名:子女年龄 数据类型:字符型 量纲:岁 释义:指被访者本人亲生的子女年龄。 类别1: 子女年龄_人数 数据类型:数值型 量纲:人 释义:各地不同子女年龄类别包含的样本人数。 类别2: 子女年龄_比重 数据类型:数值型 量纲:% 释义:该子女年龄类别下,各地样本人数占该类别下所有样本人数的百分比(特殊地区:不同子女年龄的样本人数占该特殊地区样本总人数的百分比)。

续表

项目	内容
	表:中国流动人口基本公共卫生和计划生育服务特征数据(2015年)-子女现居住地 变量名:子女现居住地 数据类型:字符型 量纲:无 释义:指被访者本人各个子女的子女现居住地,具体分为:本地、户籍地、其他地方、去世。 类别1: 子女现居住地_人数 数据类型:数值型 量纲:人 释义:各地不同子女现居住地类型包含的样本人数。 类别2: 子女现居住地_比重 数据类型:数值型 量纲:% 释义:该子女现居住地类别下,各地样本人数占该类别下所有样本人数的百分比(特殊地区:不同子女现居住地的样本人数占该特殊地区样本总人数的百分比)。
3 数据源描述	考察调查数据,来源于国家卫生计生委2015年流动人口动态监测调查。
4 数据加工方法	根据国家卫生计生委2015年流动人口动态监测调查得来的原始数据,用STATA计算健康教育方式、健康教育内容和医疗保险的人数分布和百分比分布。用初婚时间减去出生时间得到初婚年龄,然后将初婚年龄分段,计算每一个年龄段的人数和其在总人数中所占的百分比。用STATA计算曾生育子女数、子女性别、子女年龄、分娩场所和子女现居住地的人数分布和百分比分布。
5 数据质量描述	数据经过了三次质量检验:一次是中国人口发展研究中心的专家进行了数据质量检查和清理;二次是流动人口服务中心组织人员进行二次质量检查并进行清理;三是专题数据委托大学数据处理专业专家进行再次质量检查。
6 数据应用成果	主要应用领域 本数据集主要应用于流动人口和公共政策相关科学研究。
7 知识产权	a. 标注知识产权说明(数据使用引用方式规定等) b. 数据标注参考以下规范: 数据来源参考以下规范: 中文表达方式:国家卫生计生委流动人口数据平台-中国流动人口动态监测调查数据库(http://www.chinaldrk.org.cn); 英文表达方式:The Migrant Population Data Platform of National Health and Family Planning Commission of P. R. C, The Migrant Population Dynamic Monitoring Survey Data Archive of China (http://www.chinaldrk.org.cn). 致谢方式参考以下规范:

续表

项目	内容
	中文致谢方式:"感谢国家卫生计生委流动人口数据平台 - 中国流动人口动态监测调查数据库(http://www.chinaldrk.org.cn)提供数据支撑。" 英文致谢方式:Acknowledgement for the data support from " The Migrant Population Data Platform of National Health and Family Planning Commission of P. R. C, The Migrant Population Dynamic Monitoring Survey Data Archive of China (http://www.chinaldrk.org.cn)". c. 注明使用数据的联系人 由于本数据集测定时间不尽一致,指标繁杂,如需要详细原始数据者,请联系数据管理者。 联系信息: 联系人姓名:信息服务处 Email:ldrkzxsj@163.com Tel:010 - 68791297

表 5-1a 中国分省流动人口基本公共卫生和计划生育服务特征数据(2015年)－健康教育方式

省份	讲座 人	%	书刊/光盘等 人	%	广播电视节目 人	%	面对面咨询 人	%	网上咨询 人	%	公众健康咨询活动 人	%	宣传栏 人	%	手机短信/微信 人	%
北京	2965	5.10	3233	3.95	5966	3.95	1635	3.16	3416	4.30	2584	3.55	5991	3.79	4362	4.09
天津	2949	5.07	2320	2.83	4038	2.67	2230	4.30	2083	2.62	2384	3.27	4891	3.10	2652	2.49
河北	1335	2.30	2391	2.92	6339	4.20	1153	2.23	2628	3.31	1999	2.74	5723	3.62	4296	4.03
山西	990	1.70	2074	2.53	3213	2.13	895	1.73	1592	2.01	1001	1.37	3157	2.00	2396	2.25
内蒙古	995	1.71	1893	2.31	3842	2.54	1346	2.60	1625	2.05	1166	1.60	3396	2.15	2697	2.53
辽宁	1580	2.72	2017	2.46	3672	2.43	938	1.81	1631	2.06	1491	2.05	3620	2.29	2129	2.00
吉林	1466	2.52	1432	1.75	2820	1.87	1003	1.94	1462	1.84	1398	1.92	2830	1.79	1818	1.71
黑龙江	2120	3.65	1964	2.40	3954	2.62	1242	2.40	1528	1.93	2000	2.74	4012	2.54	1996	1.87
上海	1961	3.37	2839	3.47	5638	3.73	1402	2.71	3197	4.03	2085	2.86	5426	3.43	3909	3.67
江苏	3394	5.84	4926	6.02	8995	5.96	2915	5.63	5109	6.44	4125	5.66	9016	5.71	6397	6.00
浙江	2068	3.56	4370	5.34	9805	6.49	1886	3.64	4621	5.82	3438	4.72	9236	5.85	6870	6.44
安徽	1391	2.39	1711	2.09	3172	2.10	1801	3.48	1899	2.39	1497	2.05	3639	2.30	2236	2.10
福建	1313	2.26	3487	4.26	5878	3.89	1394	2.69	3168	3.99	2486	3.41	5975	3.78	4869	4.57
江西	1163	2.00	1733	2.12	3253	2.15	1098	2.12	2084	2.63	1660	2.28	3649	2.31	2507	2.35
山东	2178	3.75	2982	3.64	4638	3.07	1944	3.75	2722	3.43	2154	2.96	5148	3.26	3476	3.26
河南	1744	3.00	2542	3.11	4201	2.78	1611	3.11	2603	3.28	2620	3.59	5066	3.21	3533	3.31
湖北	2426	4.17	2612	3.19	4746	3.14	2183	4.21	2587	3.26	3010	4.13	5322	3.37	3322	3.12
湖南	2553	4.39	3489	4.26	5665	3.75	2516	4.86	3514	4.43	3655	5.01	6186	3.92	4350	4.08
广东	3722	6.40	5902	7.21	11134	7.37	3040	5.87	6295	7.93	5197	7.13	11771	7.45	7827	7.34
广西	1756	3.02	2950	3.60	4670	3.09	2034	3.93	2771	3.49	2825	3.88	5094	3.22	3142	2.95
海南	531	0.91	1610	1.97	2893	1.92	988	1.91	1526	1.92	1292	1.77	3311	2.10	2005	1.88
重庆	2715	4.67	2847	3.48	4847	3.21	2103	4.06	2925	3.69	2993	4.11	5349	3.39	3234	3.03
四川	2586	4.45	3233	3.95	6333	4.19	2242	4.33	3317	4.18	3887	5.33	6933	4.39	4236	3.97
贵州	674	1.16	1904	2.33	3415	2.26	1221	2.36	1724	2.17	1769	2.43	3505	2.22	2316	2.17
云南	1068	1.84	2250	2.75	3919	2.60	1127	2.18	1736	2.19	1888	2.59	3956	2.50	2863	2.69
西藏	725	1.25	1076	1.31	2428	1.61	722	1.39	899	1.13	1151	1.58	2558	1.62	1576	1.48
陕西	1520	2.61	2500	3.05	4171	2.76	1123	2.17	2377	3.00	2082	2.86	4486	2.84	3307	3.10
甘肃	1846	3.17	2535	3.10	4327	2.87	1745	3.37	2305	2.90	2405	3.30	4753	3.01	3135	2.94
青海	1712	2.94	2074	2.53	3755	2.49	1446	2.79	1891	2.38	1928	2.65	4114	2.60	2750	2.58
宁夏	1513	2.60	1543	1.88	3049	2.02	1613	3.11	1519	1.91	1611	2.21	3355	2.12	2221	2.08
新疆	2399	4.13	2632	3.22	4575	3.03	2424	4.68	1980	2.50	2097	2.88	4800	3.04	3024	2.84
兵团	789	1.36	790	0.97	1625	1.08	781	1.51	619	0.78	1006	1.38	1739	1.10	1146	1.08
合计	58147	100	81861	100	150976	100	51801	100	79353	100	72884	100	158007	100	106597	100

表 5-1b 中国分省流动人口基本公共卫生和计划生育服务特征数据（2015年）—健康教育内容

省份	职业病防治 人	%	营养健康知识 人	%	生殖与避孕优生优育 人	%	慢性病防治 人	%	控制吸烟 人	%	精神障碍防治 人	%	结核病防治 人	%	性病艾滋病防治 人	%	其他传染病防治 人	%
北京	3333	4.07	5455	4.06	5029	3.66	3753	4.34	5170	4.12	1839	4.60	2818	3.64	4258	3.67	2984	3.92
天津	2316	2.83	4043	3.01	4554	3.32	2517	2.91	3505	2.79	972	2.43	2339	3.02	3619	3.12	1994	2.62
河北	3278	4.00	6011	4.48	4513	3.29	2497	2.88	4554	3.63	611	1.53	1121	1.45	2501	2.16	2104	2.76
山西	1382	1.69	3057	2.28	3130	2.28	1107	1.28	2618	2.08	461	1.15	984	1.27	2026	1.75	992	1.30
内蒙古	1384	1.69	3094	2.30	3265	2.38	1992	2.30	3153	2.51	741	1.85	1806	2.33	2358	2.03	1354	1.78
辽宁	1721	2.10	3309	2.46	2756	2.01	2085	2.41	2976	2.37	757	1.89	1662	2.15	2306	1.99	1385	1.82
吉林	1399	1.71	2660	1.98	2360	1.72	1836	2.12	2468	1.97	719	1.80	1497	1.93	2030	1.75	1267	1.66
黑龙江	1784	2.18	3525	2.63	3120	2.27	2453	2.83	3055	2.43	873	2.18	2164	2.79	2472	2.13	1786	2.35
上海	3096	3.78	5034	3.75	4217	3.07	3156	3.65	5088	4.05	1271	3.18	2176	2.81	3495	3.01	2214	2.91
江苏	5805	7.09	8477	6.31	7750	5.65	5247	6.06	7275	5.79	2464	6.16	4136	5.34	6285	5.42	4090	5.37
浙江	4896	5.98	8093	6.03	8384	6.11	4347	5.02	7736	6.16	2354	5.88	3546	4.58	7001	6.03	4456	5.85
安徽	1769	2.16	3146	2.34	3719	2.71	1767	2.04	2542	2.02	768	1.92	1349	1.74	2316	2.00	1520	2.00
福建	3272	4.00	5081	3.78	5564	4.05	2656	3.07	4715	3.76	1529	3.82	2455	3.17	4993	4.30	2671	3.51
江西	1982	2.42	3012	2.24	3063	2.23	1799	2.08	2885	2.30	877	2.19	1655	2.14	2755	2.37	1655	2.17
山东	2650	3.24	4616	3.44	5163	3.76	2454	2.84	4027	3.21	966	2.41	1866	2.41	3422	2.95	2074	2.72
河南	2620	3.20	4468	3.33	3947	2.88	2800	3.24	4260	3.39	1315	3.29	2344	3.03	3510	3.03	2536	3.33
湖北	2740	3.35	4490	3.34	4872	3.55	3107	3.59	4193	3.34	1537	3.84	2755	3.56	3777	3.26	2787	3.66
湖南	3721	4.54	5509	4.10	5608	4.09	3819	4.41	5487	4.37	2236	5.59	3620	4.67	4809	4.14	3562	4.68
广东	7411	9.05	8994	6.70	10820	7.89	5932	6.85	8820	7.02	3024	7.56	5219	6.74	8560	7.38	5986	7.86
广西	2703	3.30	3811	2.84	4372	3.19	2793	3.23	3627	2.89	1742	4.35	2777	3.59	4826	4.16	2962	3.89
海南	1216	1.48	2476	1.84	3059	2.23	1353	1.56	2208	1.76	677	1.69	1274	1.64	2681	2.31	1463	1.92
重庆	3454	4.22	4608	3.43	4494	3.28	3561	4.11	4356	3.47	2154	5.38	3578	4.62	4006	3.45	2840	3.73
四川	3898	4.76	5727	4.27	5812	4.24	4118	4.76	4984	3.97	2078	5.19	4066	5.25	5384	4.64	3801	4.99
贵州	1567	1.91	2627	1.96	2797	2.04	2259	2.61	3178	2.53	1039	2.60	2867	3.70	2908	2.51	2185	2.87
云南	1662	2.03	2848	2.12	3474	2.53	2223	2.57	3075	2.45	1034	2.58	2413	3.12	3974	3.43	2205	2.90
西藏	741	0.90	1672	1.25	1693	1.23	1481	1.71	1806	1.44	658	1.64	1997	2.58	2339	2.02	1515	1.99
陕西	1873	2.29	3980	2.96	3736	2.72	2582	2.98	3615	2.88	913	2.28	2222	2.87	2660	2.29	2059	2.70
甘肃	1974	2.41	3785	2.82	4044	2.95	2470	2.85	3728	2.97	1070	2.67	2312	2.98	3237	2.79	2273	2.98
青海	1929	2.36	3122	2.33	3247	2.37	2422	2.80	3425	2.73	1020	2.55	2629	3.39	3171	2.73	2167	2.85
宁夏	1485	1.81	2850	2.12	2841	2.07	1940	2.24	2249	1.79	835	2.09	1684	2.17	2114	1.82	1768	2.32
新疆	1899	2.32	3255	2.42	4324	3.15	2791	3.22	3423	2.73	1134	2.83	3078	3.97	4726	4.07	2521	3.31
兵团	935	1.14	1429	1.06	1494	1.09	1235	1.43	1363	1.09	346	0.86	1050	1.36	1509	1.30	977	1.28
合计	81895	100	134264	100	137221	100	86552	100	125564	100	40014	100	77459	100	116028	100	76153	100

表 5-1c 中国分省流动人口基本公共卫生和计划生育服务特征数据（2015年）- 新型农村合作医疗保险

省份	是 人	是 %	否 人	否 %	不清楚 人	不清楚 %	合计 人	合计 %
北京	3 946	2.90	3 719	5.87	335	5.21	8 000	3.88
天津	3 654	2.68	2 218	3.50	128	1.99	6 000	2.91
河北	7 406	5.44	2 271	3.58	321	4.99	9 998	4.85
山西	3 879	2.85	975	1.54	146	2.27	5 000	2.43
内蒙古	3 713	2.73	1 018	1.61	269	4.18	5 000	2.43
辽宁	2 637	1.94	2 051	3.24	312	4.85	5 000	2.43
吉林	2 471	1.81	1 345	2.12	184	2.86	4 000	1.94
黑龙江	2 662	1.95	1 995	3.15	343	5.33	5 000	2.43
上海	3 686	2.71	3 882	6.13	432	6.71	8 000	3.88
江苏	7 314	5.37	4 396	6.94	290	4.51	12 000	5.83
浙江	9 987	7.33	3 620	5.71	393	6.11	14 000	6.80
安徽	3 610	2.65	1 341	2.12	49	0.76	5 000	2.43
福建	5 486	4.03	1 343	2.12	171	2.66	7 000	3.40
江西	3 900	2.86	1 014	1.60	86	1.34	5 000	2.43
山东	3 671	2.70	2 276	3.59	53	0.82	6 000	2.91
河南	5 447	4.00	509	0.80	44	0.68	6 000	2.91
湖北	4 167	3.06	1 747	2.76	86	1.34	6 000	2.91
湖南	5 679	4.17	1 165	1.84	156	2.42	7 000	3.40
广东	8 241	6.05	6 178	9.75	581	9.03	15 000	7.28
广西	4 458	3.27	1 395	2.20	147	2.28	6 000	2.91
海南	2 854	2.10	2 020	3.19	126	1.96	5 000	2.43
重庆	740	0.54	4 999	7.89	261	4.06	6 000	2.91
四川	4 858	3.57	2 719	4.29	423	6.57	8 000	3.88
贵州	3 189	2.34	653	1.03	158	2.46	4 000	1.94
云南	4 075	2.99	838	1.32	87	1.35	5 000	2.43
西藏	3 349	2.46	512	0.81	139	2.16	4 000	1.94
陕西	5 120	3.76	816	1.29	64	0.99	6 000	2.91
甘肃	4 805	3.53	1 068	1.69	127	1.97	6 000	2.91
青海	3 656	2.68	1 232	1.94	112	1.74	5 000	2.43
宁夏	2 936	2.16	898	1.42	166	2.58	4 000	1.94
新疆	3 638	2.67	2 181	3.44	181	2.81	6 000	2.91
兵团	973	0.71	963	1.52	64	0.99	2 000	0.97
合计	136 207	100	63 357	100	6 434	100	205 998	100

表 5－1c 中国分省流动人口基本公共卫生和计划生育服务特征数据（2015 年）－城乡居民合作医疗保险

省 份	是		否		不清楚		合计	
	人	%	人	%	人	%	人	%
北京	212	2.53	7 424	3.89	364	5.24	8 000	3.88
天津	275	3.29	5 577	2.92	148	2.13	6 000	2.91
河北	124	1.48	9 536	5.00	338	4.86	9 998	4.85
山西	49	0.59	4 810	2.52	141	2.03	5 000	2.43
内蒙古	39	0.47	4 700	2.46	261	3.76	5 000	2.43
辽宁	69	0.82	4 621	2.42	310	4.46	5 000	2.43
吉林	86	1.03	3 723	1.95	191	2.75	4 000	1.94
黑龙江	114	1.36	4 546	2.38	340	4.89	5 000	2.43
上海	264	3.15	7 301	3.83	435	6.26	8 000	3.88
江苏	242	2.89	11 485	6.02	273	3.93	12 000	5.83
浙江	457	5.46	12 889	6.76	654	9.41	14 000	6.80
安徽	249	2.97	4 702	2.47	49	0.71	5 000	2.43
福建	64	0.76	6 799	3.57	137	1.97	7 000	3.40
江西	188	2.25	4 719	2.47	93	1.34	5 000	2.43
山东	167	2.00	5 794	3.04	39	0.56	6 000	2.91
河南	57	0.68	5 900	3.09	43	0.62	6 000	2.91
湖北	224	2.68	5 697	2.99	79	1.14	6 000	2.91
湖南	139	1.66	6 714	3.52	147	2.12	7 000	3.40
广东	491	5.87	13 886	7.28	623	8.97	15 000	7.28
广西	118	1.41	5 665	2.97	217	3.12	6 000	2.91
海南	225	2.69	4 643	2.43	132	1.90	5 000	2.43
重庆	2 715	32.44	3 027	1.59	258	3.71	6 000	2.91
四川	378	4.52	7 202	3.78	420	6.04	8 000	3.88
贵州	91	1.09	3 742	1.96	167	2.40	4 000	1.94
云南	187	2.23	4 716	2.47	97	1.40	5 000	2.43
西藏	105	1.25	3 649	1.91	246	3.54	4 000	1.94
陕西	178	2.13	5 758	3.02	64	0.92	6 000	2.91
甘肃	173	2.07	5 655	2.97	172	2.48	6 000	2.91
青海	229	2.74	4 653	2.44	118	1.70	5 000	2.43
宁夏	211	2.52	3 624	1.90	165	2.37	4 000	1.94
新疆	223	2.66	5 611	2.94	166	2.39	6 000	2.91
兵团	27	0.32	1 912	1.00	61	0.88	2 000	0.97
合计	8 370	100	190 680	100	6 948	100	205 998	100

表 5－1c 中国分省流动人口基本公共卫生和计划生育服务特征数据（2015年）－城镇居民医疗保险

省　份	是		否		不清楚		合计	
	人	%	人	%	人	%	人	%
北京	333	2.88	7 333	3.91	334	4.86	8 000	3.88
天津	172	1.49	5 681	3.03	147	2.14	6 000	2.91
河北	630	5.46	9 033	4.82	335	4.88	9 998	4.85
山西	287	2.49	4 570	2.44	143	2.08	5 000	2.43
内蒙古	216	1.87	4 524	2.41	260	3.79	5 000	2.43
辽宁	345	2.99	4 348	2.32	307	4.47	5 000	2.43
吉林	439	3.80	3 372	1.80	189	2.75	4 000	1.94
黑龙江	704	6.10	3 958	2.11	338	4.92	5 000	2.43
上海	432	3.74	7 146	3.81	422	6.15	8 000	3.88
江苏	276	2.39	11 450	6.10	274	3.99	12 000	5.83
浙江	186	1.61	13 184	7.03	630	9.17	14 000	6.80
安徽	168	1.45	4 781	2.55	51	0.74	5 000	2.43
福建	91	0.79	6 769	3.61	140	2.04	7 000	3.40
江西	302	2.61	4 602	2.45	96	1.40	5 000	2.43
山东	202	1.75	5 760	3.07	38	0.55	6 000	2.91
河南	178	1.54	5 783	3.08	39	0.57	6 000	2.91
湖北	607	5.26	5 313	2.83	80	1.16	6 000	2.91
湖南	474	4.10	6 377	3.40	149	2.17	7 000	3.40
广东	460	3.98	13 908	7.41	632	9.20	15 000	7.28
广西	310	2.68	5 485	2.92	205	2.99	6 000	2.91
海南	666	5.77	4 203	2.24	131	1.91	5 000	2.43
重庆	169	1.46	5 576	2.97	255	3.71	6 000	2.91
四川	672	5.82	6 907	3.68	421	6.13	8 000	3.88
贵州	180	1.56	3 652	1.95	168	2.45	4 000	1.94
云南	301	2.61	4 604	2.45	95	1.38	5 000	2.43
西藏	171	1.48	3 579	1.91	250	3.64	4 000	1.94
陕西	251	2.17	5 685	3.03	64	0.93	6 000	2.91
甘肃	619	5.36	5 206	2.78	175	2.55	6 000	2.91
青海	585	5.07	4 305	2.29	110	1.60	5 000	2.43
宁夏	172	1.49	3 662	1.95	166	2.42	4 000	1.94
新疆	590	5.11	5 247	2.80	163	2.37	6 000	2.91
兵团	361	3.13	1 579	0.84	60	0.87	2 000	0.97
合计	11 549	100	187 582	100	6 867	100	205 998	100

表5-1c 中国分省流动人口基本公共卫生和计划生育服务特征数据（2015年）-城镇职工医疗保险

省份	是		否		不清楚		合计	
	人	%	人	%	人	%	人	%
北京	3 136	8.71	4 552	2.79	312	4.75	8 000	3.88
天津	1 362	3.78	4 512	2.76	126	1.92	6 000	2.91
河北	1 129	3.14	8 530	5.22	339	5.16	9 998	4.85
山西	452	1.26	4 407	2.70	141	2.15	5 000	2.43
内蒙古	482	1.34	4 258	2.61	260	3.96	5 000	2.43
辽宁	920	2.56	3 773	2.31	307	4.68	5 000	2.43
吉林	367	1.02	3 441	2.11	192	2.92	4 000	1.94
黑龙江	302	0.84	4 359	2.67	339	5.16	5 000	2.43
上海	2 903	8.07	4 666	2.85	431	6.57	8 000	3.88
江苏	3 462	9.62	8 283	5.07	255	3.88	12 000	5.83
浙江	2 281	6.34	11 129	6.81	590	8.99	14 000	6.80
安徽	878	2.44	4 074	2.49	48	0.73	5 000	2.43
福建	1 748	4.86	5 138	3.14	114	1.74	7 000	3.40
江西	452	1.26	4 455	2.73	93	1.42	5 000	2.43
山东	1 652	4.59	4 307	2.64	41	0.62	6 000	2.91
河南	362	1.01	5 598	3.43	40	0.61	6 000	2.91
湖北	647	1.80	5 278	3.23	75	1.14	6 000	2.91
湖南	544	1.51	6 309	3.86	147	2.24	7 000	3.40
广东	5 205	14.46	9 375	5.74	420	6.40	15 000	7.28
广西	939	2.61	4 827	2.95	234	3.56	6 000	2.91
海南	884	2.46	3 982	2.44	134	2.04	5 000	2.43
重庆	1 918	5.33	3 831	2.34	251	3.82	6 000	2.91
四川	1 335	3.71	6 247	3.82	418	6.37	8 000	3.88
贵州	277	0.77	3 556	2.18	167	2.54	4 000	1.94
云南	189	0.53	4 713	2.88	98	1.49	5 000	2.43
西藏	57	0.16	3 694	2.26	249	3.79	4 000	1.94
陕西	370	1.03	5 566	3.41	64	0.97	6 000	2.91
甘肃	214	0.59	5 604	3.43	182	2.77	6 000	2.91
青海	281	0.78	4 610	2.82	109	1.66	5 000	2.43
宁夏	382	1.06	3 451	2.11	167	2.54	4 000	1.94
新疆	560	1.56	5 278	3.23	162	2.47	6 000	2.91
兵团	305	0.85	1 635	1.00	60	0.91	2 000	0.97
合计	35 995	100	163 438	100	6 565	100	205 998	100

表 5-1d 中国分省流动人口基本公共卫生和计划生育服务特征数据(2015年)—初婚年龄

省份	35~39 岁		15~19 岁		20~24 岁		25~29 岁		30~34 岁	
	人	%	人	%	人	%	人	%	人	%
北京	6	3.80	445	2.71	3 273	3.30	2 124	5.48	454	6.61
天津	6	3.80	447	2.72	3 469	3.50	1 098	2.83	160	2.33
河北	4	2.53	591	3.60	5 019	5.06	1 469	3.79	168	2.45
山西	1	0.63	402	2.45	2 727	2.75	926	2.39	143	2.08
内蒙古	1	0.63	406	2.47	2 663	2.69	957	2.47	167	2.43
辽宁	3	1.90	322	1.96	2 117	2.14	891	2.30	180	2.62
吉林	1	0.63	335	2.04	1 933	1.95	661	1.70	104	1.51
黑龙江	0	0	377	2.30	2 473	2.49	717	1.85	130	1.89
上海	5	3.16	589	3.59	3 794	3.83	1 635	4.22	296	4.31
江苏	6	3.80	1 034	6.30	6 410	6.47	2 036	5.25	236	3.44
浙江	17	10.76	1 505	9.17	6 980	7.04	2 235	5.76	356	5.18
安徽	0	0	331	2.02	2 944	2.97	1 198	3.09	142	2.07
福建	8	5.06	566	3.45	3 323	3.35	1 278	3.30	227	3.30
江西	2	1.27	436	2.66	2 545	2.57	851	2.19	143	2.08
山东	1	0.63	111	0.68	3 371	3.40	1 781	4.59	203	2.95
河南	3	1.90	455	2.77	2 898	2.92	815	2.10	103	1.50
湖北	1	0.63	434	2.65	3 273	3.30	1 369	3.53	196	2.85
湖南	0	0	459	2.80	3 563	3.59	1 338	3.45	169	2.46
广东	5	3.16	439	2.68	6 493	6.55	3 342	8.62	700	10.19
广西	4	2.53	233	1.42	2 220	2.24	1 743	4.49	400	5.82
海南	4	2.53	396	2.41	2 020	2.04	1 271	3.28	350	5.09
重庆	2	1.27	248	1.51	2 699	2.72	1 134	2.92	184	2.68
四川	6	3.80	639	3.89	3 915	3.95	1 151	2.97	209	3.04
贵州	3	1.90	314	1.91	1 695	1.71	655	1.69	159	2.31
云南	10	6.33	647	3.94	2 256	2.28	756	1.95	166	2.42
西藏	20	12.66	464	2.83	1 360	1.37	555	1.43	174	2.53
陕西	2	1.27	627	3.82	3 152	3.18	1 080	2.78	174	2.53
甘肃	8	5.06	625	3.81	2 888	2.91	973	2.51	159	2.31
青海	17	10.76	821	5.00	2 337	2.36	704	1.82	140	2.04
宁夏	7	4.43	699	4.26	1 850	1.87	580	1.50	112	1.63
新疆	2	1.27	773	4.71	2 604	2.63	1 132	2.92	302	4.40
兵团	3	1.90	238	1.45	884	0.89	325	0.84	64	0.93
合计	158	100	16 408	100	99 148	100	38 780	100	6 870	100

续表

省份	35~39岁		40~44岁		45岁及以上		合计	
	人	%	人	%	人	%	人	%
北京	71	4.94	16	5.08	4	4.44	6 393	3.92
天津	28	1.95	3	0.95	3	3.33	5 214	3.19
河北	29	2.02	8	2.54	7	7.78	7 295	4.47
山西	35	2.43	6	1.90	4	4.44	4 244	2.60
内蒙古	36	2.50	8	2.54	2	2.22	4 240	2.60
辽宁	40	2.78	13	4.13	1	1.11	3 567	2.19
吉林	24	1.67	10	3.17	4	4.44	3 072	1.88
黑龙江	24	1.67	9	2.86	0	0	3 730	2.29
上海	50	3.48	9	2.86	2	2.22	6 380	3.91
江苏	58	4.03	20	6.35	7	7.78	9 807	6.01
浙江	69	4.80	13	4.13	8	8.89	11 183	6.85
安徽	20	1.39	5	1.59	1	1.11	4 641	2.84
福建	45	3.13	6	1.90	3	3.33	5 456	3.34
江西	30	2.09	5	1.59	0	0	4 012	2.46
山东	26	1.81	1	0.32	0	0	5 494	3.37
河南	15	1.04	6	1.90	0	0	4 295	2.63
湖北	52	3.62	10	3.17	4	4.44	5 339	3.27
湖南	24	1.67	5	1.59	2	2.22	5 560	3.41
广东	152	10.57	27	8.57	3	3.33	11 161	6.84
广西	105	7.30	19	6.03	3	3.33	4 727	2.90
海南	86	5.98	22	6.98	5	5.56	4 154	2.55
重庆	46	3.20	9	2.86	3	3.33	4 325	2.65
四川	48	3.34	14	4.44	2	2.22	5 984	3.67
贵州	44	3.06	7	2.22	2	2.22	2 879	1.76
云南	35	2.43	7	2.22	2	2.22	3 879	2.38
西藏	56	3.89	16	5.08	5	5.56	2 650	1.62
陕西	39	2.71	5	1.59	2	2.22	5 081	3.11
甘肃	27	1.88	11	3.49	3	3.33	4 694	2.88
青海	32	2.23	6	1.90	1	1.11	4 058	2.49
宁夏	19	1.32	4	1.27	3	3.33	3 274	2.01
新疆	61	4.24	13	4.13	4	4.44	4 891	3.00
兵团	12	0.83	2	0.63	0	0	1 528	0.94
合计	1 438	100	315	100	90	100	163 207	100

表5-1e 中国分省流动人口基本公共卫生和计划生育服务特征数据(2015年)-分娩场所

省份	医院		私人诊所		家		其他地方		合计	
	人	%	人	%	人	%	人	%	人	%
北京	6 676	3.52	93	2.55	645	1.98	12	2.55	7 426	3.28
天津	6 028	3.18	33	0.91	559	1.72	2	0.43	6 622	2.93
河北	8 546	4.51	140	3.84	1 041	3.19	9	1.91	9 736	4.30
山西	5 022	2.65	92	2.52	1 191	3.65	6	1.28	6 311	2.79
内蒙古	3 955	2.09	177	4.85	1 364	4.18	8	1.70	5 504	2.43
辽宁	3 214	1.69	37	1.01	503	1.54	0	0	3 754	1.66
吉林	2 783	1.47	53	1.45	442	1.36	0	0	3 278	1.45
黑龙江	3 173	1.67	38	1.04	805	2.47	2	0.43	4 018	1.78
上海	7 403	3.90	121	3.32	851	2.61	5	1.06	8 380	3.70
江苏	11 764	6.20	164	4.50	1 608	4.93	18	3.83	13 554	5.99
浙江	13 638	7.19	293	8.04	3 444	10.57	52	11.06	17 427	7.70
安徽	5 043	2.66	103	2.83	469	1.44	9	1.91	5 624	2.48
福建	6 916	3.65	149	4.09	1 359	4.17	11	2.34	8 435	3.73
江西	5 785	3.05	73	2.00	673	2.06	8	1.7	6 539	2.89
山东	5 940	3.13	13	0.36	193	0.59	4	0.85	6 150	2.72
河南	5 748	3.03	152	4.17	595	1.83	10	2.13	6 505	2.87
湖北	6 373	3.36	89	2.44	857	2.63	11	2.34	7 330	3.24
湖南	6 796	3.58	136	3.73	1 466	4.50	12	2.55	8 410	3.72
广东	15 480	8.16	267	7.32	1 817	5.57	43	9.15	17 607	7.78
广西	6 084	3.21	104	2.85	551	1.69	23	4.89	6 762	2.99
海南	5 600	2.95	100	2.74	385	1.18	17	3.62	6 102	2.70
重庆	4 053	2.14	82	2.25	978	3.00	25	5.32	5 138	2.27
四川	5 835	3.08	154	4.22	1 876	5.76	10	2.13	7 875	3.48
贵州	3 056	1.61	194	5.32	1 301	3.99	38	8.09	4 589	2.03
云南	4 615	2.43	125	3.43	1 396	4.28	28	5.96	6 164	2.72
西藏	2 395	1.26	44	1.21	299	0.92	11	2.34	2 749	1.21
陕西	5 838	3.08	107	2.93	930	2.85	15	3.19	6 890	3.04
甘肃	5 837	3.08	106	2.91	791	2.43	25	5.32	6 759	2.99
青海	4 805	2.53	141	3.87	1 151	3.53	27	5.74	6 124	2.71
宁夏	4 013	2.12	43	1.18	1 448	4.44	15	3.19	5 519	2.44
新疆	5 459	2.88	148	4.06	1 151	3.53	12	2.55	6 770	2.99
兵团	1 763	0.93	75	2.06	455	1.40	2	0.43	2 295	1.01
合计	189 636	100	3 646	100	32 594	100	470	100	226 346	100

表5-1f 中国分省流动人口基本公共卫生和计划生育服务特征数据（2015年）-子女数量

省份	0个 人	%	1个 人	%	2个 人	%	3个 人	%	4个 人	%	5个及以上 人	%	合计 人	%
北京	931	7.84	3 643	4.25	1 665	2.92	142	1.91	11	1.13	1	0.59	6 393	3.92
天津	414	3.49	3 132	3.65	1 526	2.68	129	1.73	12	1.24	1	0.59	5 214	3.19
河北	594	5.00	3 967	4.62	2 462	4.32	246	3.30	23	2.37	3	1.76	7 295	4.47
山西	217	1.83	2 011	2.34	1 757	3.09	237	3.18	21	2.16	1	0.59	4 244	2.60
内蒙古	267	2.25	2 580	3.01	1 270	2.23	108	1.45	14	1.44	1	0.59	4 240	2.60
辽宁	498	4.19	2 439	2.84	576	1.01	46	0.62	8	0.82	0	0	3 567	2.19
吉林	378	3.18	2 143	2.50	519	0.91	31	0.42	1	0.10	0	0	3 072	1.88
黑龙江	475	4.00	2 563	2.99	627	1.10	60	0.81	4	0.41	1	0.59	3 730	2.29
上海	575	4.84	3 537	4.12	1 990	3.49	249	3.34	25	2.57	4	2.35	6 380	3.91
江苏	646	5.44	5 312	6.19	3 367	5.91	423	5.68	54	5.56	5	2.94	9 807	6.01
浙江	468	3.94	4 982	5.81	4 859	8.53	767	10.29	91	9.37	16	9.41	11 183	6.85
安徽	264	2.22	3 253	3.79	1 012	1.78	102	1.37	9	0.93	1	0.59	4 641	2.84
福建	242	2.04	2 420	2.82	2 413	4.24	340	4.56	36	3.71	5	2.94	5 456	3.34
江西	158	1.33	1 513	1.76	1 963	3.45	346	4.64	30	3.09	2	1.18	4 012	2.46
山东	466	3.93	3 946	4.60	1 020	1.79	61	0.82	1	0.10	0	0	5 494	3.37
河南	202	1.70	1 896	2.21	1 976	3.47	209	2.80	12	1.24	0	0	4 295	2.63
湖北	175	1.47	3 112	3.63	1 872	3.29	162	2.17	16	1.65	2	1.18	5 339	3.27
湖南	241	2.03	2 555	2.98	2 465	4.33	266	3.57	31	3.19	2	1.18	5 560	3.41
广东	534	4.50	4 761	5.55	4 911	8.62	810	10.87	122	12.56	23	13.53	11 161	6.84
广西	321	2.70	2 363	2.75	1 770	3.11	236	3.17	30	3.09	7	4.12	4 727	2.90
海南	270	2.27	1 932	2.25	1 679	2.95	224	3.01	42	4.33	7	4.12	4 154	2.55
重庆	485	4.09	2 655	3.09	1 082	1.90	94	1.26	8	0.82	1	0.59	4 325	2.65
四川	441	3.71	3 430	4.00	1 918	3.37	171	2.29	22	2.27	2	1.18	5 984	3.67
贵州	136	1.15	1 283	1.50	1 147	2.01	248	3.33	57	5.87	8	4.71	2 879	1.76
云南	217	1.83	1 555	1.81	1 773	3.11	279	3.74	47	4.84	8	4.71	3 879	2.38
西藏	458	3.86	1 676	1.95	482	0.85	28	0.38	5	0.51	1	0.59	2 650	1.62
陕西	341	2.87	2 810	3.28	1 744	3.06	156	2.09	23	2.37	7	4.12	5 081	3.11
甘肃	285	2.40	2 332	2.72	1 820	3.20	233	3.13	23	2.37	1	0.59	4 694	2.88
青海	320	2.70	1 731	2.02	1 695	2.98	257	3.45	43	4.43	12	7.06	4 058	2.49
宁夏	193	1.63	1 273	1.48	1 331	2.34	343	4.60	97	9.99	37	21.76	3 274	2.01
新疆	538	4.53	2 315	2.70	1 665	2.92	330	4.43	33	3.40	10	5.88	4 891	3.00
兵团	122	1.03	679	0.79	586	1.03	120	1.61	20	2.06	1	0.59	1 528	0.94
合计	11 872	100	85 799	100	56 942	100	7 453	100	971	100	170	100	163 207	100

表 5-1g 中国分省流动人口基本公共卫生和计划生育服务特征数据（2015 年）-子女性别

省 份	男		女		合计	
	人	%	人	%	人	%
北京	4 024	3.22	3 402	3.35	7 426	3.28
天津	3 721	2.98	2 901	2.86	6 622	2.93
河北	5 429	4.35	4 307	4.25	9 736	4.30
山西	3 369	2.70	2 942	2.90	6 311	2.79
内蒙古	2 817	2.25	2 687	2.65	5 504	2.43
辽宁	2 043	1.64	1 711	1.69	3 754	1.66
吉林	1 804	1.44	1 474	1.45	3 278	1.45
黑龙江	2 096	1.68	1 922	1.90	4 018	1.78
上海	4 706	3.77	3 674	3.62	8 380	3.70
江苏	7 581	6.07	5 973	5.89	13 554	5.99
浙江	9 739	7.80	7 688	7.58	17 427	7.70
安徽	3 287	2.63	2 337	2.30	5 624	2.48
福建	4 719	3.78	3 716	3.66	8 435	3.73
江西	3 677	2.94	2 862	2.82	6 539	2.89
山东	3 327	2.66	2 823	2.78	6 150	2.72
河南	3 738	2.99	2 767	2.73	6 505	2.87
湖北	3 914	3.13	3 416	3.37	7 330	3.24
湖南	4 520	3.62	3 890	3.84	8 410	3.72
广东	9 777	7.83	7 830	7.72	17 607	7.78
广西	3 626	2.90	3 136	3.09	6 762	2.99
海南	3 479	2.78	2 623	2.59	6 102	2.70
重庆	2 704	2.16	2 434	2.4	5 138	2.27
四川	4 176	3.34	3 699	3.65	7 875	3.48
贵州	2 540	2.03	2 049	2.02	4 589	2.03
云南	3 378	2.70	2 786	2.75	6 164	2.72
西藏	1 614	1.29	1 135	1.12	2 749	1.21
陕西	3 912	3.13	2 978	2.94	6 890	3.04
甘肃	3 793	3.04	2 966	2.92	6 759	2.99
青海	3 488	2.79	2 636	2.6	6 124	2.71
宁夏	3 007	2.41	2 512	2.48	5 519	2.44
新疆	3 700	2.96	3 070	3.03	6 770	2.99
兵团	1 221	0.98	1 074	1.06	2 295	1.01
合计	124 926	100	101 420	100	226 346	100

表 5-1h 中国分省流动人口基本公共卫生和计划生育服务特征数据（2015年）-子女年龄

省份	3岁及以下 人	%	4~6岁 人	%	7~9岁 人	%	10~12岁 人	%	13~15岁 人	%
北京	2 113	4.61	1 178	3.44	988	3.31	687	2.90	552	2.69
天津	1 237	2.70	1 136	3.32	1 007	3.38	848	3.58	691	3.36
河北	1 587	3.46	1 461	4.26	1 383	4.64	1 111	4.70	1 020	4.96
山西	1 075	2.35	895	2.61	814	2.73	666	2.82	653	3.18
内蒙古	1 054	2.30	716	2.09	644	2.16	546	2.31	465	2.26
辽宁	478	1.04	452	1.32	461	1.55	442	1.87	357	1.74
吉林	452	0.99	383	1.12	386	1.29	333	1.41	298	1.45
黑龙江	413	0.90	340	0.99	450	1.51	349	1.48	344	1.67
上海	1 759	3.84	1 226	3.58	1 136	3.81	782	3.31	628	3.06
江苏	2 741	5.98	2 052	5.99	1 755	5.88	1 334	5.64	1 150	5.60
浙江	3 520	7.68	2 656	7.75	2 305	7.73	1 787	7.55	1 532	7.45
安徽	1 433	3.13	876	2.56	800	2.68	623	2.63	527	2.56
福建	1 747	3.81	1 443	4.21	1 140	3.82	882	3.73	690	3.36
江西	1 136	2.48	996	2.91	894	3.00	789	3.34	669	3.26
山东	1 870	4.08	1 304	3.81	996	3.34	616	2.60	520	2.53
河南	971	2.12	971	2.83	998	3.35	832	3.52	704	3.43
湖北	2 041	4.45	1 188	3.47	835	2.80	613	2.59	523	2.55
湖南	1 526	3.33	1 248	3.64	941	3.15	842	3.56	754	3.67
广东	4 608	10.05	3 229	9.43	2 644	8.86	1 888	7.98	1 489	7.25
广西	1 887	4.12	1 027	3.00	981	3.29	749	3.17	571	2.78
海南	1 689	3.68	1 200	3.50	784	2.63	584	2.47	470	2.29
重庆	879	1.92	604	1.76	551	1.85	454	1.92	418	2.03
四川	1 029	2.24	914	2.67	847	2.84	775	3.28	742	3.61
贵州	693	1.51	583	1.70	569	1.91	502	2.12	510	2.48
云南	1 022	2.23	795	2.32	806	2.70	716	3.03	692	3.37
西藏	284	0.62	276	0.81	284	0.95	270	1.14	317	1.54
陕西	1 520	3.32	1 159	3.38	932	3.12	637	2.69	582	2.83
甘肃	1 245	2.72	1 009	2.95	939	3.15	740	3.13	658	3.20
青海	1 070	2.33	865	2.52	758	2.54	635	2.68	589	2.87
宁夏	1 048	2.29	799	2.33	673	2.26	644	2.72	549	2.67
新疆	1 361	2.97	1 021	2.98	835	2.80	702	2.97	638	3.10
兵团	350	0.76	256	0.75	293	0.98	278	1.18	248	1.21
合计	45 838	100	34 258	100	29 829	100	23 656	100	20 550	100

续表

省份	16~19岁 人	%	20~24岁 人	%	25~29岁 人	%	30岁及以上 人	%	合计 人	%
北京	627	2.59	677	2.65	454	2.69	164	2.76	7 440	3.28
天津	672	2.78	601	2.35	325	1.93	105	1.76	6 622	2.92
河北	1 058	4.37	1 138	4.45	706	4.19	272	4.57	9 736	4.29
山西	804	3.32	786	3.07	462	2.74	166	2.79	6 321	2.79
内蒙古	587	2.43	622	2.43	545	3.23	326	5.48	5 505	2.43
辽宁	401	1.66	490	1.92	422	2.50	255	4.29	3 758	1.66
吉林	351	1.45	449	1.76	426	2.53	200	3.36	3 278	1.45
黑龙江	491	2.03	587	2.30	640	3.80	404	6.79	4 018	1.77
上海	815	3.37	1 061	4.15	701	4.16	276	4.64	8 384	3.70
江苏	1 392	5.75	1 616	6.32	1 164	6.91	350	5.88	13 554	5.98
浙江	1 869	7.72	2 063	8.07	1 292	7.67	417	7.01	17 441	7.69
安徽	585	2.42	469	1.83	246	1.46	65	1.09	5 624	2.48
福建	816	3.37	928	3.63	611	3.63	178	2.99	8 435	3.72
江西	772	3.19	766	3.00	455	2.70	116	1.95	6 593	2.91
山东	401	1.66	298	1.17	125	0.74	41	0.69	6 171	2.72
河南	766	3.17	778	3.04	418	2.48	82	1.38	6 520	2.88
湖北	686	2.83	915	3.58	499	2.96	106	1.78	7 406	3.27
湖南	883	3.65	1 028	4.02	924	5.48	271	4.55	8 417	3.71
广东	1 549	6.40	1 339	5.24	695	4.13	175	2.94	17 616	7.77
广西	536	2.22	522	2.04	356	2.11	136	2.29	6 765	2.98
海南	515	2.13	497	1.94	306	1.82	99	1.66	6 144	2.71
重庆	674	2.79	742	2.90	605	3.59	211	3.55	5 138	2.27
四川	1 052	4.35	1 248	4.88	946	5.62	323	5.43	7 876	3.47
贵州	626	2.59	608	2.38	373	2.21	125	2.10	4 589	2.02
云南	796	3.29	781	3.06	433	2.57	125	2.10	6 166	2.72
西藏	445	1.84	481	1.88	291	1.73	101	1.70	2 749	1.21
陕西	767	3.17	733	2.87	415	2.46	148	2.49	6 893	3.04
甘肃	818	3.38	811	3.17	429	2.55	119	2.00	6 768	2.99
青海	739	3.05	811	3.17	484	2.87	173	2.91	6 124	2.70
宁夏	640	2.64	604	2.36	403	2.39	173	2.91	5 533	2.44
新疆	784	3.24	813	3.18	485	2.88	170	2.86	6 809	3.00
兵团	281	1.16	301	1.18	211	1.25	78	1.31	2 296	1.01
合计	24 198	100	25 563	100	16 847	100	5 950	100	226 689	100

表 5-1i 中国分省流动人口基本公共卫生和计划生育服务特征数据（2015年）-子女现居住地

省份	本地 人	本地 %	户籍地 人	户籍地 %	其他地方 人	其他地方 %	去世 人	去世 %	合计 人	合计 %
北京	4 596	3.39	2 570	3.42	260	1.69	0	0	7 426	3.28
天津	4 106	3.03	2 316	3.09	199	1.30	1	0.53	6 622	2.93
河北	4 684	3.45	4 401	5.86	649	4.22	2	1.06	9 736	4.30
山西	4 460	3.29	1 476	1.97	374	2.43	1	0.53	6 311	2.79
内蒙古	4 519	3.33	513	0.68	467	3.04	5	2.65	5 504	2.43
辽宁	2 355	1.74	1 073	1.43	323	2.10	3	1.59	3 754	1.66
吉林	2 282	1.68	627	0.84	368	2.40	1	0.53	3 278	1.45
黑龙江	2 582	1.90	870	1.16	559	3.64	7	3.7	4 018	1.78
上海	4 782	3.52	3 182	4.24	411	2.68	5	2.65	8 380	3.70
江苏	6 929	5.11	5 573	7.42	1 048	6.82	4	2.12	13 554	5.99
浙江	7 306	5.38	8 774	11.69	1 330	8.66	17	8.99	17 427	7.70
安徽	4 273	3.15	979	1.30	365	2.38	7	3.7	5 624	2.48
福建	4 209	3.10	3 448	4.59	773	5.03	5	2.65	8 435	3.73
江西	3 542	2.61	2 540	3.38	451	2.94	6	3.17	6 539	2.89
山东	4 622	3.41	1 381	1.84	135	0.88	12	6.35	6 150	2.72
河南	3 727	2.75	2 478	3.30	299	1.95	1	0.53	6 505	2.87
湖北	5 577	4.11	1 135	1.51	596	3.88	22	11.64	7 330	3.24
湖南	3 590	2.65	3 792	5.05	1 010	6.57	18	9.52	8 410	3.72
广东	10 067	7.42	6 742	8.98	779	5.07	19	10.05	17 607	7.78
广西	5 110	3.76	1 311	1.75	341	2.22	0	0	6 762	2.99
海南	4 685	3.45	1 192	1.59	225	1.46	0	0	6 102	2.70
重庆	2 304	1.70	2 307	3.07	524	3.41	3	1.59	5 138	2.27
四川	4 304	3.17	2 544	3.39	1 005	6.54	22	11.64	7 875	3.48
贵州	3 130	2.31	1 135	1.51	320	2.08	4	2.12	4 589	2.03
云南	3 496	2.58	2 233	2.97	434	2.82	1	0.53	6 164	2.72
西藏	968	0.71	1 700	2.26	81	0.53	0	0	2 749	1.21
陕西	4 487	3.31	1 952	2.60	449	2.92	2	1.06	6 890	3.04
甘肃	4 472	3.29	1 866	2.49	418	2.72	3	1.59	6 759	2.99
青海	3 542	2.61	2 276	3.03	302	1.97	4	2.12	6 124	2.71
宁夏	4 505	3.32	622	0.83	389	2.53	3	1.59	5 519	2.44
新疆	4 969	3.66	1 445	1.92	352	2.29	4	2.12	6 770	2.99
兵团	1 545	1.14	615	0.82	128	0.83	7	3.70	2 295	1.01
合计	135 725	100	75 068	100	15 364	100	189	100	226 346	100

表 5-2a 中国分地区流动人口基本公共卫生和计划生育服务特征数据（2015年）-健康教育方式

地区	讲座 人	%	书/刊/光盘等 人	%	广播/电视节目 人	%	面对面咨询 人	%	网上咨询 人	%	公众健康咨询活动 人	%	宣传栏 人	%	手机短信/微信 人	%
东部地区	22 416	38.55	34 060	41.61	65 324	43.27	18 587	35.88	34 765	43.81	27 744	38.07	66 488	42.08	46 663	43.78
中部地区	10 267	17.66	14 161	17.30	24 250	16.06	10 104	19.51	14 279	17.99	13 443	18.44	27 019	17.10	18 344	17.21
西部地区	20 298	34.91	28 227	34.48	50 956	33.75	19 927	38.47	25 688	32.37	26 808	36.78	54 038	34.20	35 647	33.44
东北地区	5 166	8.88	5 413	6.61	10 446	6.92	3 183	6.14	4 621	5.82	4 889	6.71	10 462	6.62	5 943	5.58
合计	58 147	100	81 861	100	150 976	100	51 801	100	79 353	100	72 884	100	158 007	100	106 597	100

表 5-2b 中国分地区流动人口基本公共卫生和计划生育服务特征数据（2015年）-健康教育内容

地区	职业病防治 人	%	营养健康知识 人	%	生殖与避孕/优生优育 人	%	控制吸烟 人	%	慢性病防治 人	%	精神障碍防治 人	%	结核病防治 人	%	性病/艾滋病防治 人	%	其他传染病防治 人	%
东部地区	37 273	45.51	58 280	43.41	59 053	43.03	53 098	42.29	33 912	39.18	15 707	39.25	26 950	34.79	46 815	40.35	30 036	39.44
中部地区	14 214	17.36	23 682	17.64	24 339	17.74	21 985	17.51	14 399	16.64	7 194	17.98	12 707	16.40	19 193	16.54	13 052	17.14
西部地区	25 504	31.14	42 808	31.88	45 593	33.23	41 982	33.43	31 867	36.82	14 764	36.9	32 479	41.93	43 212	37.24	28 627	37.59
东北地区	4 904	5.99	9 494	7.07	8 236	6	8 499	6.77	6 374	7.36	2 349	5.87	5 323	6.87	6 808	5.87	4 438	5.83
合计	81 895	100	134 264	100	137 221	100	125 564	100	86 552	100	40 014	100	77 459	100	116 028	100	76 153	100

表5-2c 中国分地区流动人口基本公共卫生和计划生育服务特征数据（2015年）-新型农村合作医疗保险

地 区	是		否		不清楚		合计	
	人	%	人	%	人	%	人	%
东部地区	56 245	41.29	31 923	50.39	2 830	43.99	90 998	44.17
中部地区	26 682	19.59	6 751	10.66	567	8.81	34 000	16.51
西部地区	45 510	33.41	19 292	30.45	2 198	34.16	67 000	32.52
东北地区	7 770	5.70	5 391	8.51	839	13.04	14 000	6.80
合计	136 207	100	63 357	100	6 434	100	205 998	100

表5-2c 中国分地区流动人口基本公共卫生和计划生育服务特征数据（2015年）-城乡居民合作医疗保险

地 区	是		否		不清楚		合计	
	人	%	人	%	人	%	人	%
东部地区	2 521	30.12	85 334	44.75	3 143	45.24	90 998	44.17
中部地区	906	10.82	32 542	17.07	552	7.94	34 000	16.51
西部地区	4 674	55.84	59 914	31.42	2 412	34.72	67 000	32.52
东北地区	269	3.21	12 890	6.76	841	12.10	14 000	6.80
合计	8 370	100	190 680	100	6 948	100	205 998	100

表 5-2c 中国分地区流动人口基本公共卫生和计划生育服务特征数据
(2015 年)-城镇居民医疗保险

地区	是		否		不清楚		合计	
	人	%	人	%	人	%	人	%
东部地区	3 448	29.86	84 467	45.03	3 083	44.90	90 998	44.17
中部地区	2 016	17.46	31 426	16.75	558	8.13	34 000	16.51
西部地区	4 597	39.80	60 011	31.99	2 392	34.83	67 000	32.52
东北地区	1 488	12.88	11 678	6.23	834	12.15	14 000	6.80
合计	11 549	100	187 582	100	6 867	100	205 998	100

表 5-2c 中国分地区流动人口基本公共卫生和计划生育服务特征数据
(2015 年)-城镇职工医疗保险

地区	是		否		不清楚		合计	
	人	%	人	%	人	%	人	%
东部地区	23 762	66.01	64 474	39.45	2 762	42.07	90 998	44.17
中部地区	3 335	9.27	30 121	18.43	544	8.29	34 000	16.51
西部地区	7 309	20.31	57 270	35.04	2 421	36.88	67 000	32.52
东北地区	1 589	4.41	11 573	7.08	838	12.76	14 000	6.80
合计	35 995	100	163 438	100	6 565	100	205 998	100

表 5-2d 中国分地区流动人口基本公共卫生和计划生育服务特征数据（2015 年）－初婚年龄

地 区	10~14 岁		15~19 岁		20~24 岁		25~29 岁		30~34 岁	
	人	%	人	%	人	%	人	%	人	%
东部地区	62	39.24	6 123	37.32	44 152	44.53	18 269	47.11	3 150	45.85
中部地区	7	4.43	2 517	15.34	17 950	18.10	6 497	16.75	896	13.04
西部地区	85	53.80	6 734	41.04	30 523	30.79	11 745	30.29	2 410	35.08
东北地区	4	2.53	1 034	6.3	6 523	6.58	2 269	5.85	414	6.03
合计	158	100	16 408	100	99 148	100	38 780	100	6 870	100

地 区	35~39 岁		40~44 岁		45 岁及以上		合计	
	人	%	人	%	人	%	人	%
东部地区	614	42.70	125	39.68	42	46.67	72 537	44.44
中部地区	176	12.24	37	11.75	11	12.22	28 091	17.21
西部地区	560	38.94	121	38.41	32	35.56	52 210	31.99
东北地区	88	6.12	32	10.16	5	5.56	10 369	6.35
合计	1 438	100	315	100	90	100	163 207	100

表 5-2e 中国分地区流动人口基本公共卫生和计划生育服务特征数据（2015 年）－分娩场所

地 区	医院		私人诊所		家		其他地方		合计	
	人	%	人	%	人	%	人	%	人	%
东部地区	87 991	46.40	1 373	37.66	11 902	36.52	173	36.81	101 439	44.82
中部地区	34 767	18.33	645	17.69	5 251	16.11	56	11.91	40 719	17.99
西部地区	57 708	30.43	1 500	41.14	13 691	42.00	239	50.85	73 138	32.31
东北地区	9 170	4.84	128	3.51	1 750	5.37	2	0.43	11 050	4.88
合计	189 636	100	3 646	100	32 594	100	470	100	226 346	100

表 5-2f 中国分地区流动人口基本公共卫生和计划生育服务特征数据（2015年）-子女数量

地 区	0个		1个		2个		3个		4个		5个及以上		合计	
	人	%	人	%	人	%	人	%	人	%	人	%	人	%
东部地区	5 140	43.30	37 632	43.86	25 892	45.47	3 391	45.50	417	42.95	65	38.24	72 537	44.44
中部地区	1 257	10.59	14 340	16.71	11 045	19.40	1 322	17.74	119	12.26	8	4.71	28 091	17.21
西部地区	4 124	34.74	26 682	31.10	18 283	32.11	2 603	34.93	422	43.46	96	56.47	52 210	31.99
东北地区	1 351	11.38	7 145	8.33	1 722	3.02	137	1.84	13	1.34	1	0.59	10 369	6.35
合计	11 872	100	85 799	100	56 942	100	7 453	100	971	100	170	100	163 207	100

表 5-2g 中国分地区流动人口基本公共卫生和计划生育服务特征数据（2015年）-子女性别

地 区	男		女		合计	
	人	%	人	%	人	%
东部地区	56 502	45.23	44 937	44.31	101 439	44.82
中部地区	22 505	18.01	18 214	17.96	40 719	17.99
西部地区	39 976	32.00	33 162	32.70	73 138	32.31
东北地区	5 943	4.76	5 107	5.04	11 050	4.88
合计	124 926	100	101 420	100	226 346	100

表5-2h 中国分地区流动人口基本公共卫生和计划生育服务特征数据(2015年)-子女年龄

地 区	3岁及以下 人	%	4~6岁 人	%	7~9岁 人	%	10~12岁 人	%	13~15岁 人	%
东部地区	22 871	49.90	16 885	49.29	14 138	47.40	10 519	44.47	8 742	42.54
中部地区	8 182	17.85	6 174	18.02	5 282	17.71	4 365	18.45	3 830	18.64
西部地区	13 442	29.33	10 024	29.26	9 112	30.55	7 648	32.33	6 979	33.96
东北地区	1 343	2.93	1 175	3.43	1 297	4.35	1 124	4.75	999	4.86
合计	45 838	100	34 258	100	29 829	100	23 656	100	20 550	100

地 区	16~19岁 人	%	20~24岁 人	%	25~29岁 人	%	30岁及以上 人	%	合计 人	%
东部地区	9 714	40.14	10 218	39.97	6 379	37.86	2 077	34.91	101 543	44.79
中部地区	4 496	18.58	4 742	18.55	3 004	17.83	806	13.55	40 881	18.03
西部地区	8 745	36.14	9 077	35.51	5 976	35.47	2 208	37.11	73 211	32.30
东北地区	1 243	5.14	1 526	5.97	1 488	8.83	859	14.44	11 054	4.88
合计	24 198	100	25 563	100	16 847	100	5 950	100	226 689	100

表5-2i 中国分地区流动人口基本公共卫生和计划生育服务特征数据(2015年)-子女现居住地

地 区	本地 人	%	户籍地 人	%	其他地方 人	%	去世 人	%	合计 人	%
东部地区	55 986	41.25	39 579	52.72	5 809	37.81	65	34.39	101 439	44.82
中部地区	25 169	18.54	12 400	16.52	3 095	20.14	55	29.10	40 719	17.99
西部地区	47 351	34.89	20 519	27.33	5 210	33.91	58	30.69	73 138	32.31
东北地区	7 219	5.32	2 570	3.42	1 250	8.14	11	5.82	11 050	4.88
合计	135 725	100	75 068	100	15 364	100	189	100	226 346	100

表 5-3a 中国分经济区流动人口基本公共卫生和计划生育服务特征数据（2015年）-健康教育方式

经济区	讲座 人	讲座 %	书/刊/光盘等 人	书/刊/光盘等 %	广播/电视节目 人	广播/电视节目 %	面对面咨询 人	面对面咨询 %
珠三角	3 722	6.40	5 902	7.21	11 134	7.37	3 040	5.87
长三角	7 423	12.77	12 135	14.82	24 438	16.19	6 203	11.97
环渤海	11 007	18.93	12 943	15.81	24 653	16.33	7 900	15.25
其他	35 995	61.90	50 881	62.16	90 751	60.11	34 658	66.91
合计	58 147	100	81 861	100	150 976	100	51 801	100

经济区	网上咨询 人	网上咨询 %	公众健康咨询活动 人	公众健康咨询活动 %	宣传栏 人	宣传栏 %	手机短信/微信 人	手机短信/微信 %
珠三角	6 295	7.93	5 197	7.13	11 771	7.45	7 827	7.34
长三角	12 927	16.29	9 648	13.24	23 678	14.99	17 176	16.11
环渤海	12 480	15.73	10 612	14.56	25 373	16.06	16 915	15.87
其他	47 651	60.05	47 427	65.07	97 185	61.51	64 679	60.68
合计	79 353	100	72 884	100	158 007	100	106 597	100

表5-3b 中国分经济区流动人口基本公共卫生和计划生育服务特征数据（2015年）-健康教育内容

经济区	职业病防治		营养健康知识		生殖与避孕/优生优育		慢性病防治		其他传染病防治	
	人	%	人	%	人	%	人	%	人	%
珠三角	7 411	9.05	8 994	6.70	10 820	7.89	5 932	6.85		
长三角	13 797	16.85	21 604	16.09	20 351	14.83	12 750	14.73		
环渤海	13 298	16.24	23 434	17.45	22 015	16.04	13 306	15.37		
其他	47 389	57.87	80 232	59.76	84 035	61.24	54 564	63.04		
合计	81 895	100	134 264	100	137 221	100	86 552	100		

经济区	控制吸烟		精神障碍防治		结核病防治		性病/艾滋病防治		其他传染病防治	
	人	%	人	%	人	%	人	%	人	%
珠三角	8 820	7.02	3 024	7.56	5 219	6.74	8 560	7.38	5 986	7.86
长三角	20 099	16.01	6 089	15.22	9 858	12.73	16 781	14.46	10 760	14.13
环渤海	20 232	16.11	5 145	12.86	9 806	12.66	16 106	13.88	10 541	13.84
其他	76 413	60.86	25 756	64.37	52 576	67.88	74 581	64.28	48 866	64.17
合计	125 564	100	40 014	100	77 459	100	116 028	100	76 153	100

表 5-3c 中国分经济区流动人口基本公共卫生和计划生育服务特征数据（2015 年）－新型农村合作医疗保险

经济区	是		否		不清楚		合计	
	人	%	人	%	人	%	人	%
珠三角	8 241	6.05	6 178	9.75	581	9.03	15 000	7.28
长三角	20 987	15.41	11 898	18.78	1 115	17.33	34 000	16.51
环渤海	21 314	15.65	12 535	19.78	1 149	17.86	34 998	16.99
其他	85 665	62.89	32 746	51.68	3 589	55.78	122 000	59.22
合计	136 207	100	63 357	100	6 434	100	205 998	100

表 5-3c 中国分经济区流动人口基本公共卫生和计划生育服务特征数据（2015 年）－城乡居民合作医疗保险

经济区	是		否		不清楚		合计	
	人	%	人	%	人	%	人	%
珠三角	491	5.87	13 886	7.28	623	8.97	15 000	7.28
长三角	963	11.51	31 675	16.61	1 362	19.60	34 000	16.51
环渤海	847	10.12	32 952	17.28	1 199	17.26	34 998	16.99
其他	6 069	72.51	112 167	58.82	3 764	54.17	122 000	59.22
合计	8 370	100	190 680	100	6 948	100	205 998	100

表5-3c 中国分经济区流动人口基本公共卫生和计划生育服务特征数据（2015年）-城镇居民医疗保险

经济区	是		否		不清楚		合计	
	人	%	人	%	人	%	人	%
珠三角	460	3.98	13 908	7.41	632	9.20	15 000	7.28
长三角	894	7.74	31 780	16.94	1 326	19.31	34 000	16.51
环渤海	1 682	14.56	32 155	17.14	1 161	16.91	34 998	16.99
其他	8 513	73.71	109 739	58.50	3 748	54.58	122 000	59.22
合计	11 549	100	187 582	100	6 867	100	205 998	100

表5-3c 中国分经济区流动人口基本公共卫生和计划生育服务特征数据（2015年）-城镇职工医疗保险

经济区	是		否		不清楚		合计	
	人	%	人	%	人	%	人	%
珠三角	5 205	14.46	9 375	5.74	420	6.40	15 000	7.28
长三角	8 646	24.02	24 078	14.73	1 276	19.44	34 000	16.51
环渤海	8 199	22.78	25 674	15.71	1 125	17.14	34 998	16.99
其他	13 945	38.74	104 311	63.82	3 744	57.03	122 000	59.22
合计	35 995	100	163 438	100	6 565	100	205 998	100

表5-3d 中国分经济区流动人口基本公共卫生和计划生育服务特征数据（2015年）-初婚年龄

经济区	10~14岁 人	%	15~19岁 人	%	20~24岁 人	%	25~29岁 人	%	30~34岁 人	%
珠三角	5	3.16	439	2.68	6493	6.55	3342	8.62	700	10.19
长三角	28	17.72	3128	19.06	17184	17.33	5906	15.23	888	12.93
环渤海	20	12.66	1916	11.68	17249	17.40	7363	18.99	1165	16.96
其他	105	66.46	10925	66.58	58222	58.72	22169	57.17	4117	59.93
合计	158	100	16408	100	99148	100	38780	100	6870	100

经济区	35~39岁 人	%	40~44岁 人	%	45岁及以上 人	%	合计 人	%
珠三角	152	10.57	27	8.57	3	3.33	11161	6.84
长三角	177	12.31	42	13.33	17	18.89	27370	16.77
环渤海	194	13.49	41	13.02	15	16.67	27963	17.13
其他	915	63.63	205	65.08	55	61.11	96713	59.26
合计	1438	100	315	100	90	100	163207	100

表5-3e 中国分经济区流动人口基本公共卫生和计划生育服务特征数据（2015年）-分娩场所

经济区	医院 人	%	私人诊所 人	%	家 人	%	其他地方 人	%	合计 人	%
珠三角	15480	8.16	267	7.32	1817	5.57	43	9.15	17607	7.78
长三角	32805	17.30	578	15.85	5903	18.11	75	15.96	39361	17.39
环渤海	30404	16.03	316	8.67	2941	9.02	27	5.74	33688	14.88
其他	110947	58.51	2485	68.16	21933	67.29	325	69.15	135690	59.95
合计	189636	100	3646	100	32594	100	470	100	226346	100

表5-3f 中国分经济区流动人口基本公共卫生和计划生育服务特征数据(2015年)—子女数量

经济区	0个 人	0个 %	1个 人	1个 %	2个 人	2个 %	3个 人	3个 %	4个 人	4个 %	5个及以上 人	5个及以上 %	合计 人	合计 %
珠三角	534	4.50	4 761	5.55	4 911	8.62	810	10.87	122	12.56	23	13.53	11 161	6.84
长三角	1 689	14.23	13 831	16.12	10 216	17.94	1 439	19.31	170	17.51	25	14.71	27 370	16.77
环渤海	2 903	24.45	17 127	19.96	7 249	12.73	624	8.37	55	5.66	5	2.94	27 963	17.13
其他	6 746	56.82	50 080	58.37	34 566	60.70	4 580	61.45	624	64.26	117	68.82	96 713	59.26
合计	11 872	100	85 799	100	56 942	100	7 453	100	971	100	170	100	163 207	100

表5-3g 中国分经济区流动人口基本公共卫生和计划生育服务特征数据(2015年)—子女性别

经济区	男 人	男 %	女 人	女 %	合计 人	合计 %
珠三角	9 777	7.83	7 830	7.72	17 607	7.78
长三角	22 026	17.63	17 335	17.09	39 361	17.39
环渤海	18 544	14.84	15 144	14.93	33 688	14.88
其他	74 579	59.70	61 111	60.26	135 690	59.95
合计	124 926	100	101 420	100	226 346	100

表 5-3h 中国分经济区流动人口基本公共卫生和计划生育服务特征数据（2015 年）—子女年龄

经济区	3 岁及以下		4~6 岁		7~9 岁		10~12 岁		13~15 岁	
	人	%	人	%	人	%	人	%	人	%
珠三角	4 608	10.05	3 229	9.43	2 644	8.86	1 888	7.98	1 489	7.25
长三角	8 020	17.50	5 934	17.32	5 196	17.42	3 903	16.50	3 310	16.11
环渤海	7 285	15.89	5 531	16.15	4 835	16.21	3 704	15.66	3 140	15.28
其他	25 925	56.56	19 564	57.11	17 154	57.51	14 161	59.86	12 611	61.37
合计	45 838	100	34 258	100	29 829	100	23 656	100	20 550	100

经济区	16~19 岁		20~24 岁		25~29 岁		30 岁及以上		合计	
	人	%	人	%	人	%	人	%	人	%
珠三角	1 549	6.40	1 339	5.24	695	4.13	175	2.94	17 616	7.77
长三角	4 076	16.84	4 740	18.54	3 157	18.74	1 043	17.53	39 379	17.37
环渤海	3 159	13.05	3 204	12.53	2 032	12.06	837	14.07	33 727	14.88
其他	15 414	63.70	16 280	63.69	10 963	65.07	3 895	65.46	135 967	59.98
合计	24 198	100	25 563	100	16 847	100	5 950	100	226 689	100

表 5-3i 中国分经济区流动人口基本公共卫生和计划生育服务特征数据（2015 年）—子女现居住地

经济区	本地		户籍地		其他地方		去世		合计	
	人	%	人	%	人	%	人	%	人	%
珠三角	10 067	7.42	6 742	8.98	779	5.07	19	10.05	17 607	7.78
长三角	19 017	14.01	17 529	23.35	2 789	18.15	26	13.76	39 361	17.39
环渤海	20 363	15.00	11 741	15.64	1 566	10.19	18	9.52	33 688	14.88
其他	86 278	63.57	39 056	52.03	10 230	66.58	126	66.67	135 690	59.95
合计	135 725	100	75 068	100	15 364	100	189	100	226 346	100

表 5-4a 中国分城市群流动人口基本公共卫生和计划生育服务特征数据（2015年）－健康教育方式

城市群	讲座		书/刊/光盘等		广播电视节目		面对面咨询		网上咨询		公众健康咨询活动		宣传栏		手机短息/微信	
	人	%	人	%	人	%	人	%	人	%	人	%	人	%	人	%
京津冀	6927	11.91	7444	9.09	14628	9.69	4643	8.96	7423	9.35	6459	8.86	15027	9.51	10346	9.71
珠三角	3408	5.86	5098	6.23	9884	6.55	2686	5.19	5627	7.09	4519	6.2	10433	6.60	6907	6.48
长三角	6482	11.15	10264	12.54	20907	13.85	5413	10.45	11104	13.99	8077	11.08	20216	12.79	14582	13.68
长江中游城市群	4262	7.33	4673	5.71	8750	5.80	3909	7.55	5217	6.57	5336	7.32	9814	6.21	6533	6.13
成渝	4471	7.69	5099	6.23	9191	6.09	3490	6.74	5214	6.57	5418	7.43	10112	6.40	6177	5.79
海峡西岸	1497	2.57	3984	4.87	6739	4.46	1523	2.94	3541	4.46	2948	4.04	6867	4.35	5470	5.13
山东半岛	2040	3.51	2687	3.28	4097	2.71	1769	3.41	2436	3.07	1920	2.63	4563	2.89	3071	2.88
哈长城市群	2455	4.22	2335	2.85	4501	2.98	1490	2.88	2117	2.67	2226	3.05	4706	2.98	2651	2.49
辽中南	1580	2.72	2017	2.46	3672	2.43	938	1.81	1631	2.06	1491	2.05	3620	2.29	2129	2.00
中原城市群	1270	2.18	1782	2.18	2972	1.97	1126	2.17	1781	2.24	1962	2.69	3681	2.33	2536	2.38
江淮城市群	1176	2.02	1383	1.69	2534	1.68	1412	2.73	1578	1.99	1157	1.59	2886	1.83	1834	1.72
关中城市群	1141	1.96	1564	1.91	2578	1.71	758	1.46	1664	2.10	1478	2.03	2850	1.80	2050	1.92
广西北部湾城市群	722	1.24	1385	1.69	2052	1.36	768	1.48	1279	1.61	1238	1.70	2257	1.43	1455	1.36
太原城市群	805	1.38	1365	1.67	2171	1.44	740	1.43	1020	1.29	693	0.95	2215	1.40	1563	1.47
滇中城市群	709	1.22	1277	1.56	2168	1.44	643	1.24	961	1.21	1023	1.40	2355	1.49	1611	1.51
黔中城市群	9	0.02	25	0.03	61	0.04	22	0.04	52	0.07	42	0.06	70	0.04	52	0.05
呼包鄂榆	893	1.54	1841	2.25	3811	2.52	1072	2.07	1523	1.92	1106	1.52	3553	2.25	2737	2.57
乌昌石城市群	791	1.36	848	1.04	1410	0.93	436	0.84	773	0.97	698	0.96	1565	0.99	1181	1.11
宁夏沿黄	1475	2.54	1450	1.77	2941	1.95	1565	3.02	1446	1.82	1567	2.15	3242	2.05	2133	2.00
其他地区	16034	27.57	25340	30.95	45909	30.41	17398	33.59	22966	28.94	23526	32.28	47975	30.36	31579	29.62
合计	58147	100	81861	100	150976	100	51801	100	79353	100	72884	100	158007	100	106597	100

表5-4b 中国分城市群流动人口基本公共卫生和计划生育服务特征数据(2015年)—健康教育内容

城市群	职业病防治 人	%	营养健康知识 人	%	生殖与孕/优生优育 人	%	慢性病防治 人	%	控制吸烟 人	%	精神障碍防治 人	%	结核病防治 人	%	性病艾滋病防治 人	%	其他传染病防治 人	%
京津冀	8 058	9.84	13 841	10.31	12 910	9.41	8 148	9.41	12 154	9.68	3 310	8.27	6 060	7.82	9 847	8.49	6 521	8.56
珠三角	6 550	8.00	7 953	5.92	9 646	7.03	5 181	5.99	7 792	6.21	2 625	6.56	4 454	5.75	7 651	6.59	5 236	6.88
长三角	11 813	14.42	18 536	13.81	17 606	12.83	10 895	12.59	17 192	13.69	5 226	13.06	8 227	10.62	14 256	12.29	8 900	11.69
长江中游城市群	5 531	6.75	8 388	6.25	8 655	6.31	5 654	6.53	8 148	6.49	2 835	7.09	4 941	6.38	7 344	6.33	5 162	6.78
成渝	6 097	7.44	8 521	6.35	8 436	6.15	6 137	7.09	7 634	6.08	3 419	8.54	6 084	7.85	7 597	6.55	5 257	6.90
海峡西岸	3 745	4.57	5 848	4.36	6 273	4.57	3 071	3.55	5 410	4.31	1 702	4.25	2 808	3.63	5 533	4.77	3 100	4.07
山东半岛	2 343	2.86	4 082	3.04	4 579	3.34	2 140	2.47	3 536	2.82	810	2.02	1 573	2.03	3 054	2.63	1 808	2.37
哈长城市群	2 331	2.85	4 156	3.10	3 792	2.76	2 664	3.08	3 859	3.07	1 170	2.92	2 351	3.04	2 872	2.48	2 036	2.67
辽中南	1 721	2.10	3 309	2.46	2 756	2.01	2 085	2.41	2 976	2.37	757	1.89	1 662	2.15	2 306	1.99	1 385	1.82
中原城市群	1 998	2.44	3 153	2.35	2 836	2.07	2 052	2.37	3 041	2.42	952	2.38	1 738	2.24	2 526	2.18	1 838	2.41
江淮城市群	1 442	1.76	2 511	1.87	2 961	2.16	1 407	1.63	2 042	1.63	615	1.54	1 068	1.38	1 814	1.56	1 157	1.52
关中城市群	1 360	1.66	2 579	1.92	2 348	1.71	1 672	1.93	2 301	1.83	585	1.46	1 271	1.64	1 815	1.56	1 340	1.76
广西北部湾城市群	1 202	1.47	1 693	1.26	1 956	1.43	1 176	1.36	1 593	1.27	824	2.06	1 171	1.51	2 171	1.87	1 358	1.78
太原城市群	972	1.19	2 035	1.52	2 220	1.62	724	0.84	1 727	1.38	278	0.69	631	0.81	1 421	1.22	622	0.82
滇中城市群	870	1.06	1 582	1.18	1 932	1.41	1 169	1.35	1 749	1.39	546	1.36	1 244	1.61	2 172	1.87	1 198	1.57
黔中城市群	56	0.07	71	0.05	71	0.05	68	0.08	75	0.06	38	0.09	69	0.09	74	0.06	55	0.07
呼包鄂榆	1 219	1.49	3 047	2.27	3 208	2.34	1 779	2.06	3 067	2.44	592	1.48	1 732	2.24	2 125	1.83	1 220	1.60
乌昌石城市群	625	0.76	1 132	0.84	1 234	0.90	930	1.07	1 261	1.00	333	0.83	1 119	1.44	1 445	1.25	769	1.01
宁夏沿黄	1 425	1.74	2 766	2.06	2 752	2.01	1 871	2.16	2 154	1.72	799	2.00	1 617	2.09	2 034	1.75	1 675	2.20
其他地区	22 537	27.52	39 061	29.09	41 050	29.92	27 729	32.04	37 853	30.15	12 598	31.48	27 639	35.68	37 971	32.73	25 516	33.51
合计	81 895	100	134 264	100	137 221	100	86 552	100	125 564	100	40 014	100	77 459	100	116 028	100	76 153	100

表 5-4c 中国分城市群流动人口基本公共卫生和计划生育服务特征数据（2015 年）- 新型农村合作医疗保险

城市群	是		否		不清楚		合计	
	人	%	人	%	人	%	人	%
京津冀	12 912	9.48	7 621	12.03	665	10.34	21 198	10.29
珠三角	7 132	5.24	5 765	9.10	543	8.44	13 440	6.52
长三角	17 218	12.64	10 609	16.74	933	14.50	28 760	13.96
长江中游城市群	9 032	6.63	2 545	4.02	223	3.47	11 800	5.73
成渝	3 898	2.86	7 031	11.10	551	8.56	11 480	5.57
海峡西岸	6 772	4.97	1 667	2.63	201	3.12	8 640	4.19
山东半岛	3 143	2.31	2 091	3.30	46	0.71	5 280	2.56
哈长城市群	3 740	2.75	2 045	3.23	255	3.96	6 040	2.93
辽中南	2 637	1.94	2 051	3.24	312	4.85	5 000	2.43
中原城市群	3 767	2.77	358	0.57	35	0.54	4 160	2.02
江淮城市群	2 760	2.03	1 132	1.79	28	0.44	3 920	1.90
关中城市群	2 981	2.19	589	0.93	30	0.47	3 600	1.75
广西北部湾城市群	1 909	1.40	691	1.09	80	1.24	2 680	1.30
太原城市群	2 490	1.83	720	1.14	70	1.09	3 280	1.59
滇中城市群	2 311	1.70	489	0.77	40	0.62	2 840	1.38
黔中城市群	109	0.08	10	0.02	1	0.02	120	0.06
呼包鄂榆	4 448	3.27	772	1.22	180	2.80	5 400	2.62
乌昌石城市群	1 181	0.87	804	1.27	55	0.85	2 040	0.99
宁夏沿黄	2 748	2.02	888	1.40	164	2.55	3 800	1.84
其他地区	45 019	33.05	15 479	24.43	2 022	31.43	62 520	30.35
合计	136 207	100	63 357	100	6 434	100	205 998	100

表 5-4c 中国分城市群流动人口基本公共卫生和计划生育服务特征数据（2015年）-城乡居民合作医疗保险

城市群	是		否		不清楚		合计	
	人	%	人	%	人	%	人	%
京津冀	572	6.83	19 893	10.43	733	10.55	21 198	10.29
珠三角	384	4.59	12 468	6.54	588	8.46	13 440	6.52
长三角	728	8.70	26 816	14.06	1 216	17.50	28 760	13.96
长江中游城市群	322	3.85	11 256	5.90	222	3.20	11 800	5.73
成渝	2 981	35.62	7 957	4.17	542	7.80	11 480	5.57
海峡西岸	124	1.48	8 345	4.38	171	2.46	8 640	4.19
山东半岛	160	1.91	5 088	2.67	32	0.46	5 280	2.56
哈长城市群	160	1.91	5 621	2.95	259	3.73	6 040	2.93
辽中南	69	0.82	4 621	2.42	310	4.46	5 000	2.43
中原城市群	37	0.44	4 090	2.14	33	0.47	4 160	2.02
江淮城市群	225	2.69	3 668	1.92	27	0.39	3 920	1.90
关中城市群	121	1.45	3 446	1.81	33	0.47	3 600	1.75
广西北部湾城市群	62	0.74	2 480	1.30	138	1.99	2 680	1.30
太原城市群	41	0.49	3 170	1.66	69	0.99	3 280	1.59
滇中城市群	142	1.70	2 653	1.39	45	0.65	2 840	1.38
黔中城市群	4	0.05	115	0.06	1	0.01	120	0.06
呼包鄂榆	46	0.55	5 182	2.72	172	2.48	5 400	2.62
乌昌石城市群	72	0.86	1 921	1.01	47	0.68	2 040	0.99
宁夏沿黄	210	2.51	3 427	1.80	163	2.35	3 800	1.84
其他地区	1 910	22.82	58 463	30.66	2 147	30.90	62 520	30.35
合计	8 370	100	190 680	100	6 948	100	205 998	100

表 5-4c 中国分城市群流动人口基本公共卫生和计划生育服务特征数据（2015 年）- 城镇居民医疗保险

城市群	是		否		不清楚		合计	
	人	%	人	%	人	%	人	%
京津冀	951	8.23	19 547	10.42	700	10.19	21 198	10.29
珠三角	417	3.61	12 442	6.63	581	8.46	13 440	6.52
长三角	758	6.56	26 803	14.29	1 199	17.46	28 760	13.96
长江中游城市群	809	7.00	10 764	5.74	227	3.31	11 800	5.73
成渝	576	4.99	10 364	5.53	540	7.86	11 480	5.57
海峡西岸	105	0.91	8 360	4.46	175	2.55	8 640	4.19
山东半岛	176	1.52	5 072	2.70	32	0.47	5 280	2.56
哈长城市群	619	5.36	5 164	2.75	257	3.74	6 040	2.93
辽中南	345	2.99	4 348	2.32	307	4.47	5 000	2.43
中原城市群	104	0.90	4 027	2.15	29	0.42	4 160	2.02
江淮城市群	106	0.92	3 784	2.02	30	0.44	3 920	1.90
关中城市群	182	1.58	3 385	1.80	33	0.48	3 600	1.75
广西北部湾城市群	164	1.42	2 388	1.27	128	1.86	2 680	1.30
太原城市群	205	1.78	3 004	1.60	71	1.03	3 280	1.59
滇中城市群	146	1.26	2 651	1.41	43	0.63	2 840	1.38
黔中城市群	1	0.01	118	0.06	1	0.01	120	0.06
呼包鄂榆	139	1.20	5 090	2.71	171	2.49	5 400	2.62
乌昌石城市群	302	2.61	1 691	0.90	47	0.68	2 040	0.99
宁夏沿黄	166	1.44	3 470	1.85	164	2.39	3 800	1.84
其他地区	5 278	45.70	55 110	29.38	2 132	31.05	62 520	30.35
合计	11 549	100	187 582	100	6 867	100	205 998	100

表 5-4c 中国分城市群流动人口基本公共卫生和计划生育服务特征数据（2015 年）- 城镇职工医疗保险

城市群	是		否		不清楚		合计	
	人	%	人	%	人	%	人	%
京津冀	5 408	15.02	15 136	9.26	654	9.96	21 198	10.29
珠三角	4 936	13.71	8 134	4.98	370	5.64	13 440	6.52
长三角	8 053	22.37	19 555	11.96	1 152	17.55	28 760	13.96
长江中游城市群	1 145	3.18	10 437	6.39	218	3.32	11 800	5.73
成渝	3 066	8.52	7 881	4.82	533	8.12	11 480	5.57
海峡西岸	1 835	5.10	6 658	4.07	147	2.24	8 640	4.19
山东半岛	1 534	4.26	3 713	2.27	33	0.50	5 280	2.56
哈长城市群	490	1.36	5 289	3.24	261	3.98	6 040	2.93
辽中南	920	2.56	3 773	2.31	307	4.68	5 000	2.43
中原城市群	332	0.92	3 798	2.32	30	0.46	4 160	2.02
江淮城市群	752	2.09	3 141	1.92	27	0.41	3 920	1.90
关中城市群	288	0.80	3 279	2.01	33	0.50	3 600	1.75
广西北部湾城市群	484	1.34	2 077	1.27	119	1.81	2 680	1.30
太原城市群	366	1.02	2 845	1.74	69	1.05	3 280	1.59
滇中城市群	142	0.39	2 652	1.62	46	0.70	2 840	1.38
黔中城市群	3	0.01	116	0.07	1	0.02	120	0.06
呼包鄂榆	368	1.02	4 862	2.97	170	2.59	5 400	2.62
乌昌石城市群	171	0.48	1 822	1.11	47	0.72	2 040	0.99
宁夏沿黄	379	1.05	3 256	1.99	165	2.51	3 800	1.84
其他地区	5 323	14.79	55 014	33.66	2 183	33.25	62 520	30.35
合计	35 995	100	163 438	100	6 565	100	205 998	100

表 5-4d 中国分城市群流动人口基本公共卫生和计划生育服务特征数据（2015 年）－初婚年龄

城市群	10~14 岁		15~19 岁		20~24 岁		25~29 岁		30~34 岁	
	人	%	人	%	人	%	人	%	人	%
京津冀	16	10.13	1 313	8.00	10 134	10.22	4 261	10.99	740	10.77
珠三角	4	2.53	328	2.00	5 786	5.84	3 029	7.81	617	8.98
长三角	24	15.19	2 588	15.77	14 653	14.78	5 034	12.98	765	11.14
长江中游城市群	2	1.27	890	5.42	6 065	6.12	2 269	5.85	330	4.80
成渝	6	3.80	627	3.82	5 392	5.44	1 971	5.08	326	4.75
海峡西岸	10	6.33	765	4.66	4 139	4.17	1 553	4.00	265	3.86
山东半岛	1	0.63	87	0.53	2 900	2.92	1 625	4.19	187	2.72
哈长城市群	1	0.63	413	2.52	2 832	2.86	984	2.54	181	2.63
辽中南	3	1.90	322	1.96	2 117	2.14	891	2.30	180	2.62
中原城市群	0	0	278	1.69	1 870	1.89	593	1.53	65	0.95
江淮城市群	0	0	234	1.43	2 294	2.31	982	2.53	116	1.69
关中城市群	0	0	265	1.62	1 754	1.77	737	1.90	119	1.73
广西北部湾城市群	1	0.63	81	0.49	877	0.88	833	2.15	194	2.82
太原城市群	0	0	212	1.29	1 811	1.83	693	1.79	104	1.51
滇中城市群	5	3.16	333	2.03	1 257	1.27	430	1.11	85	1.24
黔中城市群	1	0.63	8	0.05	71	0.07	21	0.05	3	0.04
呼包鄂榆	1	0.63	560	3.41	2 991	3.02	966	2.49	176	2.56
乌昌石城市群	0	0	240	1.46	757	0.76	375	0.97	113	1.64
宁夏沿黄	7	4.43	666	4.06	1 741	1.76	555	1.43	107	1.56
其他地区	76	48.10	6 198	37.77	29 707	29.96	10 978	28.31	2 197	31.98
合计	158	100	16 408	100	99 148	100	38 780	100	6 870	100

续表

城市群	35~39岁		40~44岁		45岁及以上		合计	
	人	%	人	%	人	%	人	%
京津冀	120	8.34	25	7.94	12	13.33	16 621	10.18
珠三角	138	9.60	24	7.62	2	2.22	9 928	6.08
长三角	152	10.57	40	12.70	12	13.33	23 268	14.26
长江中游城市群	72	5.01	9	2.86	5	5.56	9 642	5.91
成渝	74	5.15	19	6.03	5	5.56	8 420	5.16
海峡西岸	50	3.48	6	1.90	5	5.56	6 793	4.16
山东半岛	25	1.74	0	0	0	0	4 825	2.96
哈长城市群	33	2.29	10	3.17	4	4.44	4 458	2.73
辽中南	40	2.78	13	4.13	1	1.11	3 567	2.19
中原城市群	6	0.42	4	1.27	0	0	2 816	1.73
江淮城市群	12	0.83	4	1.27	1	1.11	3 643	2.23
关中城市群	30	2.09	2	0.63	0	0	2 907	1.78
广西北部湾城市群	58	4.03	11	3.49	1	1.11	2 056	1.26
太原城市群	27	1.88	5	1.59	1	1.11	2 853	1.75
滇中城市群	24	1.67	2	0.63	1	1.11	2 137	1.31
黔中城市群	2	0.14	0	0	0	0	106	0.06
呼包鄂榆	35	2.43	6	1.90	2	2.22	4 737	2.90
乌昌石城市群	27	1.88	4	1.27	1	1.11	1 517	0.93
宁夏沿黄	17	1.18	4	1.27	3	3.33	3 100	1.90
其他地区	496	34.49	127	40.32	34	37.78	49 813	30.52
合计	1 438	100	315	100	90	100	163 207	100

表 5-4e 中国分城市群流动人口基本公共卫生和计划生育服务特征数据（2015 年）- 分娩场所

城市群	医院		私人诊所		家		其他地方		合计	
	人	%	人	%	人	%	人	%	人	%
京津冀	18 428	9.72	244	6.69	1 793	5.50	19	4.04	20 484	9.05
珠三角	13 728	7.24	226	6.20	1 487	4.56	40	8.51	15 481	6.84
长三角	27 807	14.66	455	12.48	4 698	14.41	48	10.21	33 008	14.58
长江中游城市群	12 335	6.50	186	5.10	1 830	5.61	23	4.89	14 374	6.35
成渝	8 156	4.30	171	4.69	2 038	6.25	32	6.81	10 397	4.59
海峡西岸	8 731	4.60	194	5.32	1 760	5.40	20	4.26	10 705	4.73
山东半岛	5 133	2.71	11	0.30	159	0.49	3	0.64	5 306	2.34
哈长城市群	3 756	1.98	53	1.45	575	1.76	1	0.21	4 385	1.94
辽中南	3 214	1.69	37	1.01	503	1.54	0	0	3 754	1.66
中原城市群	3 739	1.97	92	2.52	342	1.05	4	0.85	4 177	1.85
江淮城市群	3 828	2.02	69	1.89	355	1.09	6	1.28	4 258	1.88
关中城市群	3 318	1.75	58	1.59	224	0.69	14	2.98	3 614	1.60
广西北部湾城市群	2 612	1.38	28	0.77	107	0.33	8	1.70	2 755	1.22
太原城市群	3 461	1.83	53	1.45	566	1.74	5	1.06	4 085	1.80
滇中城市群	2 621	1.38	79	2.17	672	2.06	15	3.19	3 387	1.50
黔中城市群	126	0.07	2	0.05	43	0.13	0	0	171	0.08
呼包鄂榆	4 821	2.54	197	5.40	1 572	4.82	7	1.49	6 597	2.91
乌昌石城市群	1 643	0.87	26	0.71	354	1.09	2	0.43	2 025	0.89
宁夏沿黄	3 775	1.99	42	1.15	1 384	4.25	15	3.19	5 216	2.30
其他地区	58 404	30.80	1 423	39.03	12 132	37.22	208	44.26	72 167	31.88
合计	189 636	100	3 646	100	32 594	100	470	100	226 346	100

表5-4f 中国分城市群流动人口基本公共卫生和计划生育服务特征数据（2015年）—子女数量

城市群	0个		1个		2个		3个		4个		5个及以上		合计	
	人	%	人	%	人	%	人	%	人	%	人	%	人	%
京津冀	1824	15.36	9593	11.18	4744	8.33	418	5.61	37	3.81	5	2.94	16621	10.18
珠三角	487	4.10	4349	5.07	4282	7.52	686	9.20	105	10.81	19	11.18	9928	6.08
长三角	1517	12.78	11930	13.90	8531	14.98	1140	15.3	132	13.59	18	10.59	23268	14.26
长江中游城市群	380	3.20	4687	5.46	4018	7.06	512	6.87	42	4.33	3	1.76	9642	5.91
成渝	770	6.49	5125	5.97	2322	4.08	184	2.47	17	1.75	2	1.18	8420	5.16
海峡西岸	289	2.43	2901	3.38	3070	5.39	476	6.39	47	4.84	10	5.88	6793	4.16
山东半岛	428	3.61	3516	4.10	833	1.46	47	0.63	1	0.10	0	0	4825	2.96
哈长城市群	722	6.08	3120	3.64	584	1.03	31	0.42	1	0.10	0	0	4458	2.73
辽中南	498	4.19	2439	2.84	576	1.01	46	0.62	8	0.82	0	0	3567	2.19
中原城市群	155	1.31	1274	1.48	1259	2.21	119	1.60	9	0.93	0	0	2816	1.73
江淮城市群	222	1.87	2663	3.10	687	1.21	64	0.86	6	0.62	1	0.59	3643	2.23
关中城市群	222	1.87	1809	2.11	828	1.45	43	0.58	4	0.41	1	0.59	2907	1.78
广西北部湾城市群	185	1.56	1100	1.28	671	1.18	86	1.15	13	1.34	1	0.59	2056	1.26
太原城市群	152	1.28	1457	1.70	1108	1.95	127	1.70	8	0.82	1	0.59	2853	1.75
滇中城市群	113	0.95	894	1.04	935	1.64	161	2.16	30	3.09	4	2.35	2137	1.31
黔中城市群	2	0.02	44	0.05	54	0.09	5	0.07	1	0.10	0	0	106	0.06
呼包鄂榆	237	2.00	2636	3.07	1662	2.92	174	2.33	24	2.47	4	2.35	4737	2.90
乌昌石	240	2.02	686	0.80	461	0.81	110	1.48	13	1.34	7	4.12	1517	0.93
宁夏沿黄	183	1.54	1227	1.43	1231	2.16	328	4.40	94	9.68	37	21.76	3100	1.90
其他地区	3246	27.34	24349	28.38	19086	33.52	2696	36.17	379	39.03	57	33.53	49813	30.52
合计	11872	100	85799	100	56942	100	7453	100	971	100	170	100	163207	100

表 5-4g 中国分城市群流动人口基本公共卫生和计划生育服务特征数据（2015 年）-子女性别

城市群	男		女		合计	
	人	%	人	%	人	%
京津冀	11 329	9.07	9 155	9.03	20 484	9.05
珠三角	8 602	6.89	6 879	6.78	15 481	6.84
长三角	18 492	14.80	14 516	14.31	33 008	14.58
长江中游城市群	7 866	6.30	6 508	6.42	14 374	6.35
成渝	5 452	4.36	4 945	4.88	10 397	4.59
海峡西岸	5 987	4.79	4 718	4.65	10 705	4.73
山东半岛	2 868	2.30	2 438	2.40	5 306	2.34
哈长城市群	2 380	1.91	2 005	1.98	4 385	1.94
辽中南	2 043	1.64	1 711	1.69	3 754	1.66
中原城市群	2 416	1.93	1 761	1.74	4 177	1.85
江淮城市群	2 533	2.03	1 725	1.70	4 258	1.88
关中城市群	2 072	1.66	1 542	1.52	3 614	1.60
广西北部湾城市群	1 474	1.18	1 281	1.26	2 755	1.22
太原城市群	2 177	1.74	1 908	1.88	4 085	1.80
滇中城市群	1 861	1.49	1 526	1.50	3 387	1.50
黔中城市群	100	0.08	71	0.07	171	0.08
呼包鄂榆	3 454	2.76	3 143	3.10	6 597	2.91
乌昌石城市群	1 101	0.88	924	0.91	2 025	0.89
宁夏沿黄	2 856	2.29	2 360	2.33	5 216	2.30
其他地区	39 863	31.91	32 304	31.85	72 167	31.88
合计	124 926	100	101 420	100	226 346	100

表 5-4h 中国分城市群流动人口基本公共卫生和计划生育服务特征数据(2015年)-子女年龄

城市群	3岁及以下		4~6岁		7~9岁		10~12岁		13~15岁	
	人	%	人	%	人	%	人	%	人	%
京津冀	4386	9.57	3297	9.62	2907	9.75	2288	9.67	1918	9.33
珠三角	4248	9.27	2921	8.53	2301	7.71	1633	6.90	1267	6.17
长三角	6829	14.90	4995	14.58	4312	14.46	3253	13.75	2730	13.28
长江中游城市群	2976	6.49	2189	6.39	1679	5.63	1449	6.13	1279	6.22
成渝	1599	3.49	1234	3.60	1122	3.76	975	4.12	917	4.46
海峡西岸	2109	4.60	1789	5.22	1543	5.17	1138	4.81	909	4.42
山东半岛	1649	3.60	1110	3.24	872	2.92	523	2.21	448	2.18
哈长城市群	537	1.17	497	1.45	545	1.83	458	1.94	423	2.06
辽中南	478	1.04	452	1.32	461	1.55	442	1.87	357	1.74
中原城市群	637	1.39	646	1.89	639	2.14	515	2.18	439	2.14
江淮城市群	1147	2.50	675	1.97	599	2.01	476	2.01	387	1.88
关中城市群	850	1.85	543	1.59	463	1.55	341	1.44	334	1.63
广西北部湾城市群	1018	2.22	474	1.38	379	1.27	272	1.15	193	0.94
太原城市群	843	1.84	642	1.87	539	1.81	423	1.79	398	1.94
滇中城市群	554	1.21	457	1.33	470	1.58	417	1.76	401	1.95
黔中城市群	28	0.06	18	0.05	18	0.06	23	0.10	13	0.06
呼包鄂榆	1336	2.91	1035	3.02	852	2.86	640	2.71	534	2.60
乌昌石城市群	476	1.04	303	0.88	229	0.77	205	0.87	177	0.86
宁夏沿黄	997	2.18	756	2.21	625	2.10	593	2.51	514	2.50
其他地区	13141	28.67	10225	29.85	9274	31.09	7592	32.09	6912	33.64
合计	45838	100	34258	100	29829	100	23656	100	20550	100

续表

城市群	16~19岁 人	%	20~24岁 人	%	25~29岁 人	%	30岁及以上 人	%	合计 人	%
京津冀	2 010	8.31	2 027	7.93	1 228	7.29	437	7.34	20 498	9.04
珠三角	1 301	5.38	1 106	4.33	570	3.38	139	2.34	15 486	6.83
长三角	3 378	13.96	4 008	15.68	2 669	15.84	850	14.29	33 024	14.57
长江中游城市群	1 518	6.27	1 754	6.86	1 260	7.48	326	5.48	14 430	6.37
成渝	1 380	5.70	1 534	6.00	1 214	7.21	423	7.11	10 398	4.59
海峡西岸	1 085	4.48	1 206	4.72	709	4.21	219	3.68	10 707	4.72
山东半岛	339	1.40	242	0.95	104	0.62	38	0.64	5 325	2.35
哈长城市群	516	2.13	598	2.34	543	3.22	268	4.50	4 385	1.93
辽中南	401	1.66	490	1.92	422	2.50	255	4.29	3 758	1.66
中原城市群	504	2.08	497	1.94	261	1.55	46	0.77	4 184	1.85
江淮城市群	404	1.67	336	1.31	184	1.09	50	0.84	4 258	1.88
关中城市群	447	1.85	385	1.51	189	1.12	63	1.06	3 615	1.59
广西北部湾城市群	158	0.65	138	0.54	93	0.55	31	0.52	2 756	1.22
太原城市群	476	1.97	447	1.75	245	1.45	78	1.31	4 091	1.80
滇中城市群	436	1.80	395	1.55	202	1.20	55	0.92	3 387	1.49
黔中城市群	23	0.10	26	0.10	21	0.12	1	0.02	171	0.08
呼包鄂榆	682	2.82	727	2.84	541	3.21	251	4.22	6 598	2.91
乌昌石城市群	234	0.97	220	0.86	129	0.77	52	0.87	2 025	0.89
宁夏沿黄	605	2.50	582	2.28	389	2.31	169	2.84	5 230	2.31
其他地区	8 301	34.30	8 845	34.60	5 874	34.87	2 199	36.96	72 363	31.92
合计	24 198	100	25 563	100	16 847	100	5 950	100	226 689	100

表5-4i 中国分城市群流动人口基本公共卫生和计划生育服务特征数据（2015年）-子女现居住地

城市群	本地		户籍地		其他地方		去世		合计	
	人	%	人	%	人	%	人	%	人	%
京津冀	11 546	8.51	8 125	10.82	810	5.27	3	1.59	20 484	9.05
珠三角	8 926	6.58	5 907	7.87	634	4.13	14	7.41	15 481	6.84
长三角	16 508	12.16	14 240	18.97	2 238	14.57	22	11.64	33 008	14.58
长江中游城市群	7 756	5.71	5 267	7.02	1 320	8.59	31	16.40	14 374	6.35
成渝	5 197	3.83	3 989	5.31	1 192	7.76	19	10.05	10 397	4.59
海峡西岸	5 019	3.70	4 761	6.34	919	5.98	6	3.17	10 705	4.73
山东半岛	3 971	2.93	1 223	1.63	102	0.66	10	5.29	5 306	2.34
哈长城市群	2 926	2.16	1 055	1.41	403	2.62	1	0.53	4 385	1.94
辽中南	2 355	1.74	1 073	1.43	323	2.10	3	1.59	3 754	1.66
中原城市群	2 268	1.67	1 752	2.33	157	1.02	0	0	4 177	1.85
江淮城市群	3 308	2.44	687	0.92	256	1.67	7	3.70	4 258	1.88
关中城市群	2 032	1.50	1 416	1.89	165	1.07	1	0.53	3 614	1.60
广西北部湾城市群	2 193	1.62	482	0.64	80	0.52	0	0	2 755	1.22
太原城市群	2 943	2.17	960	1.28	181	1.18	1	0.53	4 085	1.80
滇中城市群	1 944	1.43	1 226	1.63	216	1.41	1	0.53	3 387	1.50
黔中城市群	65	0.05	94	0.13	12	0.08	0	0	171	0.08
呼包鄂榆	5 414	3.99	656	0.87	524	3.41	3	1.59	6 597	2.91
乌昌石城市群	1 520	1.12	407	0.54	97	0.63	1	0.53	2 025	0.89
宁夏沿黄	4 282	3.15	571	0.76	361	2.35	2	1.06	5 216	2.30
其他地区	45 552	33.56	21 177	28.21	5 374	34.98	64	33.86	72 167	31.88
合计	135 725	100	75 068	100	15 364	100	189	100	226 346	100

表 5-5a 中国分特殊地区流动人口基本公共卫生和计划生育服务特征数据（2015 年）-健康教育方式

特殊地区	讲座		书/刊/光盘等		广播/电视节目		面对面咨询	
	人	%	人	%	人	%	人	%
生态脆弱地区	1 017	10.42	990	10.14	1 699	17.41	1 021	10.46
陆地边境区	285	8.12	380	10.82	835	23.78	174	4.95
少数民族区	1 216	10.28	1 165	9.85	2 180	18.43	1 156	9.77

特殊地区	网上咨询		公众健康咨询活动		宣传栏		手机短息/微信		合计	
	人	%	人	%	人	%	人	%	人	%
生态脆弱地区	894	9.16	1 095	11.22	1 824	18.69	1 220	12.50	9 760	100
陆地边境区	351	9.99	313	8.91	698	19.87	476	13.55	3 512	100
少数民族区	1 068	9.03	1 304	11.02	2 267	19.16	1 474	12.46	11 830	100

表 5-5b 中国分特殊地区流动人口基本公共卫生和计划生育服务特征数据（2015 年）-健康教育内容

特殊地区	职业病防治		营养健康知识		生殖与避孕/优生优育		慢性病防治		控制吸烟	
	人	%	人	%	人	%	人	%	人	%
生态脆弱地区	1100	9.29	1579	13.34	1449	12.24	1302	11.00	1531	12.94
陆地边境区	301	7.16	708	16.84	541	12.87	572	13.61	599	14.25
少数民族区	1267	9.01	1985	14.12	1785	12.70	1599	11.37	1802	12.82

特殊地区	精神障碍防治		结核病防治		性病/艾滋病防治		其他传染病防治		合计	
	人	%	人	%	人	%	人	%	人	%
生态脆弱地区	668	5.64	1351	11.41	1599	13.51	1257	10.62	11836	100
陆地边境区	140	3.33	430	10.23	583	13.87	330	7.85	4204	100
少数民族区	701	4.99	1575	11.20	1905	13.55	1439	10.24	14058	100

表5-5c 中国分特殊地区流动人口基本公共卫生和计划生育服务特征数据（2015年）-新型农村合作医疗保险

特殊地区	是		否		不清楚		合计	
	人	%	人	%	人	%	人	%
生态脆弱地区	1 343	62.18	759	35.14	58	2.69	2 160	100
陆地边境区	577	51.52	453	40.45	90	8.04	1 120	100
少数民族区	1 604	57.29	1 075	38.39	121	4.32	2 800	100

表5-5c 中国分特殊地区流动人口基本公共卫生和计划生育服务特征数据（2015年）-城乡居民合作医疗保险

特殊地区	是		否		不清楚		合计	
	人	%	人	%	人	%	人	%
生态脆弱地区	153	7.08	1 944	90.00	63	2.92	2 160	100
陆地边境区	16	1.43	1 014	90.54	90	8.04	1 120	100
少数民族区	166	5.93	2 508	89.57	126	4.50	2 800	100

表5-5c 中国分特殊地区流动人口基本公共卫生和计划生育服务特征数据（2015年）-城镇居民医疗保险

特殊地区	是		否		不清楚		合计	
	人	%	人	%	人	%	人	%
生态脆弱地区	360	16.67	1745	80.79	55	2.55	2160	100
陆地边境区	207	18.48	823	73.48	90	8.04	1120	100
少数民族区	541	19.32	2141	76.46	118	4.21	2800	100

表5-5c 中国分特殊地区流动人口基本公共卫生和计划生育服务特征数据（2015年）-城镇职工医疗保险

特殊地区	是		否		不清楚		合计	
	人	%	人	%	人	%	人	%
生态脆弱地区	99	4.58	2006	92.87	55	2.55	2160	100
陆地边境区	61	5.45	969	86.52	90	8.04	1120	100
少数民族区	145	5.18	2537	90.61	118	4.21	2800	100

表 5-5d 中国分特殊地区流动人口基本公共卫生和计划生育服务特征数据（2015年）-初婚年龄

特殊地区	10~14岁		15~19岁		20~24岁		25~29岁		30~34岁	
	人	%	人	%	人	%	人	%	人	%
生态脆弱区	5	0.29	342	20.12	969	57.00	301	17.71	72	4.24
陆地边境区	0	0	117	13.56	549	63.62	165	19.12	24	2.78
少数民族区	4	0.18	412	18.92	1 243	57.07	420	19.28	84	3.86

特殊地区	35~39岁		40~44岁		45岁及以上		合计	
	人	%	人	%	人	%	人	%
生态脆弱区	9	0.53	2	0.12	0	0	1 700	100
陆地边境区	5	0.58	3	0.35	0	0	863	100
少数民族区	12	0.55	3	0.14	0	0	2 178	100

表 5-5e 中国分特殊地区流动人口基本公共卫生和计划生育服务特征数据（2015年）-分娩场所

特殊地区	医院		私人诊所		家		其他地方		合计	
	人	%	人	%	人	%	人	%	人	%
生态脆弱区	1 919	73.92	117	4.51	544	20.96	16	0.62	2 596	100
陆地边境区	841	79.26	10	0.94	210	19.79	0	0	1 061	100
少数民族区	2 360	74.99	120	3.81	651	20.69	16	0.51	3 147	100

表 5-5f 中国分特殊地区流动人口家庭成员与收支特征数据(2015年)-子女数量

特殊地区	0个		1个		2个		3个		4个		5个及以上		合计	
	人	%	人	%	人	%	人	%	人	%	人	%	人	%
生态脆弱地区	114	6.71	746	43.88	685	40.29	123	7.24	26	1.53	6	0.35	1700	100
陆地边境区	62	7.18	565	65.47	213	24.68	22	2.55	1	0.12	0	0	863	100
少数民族区	170	7.81	1056	48.48	784	36.00	133	6.11	28	1.29	7	0.32	2178	100

表 5-5g 中国分特殊地区流动人口基本公共卫生和计划生育服务特征数据(2015年)-子女性别

特殊地区	男		女		合计	
	人	%	人	%	人	%
生态脆弱地区	1456	56.09	1140	43.91	2596	100
陆地边境区	569	53.63	492	46.37	1061	100
少数民族区	1760	55.93	1387	44.07	3147	100

表5-5h 中国分特殊地区流动人口基本公共卫生和计划生育服务特征数据(2015年)-子女年龄

特殊地区	3岁及以下		4~6岁		7~9岁		10~12岁		13~15岁	
	人	%	人	%	人	%	人	%	人	%
生态脆弱地区	422	16.13	383	14.64	332	12.69	290	11.09	264	10.09
陆地边境区	138	13.01	94	8.86	113	10.65	87	8.20	83	7.82
少数民族区	513	16.20	425	13.42	394	12.44	338	10.67	313	9.88

特殊地区	16~19岁		20~24岁		25~29岁		30岁及以上		合计	
	人	%	人	%	人	%	人	%	人	%
生态脆弱地区	334	12.77	328	12.54	199	7.61	64	2.45	2616	100
陆地边境区	108	10.18	154	14.51	181	17.06	103	9.71	1061	100
少数民族区	390	12.31	403	12.72	282	8.90	109	3.44	3167	100

表5-5i 中国分特殊地区流动人口基本公共卫生和计划生育服务特征数据(2015年)-子女现居住地

特殊地区	本地		户籍地		其他地方		去世		合计	
	人	%	人	%	人	%	人	%	人	%
生态脆弱地区	1766	68.03	676	26.04	151	5.82	3	0.12	2596	100
陆地边境区	754	71.07	104	9.80	202	19.04	1	0.09	1061	100
少数民族区	2230	70.86	680	21.61	235	7.47	2	0.06	3147	100

六、老人医疗卫生服务特征

表6　中国流动人口老人医疗卫生服务特征数据(2015年)－数据文档

项目	内容
1 数据集名称	中国流动人口老人医疗卫生服务特征数据(2015年)
2 数据集内容说明	
2.1 数据集内容一般描述	a. 数据内容(数据文件/表名称,包含的观测指标内容): 　　数据来源于国家卫生计生委2015年流动人口动态监测调查数据,后期使用STATA统计软件进行加工处理,生成Excel属性数据表。数据反映了2015年中国分省、分地区、分经济区、分城市群、分特殊地区流动人口老人医疗卫生服务特征,包括:流动原因、主要经济来源、身体状况、医保状况、参加医保地点、住院地点等指标在各分类区间的人数和列百分比分布(分特殊地区计算行百分比)。 b. 建设目的: 　　为相关研究人员提供基础统计数据。 c. 服务对象: 　　面向科研,主要用于流动人口相关科学研究。 d. 数据的时间范围: 　　2015年。 e. 数据的空间范围: 　　分省包括中国31个省(区、市)及新疆生产建设兵团。 　　样本中所包含的各省如下: 　　北京市、天津市、河北省、山西省、内蒙古自治区、辽宁省、吉林省、黑龙江省、上海市、江苏省、浙江省、安徽省、福建省、江西省、山东省、河南省、湖北省、湖南省、广东省、广西壮族自治区、海南省、重庆市、四川省、贵州省、云南省、西藏自治区、陕西省、甘肃省、青海省、宁夏回族自治区、新疆维吾尔自治区、新疆生产建设兵团。 　　分地区包括东北地区、东部地区、中部地区和西部地区。 　　东北地区:黑龙江省、吉林省、辽宁省。 　　东部地区:北京市、天津市、上海市、河北省、山东省、江苏省、浙江省、福建省、广东省、海南省。 　　中部地区:山西省、河南省、湖北省、安徽省、湖南省、江西省。 　　西部地区:内蒙古自治区、新疆维吾尔自治区、宁夏回族自治区、陕西省、甘肃省、青海省、重庆市、四川省、西藏自治区、广西壮族自治区、贵州省、云南省。 　　分经济区包括:珠三角地区、长三角地区、环渤海地区、其他地区。 　　珠三角地区:广东省。 　　长三角地区:上海市、江苏省和浙江省。 　　环渤海地区:北京市、天津市、河北省、辽宁省、山东省。 　　分城市群包括中国19个城市群: 　　京津冀:北京、天津、石家庄、保定、廊坊、唐山、秦皇岛、沧州。

项目	内容
	珠三角:广州、深圳、珠海、佛山、东莞、中山、江门、惠州、肇庆。 长三角:上海、南京、苏州、无锡、常州、镇江、扬州、泰州、南通、杭州、宁波、嘉兴、湖州、绍兴、台州、舟山。 长江中游城市群:武汉、长沙、南昌、黄石、黄冈、鄂州、孝感、咸宁、仙桃、潜江、天门、株洲、湘潭、衡阳、岳阳、益阳、常德娄底、九江、景德镇、鹰潭、新余、抚州、宜春、萍乡。 成渝:重庆、成都、德阳、绵阳、眉山、资阳、乐山、自贡、泸州、内江、宜宾。 海峡西岸:福州、厦门、泉州、漳州、福田、宁德、汕头、潮州、揭阳、汕尾、温州。 山东半岛:济南、青岛、淄博、东营、烟台、潍坊、威海、日照、聊城。 哈长城市群:哈尔滨、齐齐哈尔、大庆、牡丹江、绥化、长春、吉林、四平、辽源、松原。 辽中南:沈阳、大连、鞍山、抚顺、本溪、丹东、锦州、营口、辽阳、盘锦、铁岭、葫芦岛。 中原城市群:郑州、开封、洛阳、许昌、新乡、焦作、平顶山、漯河、济源。 江淮城市群:合肥、芜湖、蚌埠、淮南、马鞍山、铜陵、安庆、池州、滁州、宣城。 关中城市群:西安、铜川、宝鸡、咸阳、渭南、商洛。 广西北部湾城市群:南宁、北海、钦州、防城港。 太原城市群:太原、阳泉、晋中、忻州、长治、临汾、孝义、汾阳。 滇中城市群:昆明、曲靖、玉溪、楚雄。 黔中城市群:贵阳、遵义、安顺、毕节、都匀、凯里。 呼包鄂榆:呼和浩特、包头、鄂尔多斯、乌兰察布、巴彦淖尔、乌海、榆林。 乌昌石城市群:乌鲁木齐、石河子、昌吉、五家渠。 宁夏沿黄:银川、石嘴山、吴忠、中卫。 分特殊地区包括:生态脆弱区、陆地边境区、少数民族区。 生态脆弱区:阿克苏市、宣威市、格尔木市、大方县、鄂托克旗、孙吴县、隆林各族自治县、黔西县、临洮县。 陆地边境区:二连浩特市、延吉市、珲春市、龙井市、浑江区、孙吴县、东宁县、密山市、萝北县、饶河县、漠河县、呼玛县。 少数民族区:鄂托克旗、延吉市、珲春市、龙井市、隆林各族自治县、盐边县、共和县、格尔木市、阿克苏市。 f. 数据的学科范围: 人口学、公共政策范畴。 g. 数据类型(文献、属性、矢量、栅格、文本等): Excel 属性数据。 h. 数据更新的频度: 每年更新一次。 i. 其他需要说明的内容: 1.2015 年流动人口动态监测调查数据中流动人口是指:在本地居住一个月及以上,非本区(县、市)户口的 15 周岁及以上男性和女性流动人口,其中流动老人是指年龄在 60 周岁及以上的流动人口。

续表

项目	内容
	2.表中"空格"表示不详或无该项数据。 3.分特殊地区中,因某些城市同时属于不同的特殊地区类别(比如延吉市同属于陆地边境区与少数民族区),导致纵向的加总没有意义,故在表中省略,计算行百分比。
2.2 字段(要素)名称解释	名称解释与量纲: 　　表:中国流动人口老人医疗卫生服务特征数据(2015年) - 流动原因 　　变量名:流动原因 　　数据类型:字符型 　　量纲:无 　　释义:指流动老人的流动原因,具体分为:务工经商、照顾子女、照顾孙辈、治病、养老、其他。 　　　类别1: 流动原因_人数 　　　数据类型:数值型 　　　量纲:人 　　　释义:各地流动老人不同流动原因类型包含的样本人数。 　　　类别2:流动原因_比重 　　　数据类型:数值型 　　　量纲:% 　　　释义:流动老人不同流动原因类别下,各地样本人数占该类别下所有样本人数的比重(特殊地区:流动老人不同流动原因的样本人数占该特殊地区样本总人数的百分比)。 　　表:中国流动人口老人医疗卫生服务特征数据(2015年) - 主要经济来源 　　变量名:主要经济来源 　　数据类型:字符型 　　量纲:无 　　释义:指流动老人的主要经济来源,具体分为:劳动收入、储蓄及理财、离退休金/养老金、最低生活保障金、房租、家庭其他成员、其他。 　　　类别1: 主要经济来源_人数 　　　数据类型:数值型 　　　量纲:人 　　　释义:各地流动老人主要经济来源类别包含的样本人数。 　　　类别2:主要经济来源_比重 　　　数据类型:数值型 　　　量纲:% 　　　释义:流动老人不同经济来源类别下,各地样本人数占该类别下所有样本人数的比重(特殊地区:流动老人不同主要经济来源类别包含的样本人数占该特殊地区样本总人数的百分比)。

续表

项目	内容
	表:中国流动人口老人医疗卫生服务特征数据(2015年)–身体状况 变量名:身体状况 数据类型:字符型 量纲:无 释义:指流动老人的身体状况,具体分为:健康、基本健康、不健康,但生活能自理、生活不能自理。 　类别1: 身体状况_人数 　数据类型:数值型 　量纲:人 　释义:各地流动老人不同身体状况类别包含的样本人数。 　类别2:身体状况_比重 　数据类型:数值型 　量纲:% 　释义:流动老人不同身体状况类别下,各地样本人数占该类别下所有样本人数的比重(特殊地区:流动老人不同身体状况的样本人数占该特殊地区样本总人数的百分比)。 表:中国流动人口老人医疗卫生服务特征数据(2015年)–医保状况 变量名:医保状况 数据类型:字符型 量纲:无 释义:指流动老人的医保状况,具体分为:新型农村合作医疗保险、城乡居民合作医疗保险、城镇居民医疗保险、城镇职工医疗保险、公费医疗、不清楚和以上都没有几种类型。 　类别1:医保状况_人数 　数据类型:数值型 　量纲:人 　释义:各地流动老人不同医保状况类别包含的样本人数。 　类别2:医保状况_比重 　数据类型:数值型 　量纲:% 　释义:流动老人不同医保状况类别下,各地样本人数占该类别下所有样本人数的比重(特殊地区:流动老人不同医保状况的样本人数占该特殊地区样本总人数的百分比)。 表:中国流动人口老人医疗卫生服务特征数据(2015年)–参加医保地点 变量名:参加医保地点 数据类型:字符型 量纲:无

项目	内容
	释义:指流动老人参加医保的地点,具体分为:本地、户籍地和其他地方。 类别1:参加医保地点_人数 数据类型:数值型 量纲:人 释义:各地流动老人参加医保地点类别的样本人数。 类别2:参加医保地点_比重 数据类型:数值型 量纲:% 释义:流动老人参加医保地点不同类别下,各地样本人数占该类别下所有样本人数的比重(特殊地区:流动老人参加医保地点不同类别的样本人数占该特殊地区样本总人数的百分比)。 表:中国流动人口老人医疗卫生服务特征数据(2015年)-住院地点 变量名:住院地点 数据类型:字符型 量纲:无 释义:指流动老人最近一次住院的住院地点,具体分为:本地、户籍地、本地和户籍地、其他地方。 类别1: 住院地点_人数 数据类型:数值型 量纲:人 释义:各地流动老人不同类别住院地点包含的样本人数。 类别2:住院地点_比重 数据类型:数值型 量纲:% 释义:住院地点不同类别下,各地样本人数占该类别下所有样本人数的比重(特殊地区:不同住院地点的样本人数占该特殊地区样本总人数的百分比)。 表:中国流动人口老人医疗卫生服务特征数据(2015年)-未住院原因 变量名:未住院原因 数据类型:字符型 量纲:无 释义:指流动老人最近一次生病未住院的原因,具体分为:本人/家人觉得没必要、报销不方便、经济困难、没床位、没人照顾、其他。 类别1: 未住院原因_人数 数据类型:数值型 量纲:人 释义:各地未住院原因不同类别包含的样本人数。

续表

项目	内容
	类别 2:未住院原因_比重 数据类型:数值型 量纲:% 释义:未住院原因不同类别下,各地样本人数占该类别下所有样本人数的比重(特殊地区:不同未住院原因的样本人数占该特殊地区样本总人数的百分比)。 表:中国流动人口老人医疗卫生服务特征数据(2015 年) – 健康体检 变量名:健康体检 数据类型:字符型 量纲:无 释义:过去一年,流动老人是否参加过社区卫生服务站/中心组织的免费健康体检,不包括因患病而做的检查。分为参加、未参加和不清楚三个类别。 类别 1: 健康体检_人数 数据类型:数值型 量纲:人 释义:各地健康体检状况不同类别包含的样本人数。 类别 2:健康体检_比重 数据类型:数值型 量纲:% 释义:各地的样本人数占该类别下所有样本人数的比重(特殊地区;不同类别健康体检状况的样本人数占该特殊地区样本总人数的百分比)。
3 数据源描述	考察调查数据,来源于国家卫生计生委 2015 年流动人口动态监测调查。
4 数据加工方法	根据国家卫生计生委 2015 年流动人口动态监测调查得来的原始数据,通过 STATA 软件,分别计算流动老人数量、流动原因、主要经济来源、身体状况、医保状况、参加医保地点、住院地点等指标的样本分布和所占比重。
5 数据质量描述	数据经过了三次质量检验:一次是中国人口发展研究中心的专家进行了数据质量检查和清理;二次是流动人口服务中心组织人员进行二次质量检查并进行清理;三是专题数据委托大学数据处理专业专家进行再次质量检查。
6 数据应用成果	主要应用领域 本数据集主要应用于流动人口和公共政策相关科学研究。
7 知识产权	a. 标注知识产权说明(数据使用引用方式规定等) b. 数据标注参考以下规范: 数据来源参考以下规范: 中文表达方式:国家卫生计生委流动人口数据平台 – 中国流动人口动态监测调查数据库(http://www.chinaldrk.org.cn); 英文表达方式:The Migrant Population Data Platform of National Health and Family Planning Commission of P. R. C, The Migrant Population Dynamic Monitoring Survey Data Archive of China (http://www.chinaldrk.org.cn)。

项目	内容
	致谢方式参考以下规范： 中文致谢方式:"感谢国家卫生计生委流动人口数据平台 - 中国流动人口动态监测调查数据库（http://www.chinaldrk.org.cn)提供数据支撑。" 英文致谢方式:Acknowledgement for the data support from " The Migrant Population Data Platform of National Health and Family Planning Commission of P. R. C, The Migrant Population Dynamic Monitoring Survey Data Archive of China（http://www.chinaldrk.org.cn）". c. 注明使用数据的联系人 由于本数据集测定时间不尽一致，指标繁杂，如需要详细原始数据者，请联系数据管理者。 **联系信息：** **联系人姓名:信息服务处** Email:ldrkzxsj@163.com Tel:010 - 68791297

表6-1a 中国分省流动人口老人医疗卫生服务特征数据（2015年）-流动原因

省份	务工经商 人	%	照顾子女 人	%	照顾孙辈 人	%	治病 人	%	养老 人	%	其他 人	%	合计 人	%
北京	113	3.70	143	10.88	275	8.80	8	8.08	187	4.47	34	2.68	760	5.83
天津	49	1.61	48	3.65	67	2.14	2	2.02	46	1.10	17	1.34	229	1.76
河北	130	4.26	52	3.96	109	3.49	3	3.03	217	5.19	53	4.18	564	4.32
山西	107	3.51	19	1.45	50	1.60	1	1.01	84	2.01	67	5.28	328	2.51
内蒙古	167	5.47	41	3.12	76	2.43	15	15.15	213	5.09	74	5.83	586	4.49
辽宁	169	5.54	83	6.32	88	2.82	2	2.02	304	7.27	40	3.15	686	5.26
吉林	85	2.79	31	2.36	45	1.44	4	4.04	219	5.23	30	2.36	414	3.17
黑龙江	229	7.50	50	3.81	65	2.08	1	1.01	280	6.69	107	8.43	732	5.61
上海	114	3.74	158	12.02	233	7.46	2	2.02	168	4.02	77	6.07	752	5.77
江苏	171	5.60	64	4.87	169	5.41	2	2.02	103	2.46	18	1.42	527	4.04
浙江	177	5.80	46	3.50	96	3.07	4	4.04	54	1.29	27	2.13	404	3.10
安徽	38	1.25	15	1.14	74	2.37	0	0	35	0.84	8	0.63	170	1.30
福建	61	2.00	16	1.22	71	2.27	2	2.02	44	1.05	4	0.32	198	1.52
江西	39	1.28	15	1.14	39	1.25	1	1.01	30	0.72	16	1.26	140	1.07
山东	10	0.33	6	0.46	67	2.14	0	0	20	0.48	6	0.47	109	0.84
河南	46	1.51	6	0.46	35	1.12	0	0	20	0.48	7	0.55	114	0.87
湖北	50	1.64	28	2.13	82	2.62	0	0	44	1.05	17	1.34	221	1.69
湖南	148	4.85	27	2.05	85	2.72	2	2.02	71	1.70	34	2.68	365	2.80
广东	73	2.39	41	3.12	259	8.29	2	2.02	85	2.03	30	2.36	490	3.76
广西	65	2.13	32	2.44	127	4.06	2	2.02	112	2.68	35	2.76	373	2.86
海南	49	1.61	32	2.44	95	3.04	5	5.05	151	3.61	40	3.15	369	2.83
重庆	133	4.36	78	5.94	118	3.78	8	8.08	257	6.14	59	4.65	650	4.98
四川	255	8.36	85	6.47	185	5.92	4	4.04	391	9.35	142	11.19	1066	8.17
贵州	72	2.36	8	0.61	103	3.30	3	3.03	163	3.90	53	4.18	403	3.09
云南	75	2.46	19	1.45	40	1.28	8	8.08	63	1.51	15	1.18	215	1.65
西藏	55	1.80	43	3.27	12	0.38	6	6.06	46	1.10	79	6.23	243	1.86
陕西	57	1.87	9	0.68	51	1.63	6	6.06	79	1.89	15	1.18	217	1.66
甘肃	46	1.51	11	0.84	71	2.27	6	6.06	138	3.30	50	3.94	322	2.47
青海	78	2.56	19	1.45	76	2.43	3	3.03	115	2.75	39	3.07	330	2.53
宁夏	55	1.80	47	3.58	118	3.78	2	2.02	241	5.76	31	2.44	494	3.79
新疆	94	3.08	34	2.59	93	2.98	1	1.01	151	3.61	42	3.31	415	3.18
兵团	42	1.38	8	0.61	51	1.63	0	0	53	1.27	3	0.24	157	1.20
合计	3052	100	1314	100	3125	100	99	100	4184	100	1269	100	13043	100

表6-1b 中国分省流动人口老人医疗卫生服务特征数据（2015年）-主要经济来源

省份	劳动收入 人	%	储蓄及理财 人	%	离退休金/养老金 人	%	最低生活保障金 人	%	房租 人	%	家庭其他成员 人	%	其他 人	%	合计 人	%
北京	96	3.33	6	3.39	477	10.67	12	3.70	0	0	138	3.20	31	3.73	760	5.83
天津	51	1.77	8	4.52	80	1.79	5	1.54	0	0	77	1.79	8	0.96	229	1.76
河北	115	3.99	6	3.39	243	5.44	6	1.85	3	6.25	151	3.50	40	4.81	564	4.32
山西	93	3.23	3	1.69	81	1.81	19	5.86	1	2.08	102	2.37	29	3.49	328	2.51
内蒙古	148	5.14	9	5.08	168	3.76	56	17.28	5	10.42	151	3.50	49	5.89	586	4.49
辽宁	143	4.97	15	8.47	329	7.36	4	1.23	2	4.17	170	3.94	23	2.76	686	5.26
吉林	72	2.50	6	3.39	141	3.15	11	3.40	0	0	137	3.18	47	5.65	414	3.17
黑龙江	178	6.18	5	2.82	222	4.97	21	6.48	0	0	247	5.73	59	7.09	732	5.61
上海	86	2.99	19	10.73	433	9.69	12	3.70	0	0	162	3.76	40	4.81	752	5.77
江苏	156	5.42	6	3.39	127	2.84	12	3.70	4	8.33	200	4.64	22	2.64	527	4.04
浙江	177	6.15	2	1.13	40	0.89	3	0.93	0	0	160	3.71	22	2.64	404	3.10
安徽	48	1.67	2	1.13	26	0.58	9	2.78	1	2.08	74	1.72	10	1.20	170	1.30
福建	55	1.91	2	1.13	40	0.89	8	2.47	0	0	85	1.97	8	0.96	198	1.52
江西	41	1.42	2	1.13	34	0.76	6	1.85	2	4.17	41	0.95	14	1.68	140	1.07
山东	13	0.45	2	1.13	23	0.51	1	0.31	0	0	70	1.62	0	0	109	0.84
河南	45	1.56	1	0.56	5	0.11	2	0.62	2	4.17	47	1.09	12	1.44	114	0.87
湖北	67	2.33	5	2.82	54	1.21	9	2.78	0	0	67	1.55	19	2.28	221	1.69
湖南	144	5.00	2	1.13	44	0.98	10	3.09	2	4.17	150	3.48	13	1.56	365	2.80
广东	80	2.78	1	0.56	96	2.15	14	4.32	1	2.08	263	6.10	35	4.21	490	3.76
广西	66	2.29	7	3.95	138	3.09	9	2.78	1	2.08	119	2.76	33	3.97	373	2.86
海南	44	1.53	8	4.52	207	4.63	7	2.16	0	0	85	1.97	18	2.16	369	2.83
重庆	127	4.41	8	4.52	297	6.64	11	3.40	1	2.08	186	4.31	20	2.40	650	4.98
四川	263	9.13	6	3.39	368	8.23	12	3.70	9	18.75	346	8.02	62	7.45	1 066	8.17
贵州	66	2.29	2	1.13	113	2.53	7	2.16	1	2.08	183	4.24	31	3.73	403	3.09
云南	76	2.64	4	2.26	15	0.34	2	0.62	1	2.08	93	2.16	24	2.88	215	1.65
西藏	64	2.22	7	3.95	52	1.16	5	1.54	4	8.33	74	1.72	37	4.45	243	1.86
陕西	55	1.91	6	3.39	50	1.12	8	2.47	1	2.08	82	1.90	15	1.80	217	1.66
甘肃	47	1.63	2	1.13	131	2.93	10	3.09	0	0	91	2.11	41	4.93	322	2.47
青海	72	2.50	5	2.82	50	1.12	1	0.31	5	10.42	161	3.73	36	4.33	330	2.53
宁夏	55	1.91	9	5.08	217	4.85	11	3.40	0	0	195	4.52	7	0.84	494	3.79
新疆	97	3.37	6	3.39	137	3.06	15	4.63	2	4.17	139	3.22	19	2.28	415	3.18
兵团	40	1.39	5	2.82	32	0.72	6	1.85	0	0	66	1.53	8	0.96	157	1.20
合计	2 880	100	177	100	4 470	100	324	100	48	100	4 312	100	832	100	13 043	100

— 247 —

表6–1c 中国分省流动人口老人医疗卫生服务特征数据（2015年）–身体状况

省 份	健康 人	健康 %	基本健康 人	基本健康 %	不健康,但生活能自理 人	不健康,但生活能自理 %	生活不能自理 人	生活不能自理 %	合计 人	合计 %
北京	405	6.88	317	5.53	32	2.60	6	3.14	760	5.83
天津	144	2.44	73	1.27	11	0.89	1	0.52	229	1.76
河北	204	3.46	294	5.13	53	4.30	13	6.81	564	4.32
山西	145	2.46	142	2.48	35	2.84	6	3.14	328	2.51
内蒙古	196	3.33	262	4.57	114	9.25	14	7.33	586	4.49
辽宁	349	5.93	265	4.63	62	5.03	10	5.24	686	5.26
吉林	126	2.14	216	3.77	63	5.11	9	4.71	414	3.17
黑龙江	227	3.85	392	6.84	97	7.87	16	8.38	732	5.61
上海	404	6.86	324	5.66	22	1.78	2	1.05	752	5.77
江苏	328	5.57	170	2.97	26	2.11	3	1.57	527	4.04
浙江	255	4.33	127	2.22	20	1.62	2	1.05	404	3.10
安徽	80	1.36	72	1.26	17	1.38	1	0.52	170	1.30
福建	101	1.71	78	1.36	16	1.30	3	1.57	198	1.52
江西	71	1.21	59	1.03	8	0.65	2	1.05	140	1.07
山东	63	1.07	35	0.61	11	0.89	0	0	109	0.84
河南	59	1.00	47	0.82	8	0.65	0	0	114	0.87
湖北	90	1.53	109	1.90	21	1.70	1	0.52	221	1.69
湖南	187	3.17	152	2.65	20	1.62	6	3.14	365	2.80
广东	274	4.65	183	3.19	27	2.19	6	3.14	490	3.76
广西	197	3.34	149	2.60	20	1.62	7	3.66	373	2.86
海南	151	2.56	190	3.32	26	2.11	2	1.05	369	2.83
重庆	319	5.42	269	4.70	53	4.30	9	4.71	650	4.98
四川	543	9.22	415	7.24	96	7.79	12	6.28	1 066	8.17
贵州	180	3.06	174	3.04	42	3.41	7	3.66	403	3.09
云南	106	1.80	77	1.34	28	2.27	4	2.09	215	1.65
西藏	92	1.56	131	2.29	17	1.38	3	1.57	243	1.86
陕西	87	1.48	87	1.52	33	2.68	10	5.24	217	1.66
甘肃	79	1.34	197	3.44	43	3.49	3	1.57	322	2.47
青海	92	1.56	185	3.23	45	3.65	8	4.19	330	2.53
宁夏	138	2.34	249	4.35	96	7.79	11	5.76	494	3.79
新疆	142	2.41	208	3.63	58	4.70	7	3.66	415	3.18
兵团	56	0.95	81	1.41	13	1.05	7	3.66	157	1.20
合计	5 890	100	5 729	100	1 233	100	191	100	13 043	100

表6-1d 中国分省流动人口老人医疗卫生服务特征数据（2015年）-医疗保险

省份	新型农村合作医疗保险		城乡居民合作医疗保险		城镇居民医疗保险		城镇职工医疗保险		公费医疗		不清楚		以上都没有		合计	
	人	%	人	%	人	%	人	%	人	%	人	%	人	%	人	%
北京	225	3.36	47	6.56	79	7.11	257	10.62	23	13.45	79	8.68	50	4.91	760	5.83
天津	114	1.70	23	3.21	9	0.81	37	1.53	1	0.58	9	0.99	36	3.54	229	1.76
河北	284	4.24	9	1.26	51	4.59	174	7.19	18	10.53	10	1.10	18	1.77	564	4.32
山西	222	3.32	1	0.14	23	2.07	63	2.60	1	0.58	5	0.55	13	1.28	328	2.51
内蒙古	370	5.53	8	1.12	46	4.14	109	4.50	2	1.17	9	0.99	42	4.13	586	4.49
辽宁	279	4.17	3	0.42	71	6.39	223	9.21	6	3.51	13	1.43	91	8.94	686	5.26
吉林	201	3.00	6	0.84	60	5.40	79	3.26	6	3.51	27	2.97	35	3.44	414	3.17
黑龙江	365	5.45	7	0.98	118	10.62	135	5.58	10	5.85	7	0.77	90	8.84	732	5.61
上海	224	3.35	28	3.91	98	8.82	115	4.75	19	11.11	199	21.87	69	6.78	752	5.77
江苏	317	4.73	14	1.95	17	1.53	76	3.14	6	3.51	30	3.30	67	6.58	527	4.04
浙江	297	4.44	22	3.07	5	0.45	24	0.99	2	1.17	18	1.98	36	3.54	404	3.10
安徽	126	1.88	16	2.23	9	0.81	14	0.58	1	0.58	1	0.11	3	0.29	170	1.30
福建	137	2.05	6	0.84	2	0.18	22	0.91	3	1.75	17	1.87	11	1.08	198	1.52
江西	86	1.28	6	0.84	9	0.81	21	0.87	2	1.17	13	1.43	3	0.29	140	1.07
山东	74	1.11	2	0.28	5	0.45	17	0.70	1	0.58	0	0	10	0.98	109	0.84
河南	97	1.45	2	0.28	4	0.36	4	0.17	0	0	5	0.55	2	0.20	114	0.87
湖北	130	1.94	10	1.39	23	2.07	27	1.12	3	1.75	10	1.10	18	1.77	221	1.69
湖南	281	4.20	6	0.84	16	1.44	33	1.36	3	1.75	15	1.65	11	1.08	365	2.80
广东	323	4.82	17	2.37	18	1.62	35	1.45	3	1.75	47	5.16	47	4.62	490	3.76
广西	223	3.33	10	1.39	21	1.89	63	2.60	5	2.92	28	3.08	23	2.26	373	2.86
海南	103	1.54	17	2.37	37	3.33	95	3.93	15	8.77	50	5.49	52	5.11	369	2.83
重庆	95	1.42	283	39.47	30	2.70	185	7.64	4	2.34	20	2.20	33	3.24	650	4.98
四川	545	8.14	75	10.46	107	9.63	205	8.47	8	4.68	60	6.59	66	6.48	1 066	8.17
贵州	261	3.90	12	1.67	24	2.16	67	2.77	6	3.51	13	1.43	20	1.96	403	3.09
云南	153	2.28	2	0.28	5	0.45	15	0.62	2	1.17	17	1.87	21	2.06	215	1.65
西藏	87	1.30	12	1.67	12	1.08	21	0.87	1	0.58	92	10.11	18	1.77	243	1.86
陕西	158	2.36	8	1.12	17	1.53	23	0.95	1	0.58	5	0.55	5	0.49	217	1.66
甘肃	168	2.51	18	2.51	27	2.43	63	2.60	3	1.75	28	3.08	15	1.47	322	2.47
青海	197	2.94	13	1.81	40	3.60	31	1.28	6	3.51	27	2.97	16	1.57	330	2.53
宁夏	299	4.47	17	2.37	39	3.51	97	4.01	6	3.51	18	1.98	18	1.77	494	3.79
新疆	195	2.91	15	2.09	37	3.33	68	2.81	4	2.34	30	3.30	66	6.48	415	3.18
兵团	60	0.90	2	0.28	52	4.68	22	0.91	0	0	8	0.88	13	1.28	157	1.20
合计	6 696	100	717	100	1 111	100	2 420	100	171	100	910	100	1 018	100	13 043	100

表 6-1e 中国分省流动人口老人医疗卫生服务特征数据（2015 年）- 参保地点

省 份	本地 人	本地 %	户籍地 人	户籍地 %	其他地方 人	其他地方 %	合计 人	合计 %
北京	14	1.11	615	6.30	2	2.13	631	5.68
天津	13	1.03	171	1.75	0	0	184	1.66
河北	32	2.53	497	5.09	7	7.45	536	4.82
山西	35	2.76	273	2.80	2	2.13	310	2.79
内蒙古	36	2.84	495	5.07	4	4.26	535	4.81
辽宁	31	2.45	549	5.63	2	2.13	582	5.24
吉林	82	6.48	270	2.77	0	0	352	3.17
黑龙江	150	11.85	482	4.94	3	3.19	635	5.71
上海	14	1.11	467	4.79	3	3.19	484	4.35
江苏	32	2.53	398	4.08	0	0	430	3.87
浙江	5	0.39	345	3.54	0	0	350	3.15
安徽	9	0.71	157	1.61	0	0	166	1.49
福建	2	0.16	167	1.71	1	1.06	170	1.53
江西	8	0.63	116	1.19	0	0	124	1.12
山东	4	0.32	95	0.97	0	0	99	0.89
河南	4	0.32	103	1.06	0	0	107	0.96
湖北	53	4.19	137	1.40	3	3.19	193	1.74
湖南	29	2.29	308	3.16	2	2.13	339	3.05
广东	18	1.42	378	3.87	0	0	396	3.56
广西	37	2.92	282	2.89	3	3.19	322	2.90
海南	23	1.82	242	2.48	2	2.13	267	2.40
重庆	106	8.37	454	4.65	37	39.36	597	5.37
四川	92	7.27	842	8.63	6	6.38	940	8.46
贵州	31	2.45	336	3.44	3	3.19	370	3.33
云南	22	1.74	154	1.58	1	1.06	177	1.59
西藏	60	4.74	71	0.73	2	2.13	133	1.20
陕西	19	1.50	187	1.92	1	1.06	207	1.86
甘肃	79	6.24	200	2.05	0	0	279	2.51
青海	44	3.48	239	2.45	4	4.26	287	2.58
宁夏	48	3.79	407	4.17	3	3.19	458	4.12
新疆	84	6.64	234	2.40	1	1.06	319	2.87
兵团	50	3.95	84	0.86	2	2.13	136	1.22
合计	1 266	100	9 755	100	94	100	11 115	100

表 6–1f 中国分省流动人口老人医疗卫生服务特征数据（2015 年）–住院地点

省 份	本地 人	本地 %	户籍地 人	户籍地 %	本地和户籍地 人	本地和户籍地 %	其他地方 人	其他地方 %	合计 人	合计 %
北京	31	4.13	7	3.70	0	0	3	3.61	41	3.91
天津	11	1.46	4	2.12	0	0	0	0	15	1.43
河北	45	5.99	9	4.76	1	3.85	4	4.82	59	5.62
山西	10	1.33	2	1.06	0	0	1	1.20	13	1.24
内蒙古	61	8.12	7	3.70	2	7.69	9	10.84	79	7.53
辽宁	35	4.66	6	3.17	0	0	2	2.41	43	4.10
吉林	21	2.80	4	2.12	0	0	1	1.20	26	2.48
黑龙江	31	4.13	6	3.17	0	0	5	6.02	42	4.00
上海	24	3.20	5	2.65	0	0	1	1.20	30	2.86
江苏	20	2.66	8	4.23	1	3.85	3	3.61	32	3.05
浙江	25	3.33	8	4.23	1	3.85	3	3.61	37	3.53
安徽	13	1.73	5	2.65	0	0	1	1.20	19	1.81
福建	9	1.20	6	3.17	1	3.85	0	0	16	1.53
江西	8	1.07	1	0.53	0	0	1	1.20	10	0.95
山东	3	0.40	3	1.59	0	0	0	0	6	0.57
河南	13	1.73	5	2.65	1	3.85	0	0	19	1.81
湖北	17	2.26	7	3.70	0	0	0	0	24	2.29
湖南	14	1.86	4	2.12	0	0	0	0	18	1.72
广东	20	2.66	14	7.41	1	3.85	1	1.20	36	3.43
广西	33	4.39	8	4.23	0	0	0	0	41	3.91
海南	8	1.07	4	2.12	0	0	1	1.20	13	1.24
重庆	30	3.99	7	3.70	3	11.54	12	14.46	52	4.96
四川	73	9.72	12	6.35	6	23.08	13	15.66	104	9.91
贵州	21	2.80	9	4.76	1	3.85	3	3.61	34	3.24
云南	11	1.46	4	2.12	0	0	2	2.41	17	1.62
西藏	15	2.00	1	0.53	2	7.69	0	0	18	1.72
陕西	23	3.06	2	1.06	1	3.85	4	4.82	30	2.86
甘肃	14	1.86	2	1.06	0	0	1	1.20	17	1.62
青海	28	3.73	9	4.76	4	15.38	0	0	41	3.91
宁夏	36	4.79	9	4.76	1	3.85	4	4.82	50	4.77
新疆	39	5.19	7	3.70	0	0	6	7.23	52	4.96
兵团	9	1.20	4	2.12	0	0	2	2.41	15	1.43
合计	751	100	189	100	26	100	83	100	1 049	100

表6-1g 中国分省流动人口老人医疗卫生服务特征数据（2015年）-未住院原因

省份	本人觉得没必要 人	%	报销不方便 人	%	经济困难 人	%	没床位 人	%	没人照顾 人	%	其他 人	%	合计 人	%
北京	3	3.19	1	3.57	0	0	0	0	0	0	3	6.82	7	2.99
天津	3	3.19	1	3.57	1	1.92	0	0	0	0	0	0	5	2.14
河北	0	0	1	3.57	4	7.69	1	11.11	0	0	1	2.27	7	2.99
山西	5	5.32	0	0	1	1.92	0	0	0	0	0	0	6	2.56
内蒙古	4	4.26	0	0	3	5.77	0	0	0	0	0	0	7	2.99
辽宁	2	2.13	6	21.43	7	13.46	0	0	1	14.29	0	0	16	6.84
吉林	4	4.26	1	3.57	1	1.92	1	11.11	0	0	0	0	7	2.99
黑龙江	6	6.38	3	10.71	5	9.62	0	0	0	0	3	6.82	17	7.26
上海	6	6.38	0	0	0	0	2	22.22	1	14.29	1	2.27	10	4.27
江苏	2	2.13	0	0	2	3.85	2	22.22	1	14.29	2	4.55	9	3.85
浙江	2	2.13	0	0	3	5.77	0	0	0	0	2	4.55	7	2.99
安徽	1	1.06	2	7.14	0	0	0	0	1	14.29	1	2.27	5	2.14
福建	0	0	0	0	0	0	0	0	0	0	1	2.27	1	0.43
江西	0	0	1	3.57	1	1.92	0	0	0	0	2	4.55	4	1.71
山东	1	1.06	0	0	0	0	0	0	0	0	0	0	1	0.43
河南	1	1.06	0	0	0	0	0	0	0	0	2	4.55	3	1.28
湖北	2	2.13	2	7.14	1	1.92	0	0	0	0	1	2.27	6	2.56
湖南	4	4.26	0	0	0	0	0	0	0	0	0	0	4	1.71
广东	5	5.32	0	0	0	0	0	0	0	0	0	0	5	2.14
广西	1	1.06	1	3.57	0	0	0	0	0	0	0	0	2	0.85
海南	5	5.32	1	3.57	0	0	0	0	0	0	3	6.82	9	3.85
重庆	8	8.51	0	0	2	3.85	0	0	0	0	3	6.82	13	5.56
四川	3	3.19	0	0	4	7.69	1	11.11	0	0	3	6.82	11	4.70
贵州	2	2.13	0	0	1	1.92	0	0	1	14.29	3	6.82	7	2.99
云南	3	3.19	0	0	1	1.92	0	0	0	0	0	0	4	1.71
西藏	4	4.26	0	0	3	5.77	1	11.11	0	0	2	4.55	10	4.27
陕西	1	1.06	0	0	3	5.77	0	0	2	28.57	7	15.91	13	5.56
甘肃	2	2.13	0	0	2	3.85	1	11.11	0	0	2	4.55	6	2.56
青海	0	0	3	10.71	3	5.77	0	0	0	0	0	0	7	2.99
宁夏	9	9.57	1	3.57	1	1.92	0	0	0	0	2	4.55	12	5.13
新疆	5	5.32	3	10.71	1	1.92	0	0	0	0	0	0	11	4.70
兵团	0	0	1	3.57	1	1.92	0	0	0	0	0	0	2	0.85
合计	94	100	28	100	52	100	9	100	7	100	44	100	234	100

表 6-1h 中国分省流动人口老人医疗卫生服务特征数据
（2015 年）-过去一年是否参加过社区组织的免费健康体检

省 份	参加		未参加		记不清		合计	
	人	%	人	%	人	%	人	%
北京	172	3.94	555	7.05	33	4.08	760	5.83
天津	83	1.90	131	1.66	15	1.86	229	1.76
河北	156	3.57	371	4.71	37	4.58	564	4.32
山西	78	1.79	240	3.05	10	1.24	328	2.51
内蒙古	178	4.08	398	5.06	10	1.24	586	4.49
辽宁	231	5.29	441	5.60	14	1.73	686	5.26
吉林	153	3.51	222	2.82	39	4.83	414	3.17
黑龙江	319	7.31	381	4.84	32	3.96	732	5.61
上海	185	4.24	518	6.58	49	6.06	752	5.77
江苏	125	2.86	364	4.63	38	4.7	527	4.04
浙江	47	1.08	331	4.21	26	3.22	404	3.10
安徽	51	1.17	113	1.44	6	0.74	170	1.30
福建	36	0.82	144	1.83	18	2.23	198	1.52
江西	53	1.21	75	0.95	12	1.49	140	1.07
山东	46	1.05	62	0.79	1	0.12	109	0.84
河南	49	1.12	57	0.72	8	0.99	114	0.87
湖北	118	2.70	91	1.16	12	1.49	221	1.69
湖南	166	3.80	164	2.08	35	4.33	365	2.80
广东	79	1.81	393	4.99	18	2.23	490	3.76
广西	124	2.84	230	2.92	19	2.35	373	2.86
海南	51	1.17	267	3.39	51	6.31	369	2.83
重庆	361	8.27	265	3.37	24	2.97	650	4.98
四川	397	9.10	580	7.37	89	11.01	1 066	8.17
贵州	199	4.56	171	2.17	33	4.08	403	3.09
云南	38	0.87	162	2.06	15	1.86	215	1.65
西藏	69	1.58	131	1.66	43	5.32	243	1.86
陕西	68	1.56	143	1.82	6	0.74	217	1.66
甘肃	123	2.82	175	2.22	24	2.97	322	2.47
青海	155	3.55	147	1.87	28	3.47	330	2.53
宁夏	256	5.86	222	2.82	16	1.98	494	3.79
新疆	126	2.89	250	3.18	39	4.83	415	3.18
兵团	73	1.67	76	0.97	8	0.99	157	1.20
合计	4 365	100	7 870	100	808	100	13 043	100

表6-2a 中国分地区流动人口老人医疗卫生服务特征数据(2015年)-流动原因

地区	务工经商		照顾子女		照顾孙辈		治病		养老		其他		合计	
	人	%	人	%	人	%	人	%	人	%	人	%	人	%
东部地区	947	31.03	606	46.12	1 441	46.11	27	27.27	1 075	25.69	306	24.11	4 402	33.75
中部地区	428	14.02	110	8.37	365	11.68	2	2.02	284	6.79	149	11.74	1 338	10.26
西部地区	1 194	39.12	434	33.03	1 121	35.87	63	63.64	2 022	48.33	637	50.20	5 471	41.95
东北地区	483	15.83	164	12.48	198	6.34	7	7.07	803	19.19	177	13.95	1 832	14.05
合计	3 052	100	1 314	100	3 125	100	99	100	4 184	100	1 269	100	13 043	100

表6-2b 中国分地区流动人口老人医疗卫生服务特征数据(2015年)-主要经济来源

地区	劳动收入		储蓄及理财		离退休金/养老金		最低生活保障金		房租		家庭其他成员		其他		合计	
	人	%	人	%	人	%	人	%	人	%	人	%	人	%	人	%
东部地区	873	30.31	60	33.90	1 766	39.51	80	24.69	8	16.67	1 391	32.26	224	26.92	4 402	33.75
中部地区	438	15.21	15	8.47	244	5.46	55	16.98	8	16.67	481	11.15	97	11.66	1 338	10.26
西部地区	1 176	40.83	76	42.94	1 768	39.55	153	47.22	30	62.50	1 886	43.74	382	45.91	5 471	41.95
东北地区	393	13.65	26	14.69	692	15.48	36	11.11	2	4.17	554	12.85	129	15.50	1 832	14.05
合计	2 880	100	177	100	4 470	100	324	100	48	100	4 312	100	832	100	13 043	100

表 6-2c 中国分地区流动人口老人医疗卫生服务特征数据（2015年）- 身体状况

地区	健康 人	健康 %	基本健康 人	基本健康 %	不健康,但生活能自理 人	%	生活不能自理 人	%	合计 人	%
东部地区	2 329	39.54	1 791	31.26	244	19.79	38	19.90	4 402	33.75
中部地区	632	10.73	581	10.14	109	8.84	16	8.38	1 338	10.26
西部地区	2 227	37.81	2 484	43.36	658	53.37	102	53.4	5 471	41.95
东北地区	702	11.92	873	15.24	222	18.00	35	18.32	1 832	14.05
合计	5 890	100	5 729	100	1 233	100	191	100	13 043	100

表 6-2d 中国分地区流动人口老人医疗卫生服务特征数据（2015年）- 医疗保险

地区	新型农村合作医疗保险 人	%	城乡居民合作医疗保险 人	%	城镇居民医疗保险 人	%	城镇职工医疗保险 人	%	公费医疗 人	%	不清楚 人	%	以上都没有 人	%	合计 人	%
东部地区	2 098	31.33	185	25.80	321	28.89	852	35.21	91	53.22	459	50.44	396	38.90	4 402	33.75
中部地区	942	14.07	41	5.72	84	7.56	162	6.69	10	5.85	49	5.38	50	4.91	1 338	10.26
西部地区	2 811	41.98	475	66.25	457	41.13	969	40.04	48	28.07	355	39.01	356	34.97	5 471	41.95
东北地区	845	12.62	16	2.23	249	22.41	437	18.06	22	12.87	47	5.16	216	21.22	1 832	14.05
合计	6 696	100	717	100	1 111	100	2 420	100	171	100	910	100	1 018	100	13 043	100

表6-2e 中国分地区流动人口老人医疗卫生服务特征数据（2015年）－参保地点

地区	本地		户籍地		其他地方		合计	
	人	%	人	%	人	%	人	%
东部地区	157	12.40	3 375	34.60	15	15.96	3 547	31.91
中部地区	138	10.90	1 094	11.21	7	7.45	1 239	11.15
西部地区	708	55.92	3 985	40.85	67	71.28	4 760	42.83
东北地区	263	20.77	1 301	13.34	5	5.32	1 569	14.12
合计	1 266	100	9 755	100	94	100	11 115	100

表6-2f 中国分地区流动人口老人医疗卫生服务特征数据（2015年）－住院地点

地区	本地		户籍地		本地和户籍地		其他地方		合计	
	人	%	人	%	人	%	人	%	人	%
东部地区	196	26.10	68	35.98	5	19.23	16	19.28	285	27.17
中部地区	75	9.99	24	12.70	1	3.85	3	3.61	103	9.82
西部地区	393	52.33	81	42.86	20	76.92	56	67.47	550	52.43
东北地区	87	11.58	16	8.47	0	0	8	9.64	111	10.58
合计	751	100	189	100	26	100	83	100	1 049	100

表6-2g 中国分地区流动人口老人医疗卫生服务特征数据(2015年)－未住院原因

地区	本人家人觉得没必要		报销不方便		经济困难		没床位		没人照顾		其他		合计	
	人	%	人	%	人	%	人	%	人	%	人	%	人	%
东部地区	27	28.72	4	14.29	10	19.23	5	55.56	2	28.57	13	29.55	61	26.07
中部地区	13	13.83	5	17.86	3	5.77	0	0	1	14.29	6	13.64	28	11.97
西部地区	42	44.68	9	32.14	26	50.00	3	33.33	3	42.86	22	50.00	105	44.87
东北地区	12	12.77	10	35.71	13	25.00	1	11.11	1	14.29	3	6.82	40	17.09
合计	94	100	28	100	52	100	9	100	7	100	44	100	234	100

表6-2h 中国分地区流动人口老人医疗卫生服务特征数据(2015年)－过去一年是否参加过社区组织的免费健康体检

地区	参加		未参加		记不清		合计	
	人	%	人	%	人	%	人	%
东部地区	980	22.45	3 136	39.85	286	35.40	4 402	33.75
中部地区	515	11.80	740	9.40	83	10.27	1 338	10.26
西部地区	2 167	49.64	2 950	37.48	354	43.81	5 471	41.95
东北地区	703	16.11	1 044	13.27	85	10.52	1 832	14.05
合计	4 365	100	7 870	100	808	100	13 043	100

表 6-3a 中国分经济区流动人口老人医疗卫生服务特征数据（2015年）-流动原因

经济区	务工经商		照顾子女		照顾孙辈		治病		养老		其他		合计	
	人	%	人	%	人	%	人	%	人	%	人	%	人	%
珠三角	73	2.39	41	3.12	259	8.29	2	2.02	85	2.03	30	2.36	490	3.76
长三角	462	15.14	268	20.40	498	15.94	8	8.08	325	7.77	122	9.61	1 683	12.90
环渤海	471	15.43	332	25.27	606	19.39	15	15.15	774	18.50	150	11.82	2 348	18.00
其他	2 046	67.04	673	51.22	1 762	56.38	74	74.75	3 000	71.70	967	76.20	8 522	65.34
合计	3 052	100	1 314	100	3 125	100	99	100	4 184	100	1 269	100	13 043	100

表 6-3b 中国分经济区流动人口老人医疗卫生服务特征数据（2015年）-主要经济来源

经济区	劳动收入		储蓄及理财		离退休金/养老金		最低生活保障金		房租		家庭其他成员		其他		合计	
	人	%	人	%	人	%	人	%	人	%	人	%	人	%	人	%
珠三角	80	2.78	1	0.56	96	2.15	14	4.32	1	2.08	263	6.10	35	4.21	490	3.76
长三角	419	14.55	27	15.25	600	13.42	27	8.33	4	8.33	522	12.11	84	10.10	1 683	12.90
环渤海	418	14.51	37	20.90	1 152	25.77	28	8.64	5	10.42	606	14.05	102	12.26	2 348	18.00
其他	1 963	68.16	112	63.28	2 622	58.66	255	78.70	38	79.17	2 921	67.74	611	73.44	8 522	65.34
合计	2 880	100	177	100	4 470	100	324	100	48	100	4 312	100	832	100	13 043	100

表6-3c 中国分经济区流动人口老人医疗卫生服务特征数据（2015年）-身体状况

经济区	健康		基本健康		不健康,但生活能自理		生活不能自理		合计	
	人	%	人	%	人	%	人	%	人	%
珠三角	274	4.65	183	3.19	27	2.19	6	3.14	490	3.76
长三角	987	16.76	621	10.84	68	5.52	7	3.66	1683	12.90
环渤海	1165	19.78	984	17.18	169	13.71	30	15.71	2348	18.00
其他	3464	58.81	3941	68.79	969	78.59	148	77.49	8522	65.34
合计	5890	100	5729	100	1233	100	191	100	13043	100

表6-3d 中国分经济区流动人口老人医疗卫生服务特征数据（2015年）-医疗保险

经济区	新型农村合作医疗保险		城乡居民合作医疗保险		城镇居民医疗保险		城镇职工医疗保险		公费医疗		不清楚		以上都没有		合计	
	人	%	人	%	人	%	人	%	人	%	人	%	人	%	人	%
珠三角	323	4.82	17	2.37	18	1.62	35	1.45	3	1.75	47	5.16	47	4.62	490	3.76
长三角	838	12.51	64	8.93	120	10.80	215	8.88	27	15.79	247	27.14	172	16.90	1683	12.90
环渤海	976	14.58	84	11.72	215	19.35	708	29.26	49	28.65	111	12.20	205	20.14	2348	18.00
其他	4559	68.09	552	76.99	758	68.23	1462	60.41	92	53.80	505	55.49	594	58.35	8522	65.34
合计	6696	100	717	100	1111	100	2420	100	171	100	910	100	1018	100	13043	100

表 6-3e 中国分经济区流动人口老人医疗卫生服务特征数据（2015 年）-参保地点

经济区	本地		户籍地		其他地方		合计	
	人	%	人	%	人	%	人	%
珠三角	18	1.42	378	3.87	0	0	396	3.56
长三角	51	4.03	1 210	12.40	3	3.19	1 264	11.37
环渤海	94	7.42	1 927	19.75	11	11.70	2 032	18.28
其他	1 103	87.12	6 240	63.97	80	85.11	7 423	66.78
合计	1 266	100	9 755	100	94	100	11 115	100

表 6-3f 中国分经济区流动人口老人医疗卫生服务特征数据（2015 年）-住院地点

经济区	本地		户籍地		本地和户籍地		其他地方		合计	
	人	%	人	%	人	%	人	%	人	%
珠三角	20	2.66	14	7.41	1	3.85	1	1.20	36	3.43
长三角	69	9.19	21	11.11	2	7.69	7	8.43	99	9.44
环渤海	125	16.64	29	15.34	1	3.85	9	10.84	164	15.63
其他	537	71.50	125	66.14	22	84.62	66	79.52	750	71.50
合计	751	100	189	100	26	100	83	100	1 049	100

表6-3g 中国分经济区流动人口老人医疗卫生服务特征数据(2015年)-未住院原因

经济区	本人/家人觉得没必要		报销不方便		经济困难		没床位		没人照顾		其他		合计	
	人	%	人	%	人	%	人	%	人	%	人	%	人	%
珠三角	5	5.32	0	0	0	0	0	0	0	0	0	0	5	2.14
长三角	10	10.64	0	0	5	9.62	4	44.44	2	28.57	5	11.36	26	11.11
环渤海	9	9.57	9	32.14	12	23.08	1	11.11	1	14.29	4	9.09	36	15.38
其他	70	74.47	19	67.86	35	67.31	4	44.44	4	57.14	35	79.55	167	71.37
合计	94	100	28	100	52	100	9	100	7	100	44	100	234	100

表6-3h 中国分经济区流动人口老人医疗卫生服务特征数据(2015年)-过去一年是否参加过社区组织的免费健康体检

经济区	参加		未参加		记不清		合计	
	人	%	人	%	人	%	人	%
珠三角	79	1.81	393	4.99	18	2.23	490	3.76
长三角	357	8.18	1213	15.41	113	13.99	1683	12.90
环渤海	688	15.76	1560	19.82	100	12.38	2348	18.00
其他	3241	74.25	4704	59.77	577	71.41	8522	65.34
合计	4365	100	7870	100	808	100	13043	100

表6-4a 中国分城市群流动人口老人医疗卫生服务特征数据(2015年)-流动原因

城市群	务工经商		照顾子女		照顾孙辈		治病		养老		其他		合计	
	人	%	人	%	人	%	人	%	人	%	人	%	人	%
京津冀	243	7.96	228	17.35	405	12.96	12	12.12	368	8.80	82	6.46	1338	10.26
珠三角	64	2.10	36	2.74	215	6.88	2	2.02	68	1.63	21	1.65	406	3.11
长三角	358	11.73	255	19.41	448	14.34	6	6.06	302	7.22	113	8.90	1482	11.36
长江中游城市群	165	5.41	38	2.89	99	3.17	1	1.01	70	1.67	40	3.15	413	3.17
成渝	285	9.34	137	10.43	246	7.87	13	13.13	536	12.81	144	11.35	1361	10.43
海峡西岸	77	2.52	18	1.37	78	2.50	3	3.03	34	0.81	10	0.79	220	1.69
山东半岛	8	0.26	6	0.46	53	1.70	0	0	19	0.45	5	0.39	91	0.70
哈长城市群	135	4.42	42	3.20	53	1.70	2	2.02	236	5.64	70	5.52	538	4.12
辽中南	169	5.54	83	6.32	88	2.82	2	2.02	304	7.27	40	3.15	686	5.26
中原城市群	32	1.05	1	0.08	29	0.93	0	0	9	0.22	3	0.24	74	0.57
江淮城市群	23	0.75	13	0.99	61	1.95	0	0	27	0.65	6	0.47	130	1.00
关中城市群	29	0.95	4	0.30	29	0.93	2	2.02	31	0.74	3	0.24	98	0.75
广西北部湾城市群	20	0.66	11	0.84	56	1.79	0	0	40	0.96	21	1.65	148	1.13
太原城市群	38	1.25	9	0.68	33	1.06	0	0	48	1.15	35	2.76	163	1.25
滇中城市群	25	0.82	8	0.61	17	0.54	2	2.02	17	0.41	5	0.39	74	0.57
黔中城市群	1	0.03	0	0	2	0.06	0	0	0	0	2	0.16	5	0.04
呼包鄂榆	131	4.29	21	1.6	59	1.89	11	11.11	145	3.47	46	3.62	413	3.17
乌昌石城市群	21	0.69	9	0.68	15	0.48	0	0	52	1.24	8	0.63	105	0.81
宁夏沿黄	51	1.67	47	3.58	117	3.74	1	1.01	239	5.71	31	2.44	486	3.73
其他地区	1177	38.56	348	26.48	1022	32.70	42	42.42	1639	39.17	584	46.02	4812	36.89
合计	3052	100	1314	100	3125	100	99	100	4184	100	1269	100	13043	100

表6-4b 中国分城市群流动人口老人医疗卫生服务特征数据(2015年)-主要经济来源

城市群	劳动收入 人	%	储蓄及理财 人	%	离退休金/养老金 人	%	最低生活保障金 人	%	房租 人	%	家庭其他成员 人	%	其他 人	%	合计 人	%
京津冀	224	7.78	15	8.47	715	16.00	21	6.48	3	6.25	301	6.98	59	7.09	1338	10.26
珠三角	68	2.36	1	0.56	79	1.77	11	3.40	1	2.08	217	5.03	29	3.49	406	3.11
长三角	319	11.08	27	15.25	569	12.73	26	8.02	0	0	465	10.78	76	9.13	1482	11.36
长江中游城市群	165	5.73	7	3.95	67	1.50	9	2.78	3	6.25	142	3.29	20	2.40	413	3.17
成渝	287	9.97	12	6.78	574	12.84	15	4.63	7	14.58	405	9.39	61	7.33	1361	10.43
海峡西岸	76	2.64	1	0.56	37	0.83	8	2.47	0	0	87	2.02	11	1.32	220	1.69
山东半岛	11	0.38	2	1.13	20	0.45	1	0.31	0	0	57	1.32	0	0	91	0.70
哈长城市群	104	3.61	1	0.56	209	4.68	12	3.70	0	0	157	3.64	55	6.61	538	4.12
辽中南	143	4.97	15	8.47	329	7.36	4	1.23	2	4.17	170	3.94	23	2.76	686	5.26
中原城市群	33	1.15	0	0	1	0.02	0	0	0	0	33	0.77	7	0.84	74	0.57
江淮城市群	33	1.15	0	0	20	0.45	8	2.47	1	2.08	60	1.39	8	0.96	130	1.00
关中城市群	28	0.97	4	2.26	33	0.74	1	0.31	0	0	30	0.70	2	0.24	98	0.75
广西北部湾城市群	24	0.83	4	2.26	63	1.41	0	0	0	0	41	0.95	16	1.92	148	1.13
太原城市群	32	1.11	3	1.69	59	1.32	5	1.54	0	0	53	1.23	11	1.32	163	1.25
滇中城市群	27	0.94	4	2.26	7	0.16	1	0.31	1	2.08	30	0.70	4	0.48	74	0.57
黔中城市群	0	0	0	0	1	0.02	0	0	0	0	4	0.09	0	0	5	0.04
呼包鄂榆	127	4.41	7	3.95	86	1.92	44	13.58	3	6.25	116	2.69	30	3.61	413	3.17
乌昌石城市群	18	0.63	1	0.56	47	1.05	4	1.23	1	2.08	32	0.74	2	0.24	105	0.81
宁夏沿黄	51	1.77	9	5.08	215	4.81	10	3.09	0	0	194	4.50	7	0.84	486	3.73
其他地区	1110	38.54	64	36.16	1339	29.96	144	44.44	26	54.17	1718	39.84	411	49.40	4812	36.89
合计	2880	100	177	100	4470	100	324	100	48	100	4312	100	832	100	13043	100

表 6-4c 中国分城市群流动人口老人医疗卫生服务特征数据（2015 年）- 身体状况

城市群	健康		基本健康		不健康,但生活能自理		生活不能自理		合计	
	人	%	人	%	人	%	人	%	人	%
京津冀	703	11.94	546	9.53	73	5.92	16	8.38	1 338	10.26
珠三角	244	4.14	140	2.44	18	1.46	4	2.09	406	3.11
长三角	868	14.74	547	9.55	60	4.87	7	3.66	1 482	11.36
长江中游城市群	210	3.57	177	3.09	22	1.78	4	2.09	413	3.17
成渝	700	11.88	533	9.30	109	8.84	19	9.95	1 361	10.43
海峡西岸	119	2.02	84	1.47	16	1.30	1	0.52	220	1.69
山东半岛	49	0.83	31	0.54	11	0.89	0	0	91	0.70
哈长城市群	198	3.36	278	4.85	52	4.22	10	5.24	538	4.12
辽中南	349	5.93	265	4.63	62	5.03	10	5.24	686	5.26
中原城市群	37	0.63	35	0.61	2	0.16	0	0	74	0.57
江淮城市群	63	1.07	55	0.96	11	0.89	1	0.52	130	1.00
关中城市群	51	0.87	33	0.58	11	0.89	3	1.57	98	0.75
广西北部湾城市群	100	1.70	44	0.77	4	0.32	0	0	148	1.13
太原城市群	89	1.51	61	1.06	9	0.73	4	2.09	163	1.25
滇中城市群	44	0.75	22	0.38	7	0.57	1	0.52	74	0.57
黔中城市群	0	0	5	0.09	0	0	0	0	5	0.04
呼包鄂榆	138	2.34	192	3.35	70	5.68	13	6.81	413	3.17
乌昌石城市群	38	0.65	52	0.91	10	0.81	5	2.62	105	0.81
宁夏沿黄	136	2.31	247	4.31	93	7.54	10	5.24	486	3.73
其他地区	1 754	29.78	2 382	41.58	593	48.09	83	43.46	4 812	36.89
合计	5 890	100	5 729	100	1 233	100	191	100	13 043	100

表6-4d 中国分城市群流动人口老人医疗卫生服务特征数据（2015年）- 医疗保险

城市群	新型农村合作医疗保险		城乡居民合作医疗保险		城镇居民医疗保险		城镇职工医疗保险		公费医疗		不清楚		以上都没有		合计	
	人	%	人	%	人	%	人	%	人	%	人	%	人	%	人	%
京津冀	505	7.54	75	10.46	121	10.89	413	17.07	36	21.05	90	9.89	98	9.63	1338	10.26
珠三角	257	3.84	17	2.37	16	1.44	26	1.07	2	1.17	45	4.95	43	4.22	406	3.11
长三角	695	10.38	51	7.11	112	10.08	195	8.06	27	15.79	240	26.37	162	15.91	1482	11.36
长江中游城市群	289	4.32	8	1.12	30	2.70	35	1.45	5	2.92	27	2.97	19	1.87	413	3.17
成渝	437	6.53	340	47.42	107	9.63	347	14.34	7	4.09	62	6.81	61	5.99	1361	10.43
海峡西岸	159	2.37	6	0.84	2	0.18	17	0.70	2	1.17	18	1.98	16	1.57	220	1.69
山东半岛	59	0.88	2	0.28	5	0.45	15	0.62	1	0.58	0	0	9	0.88	91	0.70
哈长城市群	293	4.38	8	1.12	59	5.31	110	4.55	5	2.92	14	1.54	49	4.81	538	4.12
辽中南	279	4.17	3	0.42	71	6.39	223	9.21	6	3.51	13	1.43	91	8.94	686	5.26
中原城市群	64	0.96	2	0.28	3	0.27	2	0.08	0	0	1	0.11	2	0.20	74	0.57
江淮城市群	96	1.43	15	2.09	6	0.54	11	0.45	0	0	1	0.11	1	0.10	130	1.00
关中城市群	62	0.93	0	0	11	0.99	19	0.79	0	0	2	0.22	4	0.39	98	0.75
广西北部湾城市群	85	1.27	4	0.56	3	0.27	23	0.95	3	1.75	12	1.32	18	1.77	148	1.13
太原城市群	84	1.25	0	0	19	1.71	49	2.02	1	0.58	4	0.44	6	0.59	163	1.25
滇中城市群	49	0.73	1	0.14	1	0.09	8	0.33	1	0.58	11	1.21	3	0.29	74	0.57
黔中城市群	4	0.06	0	0	0	0	1	0.04	0	0	0	0	0	0	5	0.04
呼包鄂榆	299	4.47	8	1.12	14	1.26	57	2.36	1	0.58	8	0.88	26	2.55	413	3.17
乌昌石城市群	37	0.55	9	1.26	17	1.53	11	0.45	2	1.17	13	1.43	16	1.57	105	0.81
宁夏沿黄	294	4.39	17	2.37	39	3.51	97	4.01	6	3.51	17	1.87	16	1.57	486	3.73
其他地区	2649	39.56	151	21.06	475	42.75	761	31.45	66	38.60	332	36.48	378	37.13	4812	36.89
合计	6696	100	717	100	1111	100	2420	100	171	100	910	100	1018	100	13043	100

表 6-4e 中国分城市群流动人口老人医疗卫生服务特征数据（2015 年）- 参保地点

城市群	本地		户籍地		其他地方		合计	
	人	%	人	%	人	%	人	%
京津冀	48	3.79	1 094	11.21	8	8.51	1 150	10.35
珠三角	11	0.87	307	3.15	0	0	318	2.86
长三角	39	3.08	1 038	10.64	3	3.19	1 080	9.72
长江中游城市群	28	2.21	335	3.43	4	4.26	367	3.30
成渝	154	12.16	1 042	10.68	42	44.68	1 238	11.14
海峡西岸	1	0.08	185	1.90	0	0	186	1.67
山东半岛	4	0.32	78	0.80	0	0	82	0.74
哈长城市群	63	4.98	412	4.22	0	0	475	4.27
辽中南	31	2.45	549	5.63	2	2.13	582	5.24
中原城市群	2	0.16	69	0.71	0	0	71	0.64
江淮城市群	6	0.47	122	1.25	0	0	128	1.15
关中城市群	14	1.11	77	0.79	1	1.06	92	0.83
广西北部湾城市群	16	1.26	101	1.04	1	1.06	118	1.06
太原城市群	18	1.42	133	1.36	2	2.13	153	1.38
滇中城市群	4	0.32	56	0.57	0	0	60	0.54
黔中城市群	3	0.24	2	0.02	0	0	5	0.04
呼包鄂榆	14	1.11	363	3.72	2	2.13	379	3.41
乌昌石城市群	12	0.95	63	0.65	1	1.06	76	0.68
宁夏沿黄	48	3.79	402	4.12	3	3.19	453	4.08
其他地区	750	59.24	3 327	34.11	25	26.60	4 102	36.91
合计	1 266	100	9 755	100	94	100	11 115	100

表 6-4f 中国分城市群流动人口老人医疗卫生服务特征数据（2015年）-住院地点

城市群	本地 人	本地 %	户籍地 人	户籍地 %	本地和户籍地 人	本地和户籍地 %	其他地方 人	其他地方 %	合计 人	合计 %
京津冀	74	9.85	17	8.99	1	3.85	6	7.23	98	9.34
珠三角	16	2.13	13	6.88	1	3.85	1	1.20	31	2.96
长三角	58	7.72	17	8.99	1	3.85	6	7.23	82	7.82
长江中游城市群	15	2.00	5	2.65	0	0	0	0	20	1.91
成渝	84	11.19	15	7.94	7	26.92	17	20.48	123	11.73
海峡西岸	10	1.33	6	3.17	1	3.85	0	0	17	1.62
山东半岛	3	0.40	3	1.59	0	0	0	0	6	0.57
哈长城市群	23	3.06	5	2.65	0	0	2	2.41	30	2.86
辽中南	35	4.66	6	3.17	0	0	2	2.41	43	4.10
中原城市群	6	0.80	1	0.53	1	3.85	0	0	8	0.76
江淮城市群	10	1.33	4	2.12	0	0	0	0	14	1.33
关中城市群	10	1.33	1	0.53	0	0	2	2.41	13	1.24
广西北部湾城市群	12	1.60	1	0.53	0	0	0	0	13	1.24
太原城市群	7	0.93	1	0.53	0	0	1	1.20	9	0.86
滇中城市群	4	0.53	3	1.59	0	0	0	0	7	0.67
黔中城市群	0	0	0	0	0	0	1	1.20	1	0.10
呼包鄂榆	27	3.60	4	2.12	2	7.69	3	3.61	36	3.43
乌昌石城市群	8	1.07	3	1.59	0	0	0	0	11	1.05
宁夏沿黄	35	4.66	9	4.76	1	3.85	3	3.61	48	4.58
其他地区	314	41.81	75	39.68	11	42.31	39	46.99	439	41.85
合计	751	100	189	100	26	100	83	100	1 049	100

表6-4g 中国分城市群流动人口老人医疗卫生服务特征数据（2015年）－未住院原因

城市群	本人/家人觉得没必要		报销不方便		经济困难		没床位		没人照顾		其他		合计	
	人	%	人	%	人	%	人	%	人	%	人	%	人	%
京津冀	6	6.38	3	10.71	1	1.92	1	11.11	0	0	4	9.09	15	6.41
珠三角	4	4.26	0	0	0	0	0	0	0	0	0	0	4	1.71
长三角	10	10.64	0	0	3	5.77	4	44.44	2	28.57	5	11.36	24	10.26
长江中游城市群	3	3.19	1	3.57	1	1.92	0	0	0	0	0	0	5	2.14
成渝	9	9.57	0	0	4	7.69	0	0	1	14.29	6	13.64	20	8.55
海峡西岸	0	0	0	0	1	1.92	0	0	0	0	1	2.27	2	0.85
山东半岛	1	1.06	0	0	0	0	0	0	0	0	0	0	1	0.43
哈长城市群	9	9.57	0	0	2	3.85	0	0	0	0	2	4.55	13	5.56
辽中南	2	2.13	6	21.43	7	13.46	0	0	1	14.29	0	0	16	6.84
中原城市群	1	1.06	0	0	0	0	0	0	0	0	2	4.55	3	1.28
江淮城市群	0	0	1	3.57	1	1.92	0	0	1	14.29	1	2.27	3	1.28
关中城市群	0	0	0	0	0	0	0	0	2	28.57	2	4.55	5	2.14
太原城市群	3	3.19	0	0	0	0	0	0	0	0	0	0	3	1.28
滇中城市群	1	1.06	0	0	0	0	0	0	0	0	0	0	1	0.43
呼包鄂榆	3	3.19	0	0	1	1.92	0	0	0	0	3	6.82	7	2.99
乌昌石城市群	0	0	0	0	0	0	0	0	0	0	1	2.27	1	0.43
宁夏沿黄	8	8.51	1	3.57	2	3.85	0	0	0	0	0	0	11	4.70
其他地区	34	36.17	16	57.14	29	55.77	4	44.44	0	0	17	38.64	100	42.74
合计	94	100	28	100	52	100	9	100	7	100	44	100	234	100

表6-4h 中国分城市群流动人口老人医疗卫生服务特征数据
（2015年）-过去一年是否参加过社区组织的免费健康体检

城市群	参加		未参加		记不清		合计	
	人	%	人	%	人	%	人	%
京津冀	357	8.18	909	11.55	72	8.91	1 338	10.26
珠三角	58	1.33	334	4.24	14	1.73	406	3.11
长三角	311	7.12	1 074	13.65	97	12.00	1 482	11.36
长江中游城市群	209	4.79	171	2.17	33	4.08	413	3.17
成渝	650	14.89	637	8.09	74	9.16	1 361	10.43
海峡西岸	39	0.89	159	2.02	22	2.72	220	1.69
山东半岛	41	0.94	49	0.62	1	0.12	91	0.70
哈长城市群	249	5.70	251	3.19	38	4.70	538	4.12
辽中南	231	5.29	441	5.60	14	1.73	686	5.26
中原城市群	39	0.89	32	0.41	3	0.37	74	0.57
江淮城市群	39	0.89	85	1.08	6	0.74	130	1.00
关中城市群	37	0.85	56	0.71	5	0.62	98	0.75
广西北部湾城市群	44	1.01	96	1.22	8	0.99	148	1.13
太原城市群	51	1.17	109	1.39	3	0.37	163	1.25
滇中城市群	22	0.50	46	0.58	6	0.74	74	0.57
黔中城市群	3	0.07	1	0.01	1	0.12	5	0.04
呼包鄂榆	102	2.34	301	3.82	10	1.24	413	3.17
乌昌石城市群	30	0.69	63	0.80	12	1.49	105	0.81
宁夏沿黄	256	5.86	214	2.72	16	1.98	486	3.73
其他地区	1 597	36.59	2 842	36.11	373	46.16	4 812	36.89
合计	4 365	100	7 870	100	808	100	13 043	100

表6-5a 中国分特殊地区流动人口老人医疗卫生服务特征数据（2015年）－流动原因

特殊地区	务工经商		照顾子女		照顾孙辈		治病		养老		其他		合计	
	人	%	人	%	人	%	人	%	人	%	人	%	人	%
生态脆弱地区	37	25.00	2	1.35	40	27.03	0	0	37	25.00	32	21.62	148	100
陆地边境区	65	32.18	5	2.48	10	4.95	4	1.98	105	51.98	13	6.44	202	100
少数民族区	67	21.82	9	2.93	48	15.64	3	0.98	141	45.93	39	12.70	307	100

表6-5b 中国分特殊地区流动人口老人医疗卫生服务特征数据（2015年）－主要经济来源

特殊地区	劳动收入		储蓄及理财		离退休金养老金		最低生活保障金		房租		家庭其他成员		其他		合计	
	人	%	人	%	人	%	人	%	人	%	人	%	人	%	人	%
生态脆弱地区	37	25.00	3	2.03	10	6.76	2	1.35	4	2.70	63	42.57	29	19.59	148	100
陆地边境区	48	23.76	3	1.49	56	27.72	3	1.49	0	0	82	40.59	10	4.95	202	100
少数民族区	67	21.82	6	1.95	49	15.96	5	1.63	4	1.30	143	46.58	33	10.75	307	100

表6-5c 中国分特殊地区流动人口老人医疗卫生服务特征数据(2015年)－身体状况

特殊地区	健康		基本健康		不健康,但生活能自理		生活不能自理		合计	
	人	%	人	%	人	%	人	%	人	%
生态脆弱地区	37	25.00	96	64.86	15	10.14	0	0	148	100
陆地边境区	48	23.76	124	61.39	25	12.38	5	2.48	202	100
少数民族区	75	24.43	190	61.89	38	12.38	4	1.30	307	100

表6-5d 中国分特殊地区流动人口老人医疗卫生服务特征数据(2015年)－医疗保险

特殊地区	新型农村合作医疗保险		城乡居民合作医疗保险		城镇居民医疗保险		城镇职工医疗保险		公费医疗		不清楚		以上都没有		合计	
	人	%	人	%	人	%	人	%	人	%	人	%	人	%	人	%
生态脆弱地区	72	48.65	11	7.43	0	0	23	15.54	7	4.73	0	0	22	14.86	13	8.78	148	100
陆地边境区	98	48.51	0	0	0	0	26	12.87	40	19.80	2	0.99	8	3.96	28	13.86	202	100
少数民族区	137	44.63	13	4.23	0	0	44	14.33	43	14.01	1	0.33	29	9.45	40	13.03	307	100

表6-5e 中国分特殊地区流动人口老人医疗卫生服务特征数据(2015年)-参保地点

特殊地区	本地		户籍地		其他地方		合计	
	人	%	人	%	人	%	人	%
生态脆弱地区	33	29.20	80	70.80	0	0	113	100
陆地边境区	63	37.95	102	61.45	1	0.60	166	100
少数民族区	79	33.19	159	66.81	0	0	238	100

表6-5f 中国分特殊地区流动人口老人医疗卫生服务特征数据(2015年)-住院地点

特殊地区	本地		户籍地		本地和户籍地		其他地方		合计	
	人	%	人	%	人	%	人	%	人	%
生态脆弱地区	8	72.73	0	0	2	18.18	1	9.09	11	100
陆地边境区	10	71.43	2	14.29	0	0	2	14.29	14	100
少数民族区	20	76.92	2	7.69	2	7.69	2	7.69	26	100

表6-5g 中国分特殊地区流动人口老人医疗卫生服务特征数据(2015年)-过去一年是否参加过社区组织的免费健康体检

特殊地区	参加		未参加		记不清		合计	
	人	%	人	%	人	%	人	%
生态脆弱地区	88	2.02	39	0.50	21	2.60	148	1.13
陆地边境区	58	1.33	136	1.73	8	0.99	202	1.55
少数民族区	137	3.14	141	1.79	29	3.59	307	2.35

附录

"统计调查中获得的能够识别或者推断单个统计调查对象身份的资料,任何单位和个人不得对外提供、泄露,不得用于统计以外的目的。"《统计法》第三章第二十五条

批准文号:国统制[2015]72号
批准单位:国家统计局
有效期至:2016年8月

2015年全国流动人口卫生计生动态监测调查
流动人口问卷(A)

调查对象:

在本地居住一个月及以上,非本区(县、市)户口的15周岁及以上男性和女性流动人口
(2000年5月及以前出生)

尊敬的先生/女士:

您好!我们是受国家卫生计生委委托的调查员。为促进流动人口更方便地获得公共卫生和计划生育服务,我们进行此次调查。您的回答有助于为国家决策提供依据,更有利于您今后的生存与发展。本次调查将会耽误您一些时间,希望得到您的理解和支持。每个问题没有标准答案,您不用担心您的回答是否正确,只要把真实情况和想法告诉我们即可。调查结果仅限于研究,我们绝不会泄露您的任何个人信息。感谢您的支持与配合!

国家卫生和计划生育委员会
2015年5月

现居住地址_____省(区、市)_____市(地区)_____区(市、县)
_____街道(镇、乡)_____居(村)委会

样本点编码　　　　　　　　　　　　　　　　　　　　　　　□□□□□
样本点类型　　　　　1 居委会　　　　2 村委会　　　　　　□
个人编码　　　　　　　　　　　　　　　　　　　　　　　　□□□
调查完成日期:____月____日　调查员签名_____调查员编码　□□□

一、家庭成员与收支情况

101 请谈谈您**本人、配偶和子女**(包括在本地、老家和其他地方的,但不包括已婚分家的子女)以及与您在本户**同住**的家庭其他成员的情况

ID	A	B	C	D	E	F	G	H	I	J	K	L
成员序号	与被访者关系 1 本人 2 配偶 3 子女 4 媳婿 5 父母/公婆/岳父母 6 兄弟姐妹及配偶 7 孙辈 8 (外)祖父母 9 其他	性别 1 男 2 女	出生年月 (按阳历填写,出生年月不为历者月份+1)	民族 01 汉 (其他民族代码见表下选项) (2009年5月以后出生者跳同F)	受教育程度 1 未上过学 2 小学 3 初中 4 高中/中专 5 大学专科 6 大学本科 7 研究生	户口登记类型 1 农业 2 非农业 3 农业转居民 4 非农业转居民 5 (2000年5月以后出生者跳同H)	婚姻状况 1 未婚 2 初婚 3 再婚 4 离婚 5 丧偶	户口所在省份(按表下省份名称填写汉字)	现居住地 1 本地 2 户籍地 3 其他 (选项2的跳同下一位家庭成员情况)	本次流动范围 1 跨省 2 省内跨市 3 市内跨县 4 跨境	本次流动时间 (①进入流入地后,其间离开不超过一个月,再返回时不作为一次新的流动; ②在流入地出生且一直在当地居住的子女填写出生年月。)	本次流动原因 1 务工经商 2 家属随迁 3 婚姻嫁娶 4 拆迁搬家 5 投亲靠友 6 学习培训 7 参军 8 出生 9 其他
01	□	□	□□□□年□□月	□□	□	□	□		□	□	□□□□年□□月	□
02	□	□	□□□□年□□月	□□	□	□	□		□	□	□□□□年□□月	□
03	□	□	□□□□年□□月	□□	□	□	□		□	□	□□□□年□□月	□
04	□	□	□□□□年□□月	□□	□	□	□		□	□	□□□□年□□月	□
05	□	□	□□□□年□□月	□□	□	□	□		□	□	□□□□年□□月	□
06	□	□	□□□□年□□月	□□	□	□	□		□	□	□□□□年□□月	□
07	□	□	□□□□年□□月	□□	□	□	□		□	□	□□□□年□□月	□
08	□	□	□□□□年□□月	□□	□	□	□		□	□	□□□□年□□月	□
09	□	□	□□□□年□□月	□□	□	□	□		□	□	□□□□年□□月	□
10	□	□	□□□□年□□月	□□	□	□	□		□	□	□□□□年□□月	□

D:02 蒙 03 满 04 回 05 藏 06 壮 07 维吾尔 08 苗 09 彝 10 土家 11 布依 12 侗 13 瑶 14 朝鲜 15 白 16 哈尼 17 黎 18 哈萨克 19 傣 20 其他

H: 北京 天津 河北 山西 内蒙古 辽宁 吉林 黑龙江 上海 江苏 浙江 安徽 福建 江西 山东 河南 湖北 湖南 广东 广西 海南 重庆 四川 贵州 云南 西藏 陕西 甘肃 青海 宁夏 新疆 兵团 台湾 香港 澳门 国外

注:本表最多可填写10人,如超出10人请在表下对应空白处

102 过去一年,您家有几口人在**本地**由就业单位(雇主)包吃或包住？　　□人
　　（填 0 者跳问 103）
　　　　102.1 单位每**月**包吃大概折算为多少？（如两人以上合并计算）　□□□□元
　　　　102.2 单位每**月**包住大概折算为多少？（如两人以上合并计算）　□□□□元
　　　　（102 题未填 0 者,103～106 题不含包吃包住费）
103 过去一年,您家在**本地**平均每**月**食品支出为多少？　　　　　　　□□□□元
104 过去一年,您家在**本地**平均每**月**住房支出(仅房租/房贷)为多少？　□□□□元
105 过去一年,您家平均每**月**总支出为多少？　　　　　　　　　　　　□□□□元
106 过去一年,您家平均每**月**总收入(税后)为多少？　　　　　　　　　□□□□元
　　（如被访者不回答上述金额问题,请询问金额范围后填写大概数额）

二、就业情况
201 您第一次离开户籍地(县级)是什么时候？　　　　　　　　　□□□□年□□月
202 您第一次离开户籍地(县级)的原因是什么？　　　　　　　　　　　　　　□
　　1 务工经商　　2 家属随迁　　3 婚姻嫁娶　　4 拆迁搬家　　5 投亲靠友
　　6 学习培训　　7 参军　　　　8 出生　　　　9 其他
203 您今年"五一"节前一周是否做过一小时以上有收入的工作？
　　（包括家庭或个体经营）　　　　　　　　　　　　　　　　　　　　　　□
　　1 是,这周工作时间为 □□小时（跳问 206）　　　　2 否
204 您未工作的主要原因是什么？　　　　　　　　　　　　　　　　　　□□
　　01 丧失劳动能力（跳问 211）　　02 退休　　　03 料理家务/带孩子
　　04 没找到工作　　05 因单位原因失去原工作　　06 因本人原因失去原工作
　　07 怀孕或哺乳　　08 临时性停工或季节性歇业　　09 学习培训　　10 其他
205 您 4 月份是否找过工作？　　　　　　　　　　　　　　　　　　　　　□
　　1 是（跳问 210）　　　　　　　　2 否（跳问 211）
206 您现在的主要职业是什么？　　　　　　　　　　　　　　　　　　　　□□

（请详细记录被访者的主要工作,填写具体内容:工作单位＋工作职责/工作内容＋工作岗位或工种名称,例如:××公司××车间××工人、××县××医院护士、××市××大厦保安等,之后将其归入以下类别,并将类别编码填入题后方格）
　　　10 国家机关、党群组织、企事业单位负责人　20 专业技术人员　30 公务员、办事人员和有关人员　41 经商　42 商贩　43 餐饮　44 家政　45 保洁　46 保安　47 装修　48 其他商业、服务业人员　50 农、林、牧、渔、水利业生产人员　61 生产　62 运输　63 建筑　64 其他生产、运输设备操作人员及有关人员　70 无固定职业　80 其他

207 您现在哪个行业工作？　　　　　　　　　　　　　　　　　　　　　　□□

01 农林牧渔　02 采矿　03 制造　04 电煤水热生产供应　05 建筑　06 批发零售　07 交通运输、仓储和邮政　08 住宿餐饮　09 信息传输、软件和信息技术服务　10 金融　11 房地产　12 租赁和商务服务　13 科研和技术服务　14 水利、环境和公共设施管理　15 居民服务、修理和其他服务业　16 教育　17 卫生和社会工作　18 文体和娱乐　19 公共管理、社会保障和社会组织　20 国际组织

208 您现在就业的单位性质属于哪一类？　□□
　　01 机关、事业单位　02 国有及国有控股企业　03 集体企业　04 股份/联营企业　05 个体工商户　06 私营企业　07 港澳台独资企业　08 外商独资企业　09 中外合资企业　10 社团/民办组织　11 其他　12 无单位

209 您现在的就业身份属于哪一种？　□
　　1 雇员　　2 雇主　　3 自营劳动者　　4 其他

210 您个人上个月（或上次就业）收入多少？（不含包吃包住费）□□□□□元
　　（如被访者不回答，请询问收入范围后填写大概数额）

211 您今后是否打算在本地长期居住（5 年以上）？　□
　　1 打算　　2 不打算　　3 没想好

三、基本公共卫生和计划生育服务

301 您在本地居住的社区建立居民健康档案了吗？　□
　　1 没建，没听说过　2 没建，但听说过　3 已经建立　4 不清楚
　　（60 周岁及以上即 1955 年 5 月及以前出生的被访者跳问 303）

302 您目前参加下列何种社会医疗保险？

医疗保险	1. 是否参保 1 是 2 否(跳问下一行) 3 不清楚(跳问下一行)	2. 在何处参保 1 本地 2 户籍地 3 其他地方
A 新型农村合作医疗保险	□	□
B 城乡居民合作医疗保险	□	□
C 城镇居民医疗保险	□	□
D 城镇职工医疗保险	□	□
E 公费医疗	□	□

303 过去一年，您是否在**流入地**获得过以下方面的健康知识？（多选，提示。1 是 2 否）
　　A 职业病防治　□　B 营养健康知识　□　C 生殖与避孕/优生优育
　　D 慢性病防治　□　E 控制吸烟　□　F 精神障碍防治
　　G 结核病防治　□　H 性病/艾滋病防治　□　I 其他传染病防治

（如果303所有选项都填2，跳至304题后阴影注解）

304 您是以何种方式获得上述健康知识的？（多选，提示。1是2否）

　　A 讲座　B 书/刊/光盘等　C 广播/电视节目　D 面对面咨询　E 网上咨询
　　F 公众健康咨询活动　G 宣传栏　H 手机短信/微信

（请检查表101G,"未婚"被访者跳至第四部分）

（请检查表101C,60周岁及以上即1955年5月及以前出生的被访者跳至第四部分）

305 您是什么时候初婚的？　　　　　　　　　　　　　□□□□年□□月
306 您本人有几个亲生子女？（填0者，跳至307题后阴影注解）　　□个
307 请谈谈您亲生子女的相关情况（按年龄排序，从大到小、从左至右依次填写）

子女编号		1	2	3	4	5
A 性别	1 男　2 女	□	□	□	□	□
B 出生年月		□□□□年□□月	□□□□年□□月	□□□□年□□月	□□□□年□□月	□□□□年□□月
C 是否有出生医学证明	1 是　2 否 3 不清楚	□	□	□	□	□
D 子女出生地	1 本地　2 户籍地 3 其他地方	□	□	□	□	□
E 母亲本次怀孕前有无离开户籍地经历	1 有　2 没有	□	□	□	□	□
F 母亲孕期所在地	1 主要在外地,临分娩返乡 2 主要在外地 3 主要在户籍地,临分娩外出 4 主要在户籍地	□	□	□	□	□
G 分娩场所	1 医院　2 私人诊所 3 家　4 其他地方	□	□	□	□	□
H 是否符合政策生育	1 是　2 否 3 无政策	□	□	□	□	□
I 子女现居住地	1 本地　2 户籍地 3 其他地方 4 去世(跳问下个子女)	□	□	□	□	□
(0~6周岁即2008年6月及以后出生子女填写J～N项信息；之前出生子女填完I项后跳问下个子女情况)							
J 是否建立《0-6岁儿童保健手册》	1 是　2 否 3 记不清	□	□	□	□	□
K 过去一年,是否接受免费健康检查	1 是　2 否(跳问M) 3 记不清(跳问M)	□	□	□	□	□
L 过去一年,接受了几次免费健康检查 (记不清的填写-9)		□□次	□□次	□□次	□□次	□□次
M 是否有预防接种证（卡）	1 是　2 否 3 记不清	□	□	□	□	□
N 是否接种目前年龄应该接种的所有国家规定疫苗	1 是　2 否 3 记不清	□	□	□	□	□

续表

子女编号	1	2	3	4	5
(2014年1月及以后出生子女填写O～Q项信息;其他被访者跳至307题后阴影注解)					
O 接受了几次产前检查(记不清的填写-9)	□□次	□□次	□□次	□□次	□□次
P 产后28天内是否接受入户产后访视　1 是　2 否　3 记不清	□	□	□	□	□
Q 产后42天内母亲是否接受健康检查　1 是　2 否　3 记不清	□	□	□	□	□

(308～314题由15-49周岁即1965年6月到2000年5月间出生的已婚有偶育龄妇女回答,其他被访者跳至第四部分)

308 过去一年,您是否接受过**免费**孕前优生健康检查(免费孕优)? □
　　1 是　　2 否　　3 不适用(不提供免费孕优/无生育打算)

309 您夫妇目前是否使用避孕方法? □
　　1 使用现代避孕方法　2 使用安全期/体外排精(跳问313B)　3 未避孕(跳问314A～I)

310 您夫妇目前**主要**使用哪种避孕方法? □

1 男性绝育 2 女性绝育	3 宫内节育器 4 皮下埋植	5 避孕针　6 口服避孕药　7 避孕套 8 外用避孕药　　9 其他

311 您夫妇目前使用的避孕方法/药具是在何地获得的? □

1 户籍地　2 流入地	1 户籍地　2 流入地	1 户籍地　2 流入地　3 两地都获得

312 您夫妇目前使用的避孕方法/药具主要是在何处获得的? □

1 卫生计生服务机构 7 其他(必须注明)	1 卫生计生服务机构 7 其他(必须注明)	1 卫生计生服务机构　2 私人诊所 3 社区　4 工作单位　5 药店/超市/售药具机　6 药具自动发放机　7 其他

313 您夫妇目前的避孕方法/药具是何时开始使用的?

A □□□□年□□月	B □□□□年□□月	C □□□□年□□月
①2014年5月及以前,跳至"四、老年人医疗卫生服务"。 ②2014年5月以后,问314A～K。	①2014年5月及以前,问314A。 ②2014年5月以后,问314A～I。	①2014年5月及以前,问314A～B。 ②2014年5月以后,问314A～I。

278

314 过去一年,您在本地获得计划生育服务的情况如何?

服务项目	1.是否获得该项服务 1 获得 2 未获得(跳问下一行)	2.该项服务是否收费 1 全部直接免费 2 个人垫付全报 (选填 1 或 2 者跳问下一行) 3 部分直接免费 4 个人垫付部分报销 5 全部个人付费	3.付费原因 1 被动(无免费项目可选) 2 主动(有免费项目,自选付费)
A 孕/环情检查	☐	☐	☐
B 避孕套/药	☐	☐	☐
C 人工流产	☐	☐	☐
D 上环手术	☐	☐	☐
E 取环手术	☐	☐	☐
H 皮埋放置	☐	☐	☐
I 皮埋取出	☐	☐	☐
K 结扎	☐	☐	☐

四、老年人医疗卫生服务

401 目前,您本人是否有年龄在 60 周岁及以上的父母在老家居住? ☐
    1 有,☐ 位   2 没有(跳至 403 题后阴影注解)

402 老家是否还有您其他兄弟姐妹? ☐
    1 有   2 没有

403 父母患病需要照顾时,您能否回去照顾? ☐
    1 能   2 不能   3 说不好

(404 题由 60 周岁及以上即 1955 年 5 月及以前出生的被访者及家中同住的 60 周岁及以上的流动老年人回答,如老人不便回答,可由被访者或其他家人代答。如果无上述老年人,跳填被访者姓名及联系方式,结束调查)

404 请谈谈家中每一位老年人的情况

101 表中 ID 成员序号		☐☐	☐☐	☐☐	☐☐
A 是否由老年人本人回答	1 是 2 否	☐	☐	☐	☐
B 出生年月(请调查员核实表101C后填写)		☐☐☐☐年 ☐☐月	☐☐☐☐年 ☐☐月	☐☐☐☐年 ☐☐月	☐☐☐☐年 ☐☐月
C 流动的主要原因是什么	1 务工经商 2 照顾子女 3 照顾孙辈 4 治病 5 养老 6 其他	☐	☐	☐	☐

续表

101 表中 ID 成员序号		☐☐	☐☐	☐☐	☐☐
D 最主要的经济来源来自哪里	1 劳动收入 2 储蓄及理财 3 离退休金/养老金 4 最低生活保障金 5 房租 6 家庭其他成员(不含配偶) 7 其他	☐	☐	☐	☐
E 在本地有多少个朋友		☐☐	☐☐	☐☐	☐☐
F 身体健康状况	1 健康　　2 基本健康 3 不健康,但生活能自理 4 生活不能自理	☐	☐	☐	☐
G 平均每天锻炼的时间		☐☐☐分钟	☐☐☐分钟	☐☐☐分钟	☐☐☐分钟
H 过去一年,是否参加过社区卫生服务站/中心组织的免费健康体检(不包括因病做的检查)	1 是　　2 否 3 记不清	☐	☐	☐	☐
I 是否患有医生确诊的高血压或糖尿病	1 是　　2 否(跳问 K)	☐	☐	☐	☐
J 过去一年,是否有医生进行高血压或糖尿病随访	1 是　　2 否	☐	☐	☐	☐
K 目前参加下列何种社会医疗保险	1 新型农村合作医疗保险 2 城乡居民合作医疗保险 3 城镇居民医疗保险 4 城镇职工医疗保险 5 公费医疗 6 不清楚(跳问 M) 7 以上都没有(跳问 M)	☐ ☐	☐ ☐	☐ ☐	☐ ☐
L 在何处参加上述医疗保险	1 本地　　2 户籍地 3 其他地方	☐	☐	☐	☐
M 平常生小病时,通常如何处理	1 看医生 2 在本地找/买药或自我治疗 3 从老家带药 4 不处理,等待自愈 5 购买保健品　6 其他	☐	☐	☐	☐
N 过去一年,是否患有经医生诊断需住院的病/伤	1 是　　2 否(跳问下一位老人或跳填被访者姓名及联系方式,结束调查)	☐	☐	☐	☐
O 是否住院了	1 是　　2 否(跳问 Q)	☐	☐	☐	☐
P 是在哪里住院的(回答完 P 跳问下一位老人或跳填被访者姓名及联系方式,结束调查)	1 本地　　2 户籍地 3 本地和户籍地 4 其他地方	☐	☐	☐	☐
Q 最近一次需住院而没住院的主要原因是什么	1 本人/家人觉得没必要 2 报销不方便 3 经济困难　　4 没床位 5 没人照顾　　6 其他	☐	☐	☐	☐

谢谢您的合作！希望留下您的联系方式：

被访者姓名：_____

被访者联系电话：手机：_____

座机：区号_____号码_____

访问结束。祝您全家幸福！

后　记

　　流动人口数据的共享与开发应用有利于预测流动人口发展趋势,推动流动人口基本公共服务均等化,引导和督促各地解决好流动人口社会融合问题,提高政府部门的决策效率和服务水平。《中国流动人口空间分布数据集(2015年)》(以下简称《数据集》)的编辑出版旨在推动流动人口数据的共享开放,推动流动人口家庭发展与社会融合,引导人口合理分布、有序流动,为流动人口相关学术研究和政府相关社会政策决策提供数据支撑。

　　2014年,国家卫生计生委流动人口司委托国家卫生计生委流动人口服务中心承担了全国流动人口动态监测调查数据整理开放工作。流动人口服务中心对2009~2015年共7年的全国流动人口动态监测调查数据进行了标准化整理,形成分年度数据,向社会开放,推进数据共享。《数据集》是在使用流动人口动态监测数据制作的数据产品基础上,根据数据应用的实际需求,进行深度整理、精准提炼,并设计制作的数字化成果。

　　本《数据集》的数据来源是2015年国家卫生计生委组织开展的全国流动人口动态监测调查数据。该调查数据是通过对全国31个省(区、市)和新疆生产建设兵团流动人口较为集中的流入地,采取分层、多阶段、与规模成比例的PPS方法抽取样本点开展抽样调查的方式获得的。数据样本即个人调查对象为在流入地居住一个月以上,非本区(县、市)户口的15周岁及以上流入人口。各省级样本量分10类,分别为15 000人、14 000人、12 000人、10 000人、8 000人、7 000人、6 000人、5 000人、4 000人、2 000人。实际调查流动人口206 000人,涉及流动人口家庭成员65万余人。调查内容主要包括流动人口基本信息、流动情况、就业与居住、家庭收入与支出、基本公共卫生和计划生育服务等。

　　《数据集》以表格和数据说明文档相结合的形式,呈现中国不同空间的流动人口特征。数据集包含两个维度:主题维度和地理空间维度。主题维度包括流动人口基本特征、流动特征、就业和居住特征、家庭成员与收支特征、基本公共卫生和计划生育服务特征和老人医疗卫生服务特征;地理空间维度包括分省、分地区、分经济区、分城市群、分特殊地区等。各项主题数据集配有相关数据说明文档,其中详细说明了数据分析方法、地理空间分类标准、各项指标解释和数据知识产权等内容,方便读者对照使用。

本书由国家卫生计生委流动人口服务中心主持编撰。参与《数据集》编写、制作、审核的有:肖子华、赵小平、马长啸、陈晶、田雨、郎易等。复旦大学硕士研究生陈烁、胡杰,中国人民大学本科生王元超、陈杭,中央民族大学硕士研究生张鸿等参与了部分数据产品的制作工作。

《数据集》的编辑出版得到了国家卫生计生委流动人口司、中国科学院国家地球系统科学数据共享服务平台等的大力支持。在此,我们表示由衷的感谢。

受编者水平所限,书中难免有欠妥之处,恳请读者提出宝贵意见和建议。联系人:田雨,电子信箱:ldrkzxsj@163.com。

国家卫生计生委流动人口服务中心
2017年6月